法律文明史研究院文库·何勤华主编

国家重点学科华东政法大学法律史学科项目
教育部人文社会科学规划基金项目（13YJA820047）
上海市社会科学创新研究基地“法律文明演进研究”
资助

法律文明史文库
俄罗斯政法文丛

苏联法对中国民事主体制度之影响

王春梅 著

法律出版社
LAW PRESS·CHINA

总　序

文明，是指人类进化(发展)到一定阶段而形成的生存方式(行为样态)以及其所创造的成果。其主要标志有八：一是私有制的产生；二是阶级的形成；三是文字的诞生；四是创造财富的能力达到了能够养活一部分无须直接从事生产(获取食物)的人口，从而形成了社会分工；五是国家的正式诞生；六是法律的基本定型并发挥着主要的社会规范作用；七是除了物质生活之外，形成了相应的精神(宗教、艺术、建筑等)生活；八是人类的思想觉悟和道德品格达到了“我为人人，人人为我”以及“己所不欲，勿施于人”的境界。

法律，是文明的重要内容和主要标志，法律文明就是人类文明中与法律相关的各项元素的总和，具体包括法律意识和法律思想(观念)，法律规范、法典和判例，法律制度，法律实施、法律行为以及其相应设施(法院、监狱等)，法律教育，法律学术，法律遗存等。法律文明的萌芽，最早可以追溯到早期人类(公元前 200 万年)的非洲能人“奥杜韦(Olduvai)遗址”，其被考古学家初步认定为游群社会,已经出现了"集体决议"、"权力"、"国体"等意识之萌芽。经历了漫长的发展之后,才与私有制、阶级、军队、国家和文字等一起诞生。公元前3500年苏美尔人在美索不达米亚南部建立乌鲁克(Uruk)城邦,公元前3100年美尼斯(Menes)统一埃及,公元前2350年印度的村落形成哈拉帕(Harappa)城邦,公元前2070年禹在中国建立夏王朝,分别标志着法律文明在美索不达米亚、埃及、印度和中国的正式诞生。

人类法律文明诞生以后,至今已经过去了5000多年。在这历史的长河中,涌现了众多的法典、判例、人物、作品和法律事件,吟唱传诵着无数的法律诗歌和故事篇章:《梅腾自传》,《汉穆拉比法典》,皋陶,摩西,《赫梯国王哈吐什尔和埃及法老拉美西斯二世的同盟条约》,"哈里斯"大纸草,《摩奴法典》,《法经》,梭伦立法,《十二表法》,柏拉图与《法律篇》,《圣经》,《古兰经》,《唐律疏议》,《大宪章》,格劳秀斯与《战争与和平法》,《威斯特伐利亚和约》,孟德斯鸠与《论法的精神》,布莱克斯通,《独立宣言》,《人权宣言》,《美国宪法》,"马伯里诉麦迪逊案"与马歇尔大法官,《拿破仑法典》,奥斯汀,康德,萨维尼,梅因,沈家本,梅特兰,霍姆斯,美浓部达吉,罗斯科·庞德,等等。对这些丰富厚重的法律文明遗产进行发掘、整理、研究和总结,对我们了解、吸收和借鉴人类在创造法律、治理社会、促进生产、富足生活方面的经验,建设现代法治国家的意义极为重大。

鉴于此,华东政法大学于2015年6月成立了法律文明史研究院,以期为开展上述研究工作提供一个学术平台。编辑出版《法律文明史研究院文库》就是这一平台的中心工作之一。由于法律文明史所涉时间跨度很大,上下五千年;牵涉范围很广,涵盖世界众多国家;研究专题非常丰富,耕耘空间极其宽广,光靠几个或几十个人是无法从事这项宏大学术事业的。因此,在法律出版社的支持下,我们尝试搭建一个出版的园地和平台,热忱欢迎全国英才一起参与这一研究工作，踊跃惠赐文稿，以推进我国的法律文明史研究，为繁荣法律学术做出贡献。

何勤华

2016 年 2 月 26 日于华东政法大学

法律文明史研究院

序

前几日，春梅教授说她的博士后报告即将在法律出版社出版，想让我替她的新书做个序。为师多年，时有学生出书索序，每逢这时，我总是既感欣慰，又觉压力山大，且能推则推。但这一次，还是答应了，只是因为，春梅是我的第一个博士后，合作导师与博士后之间，按我理解，朋友情分多于师生情谊，朋友之善意与请托，自当不可推却。

记得应该是 2011 年 4 ~ 5 月间，在经过了一系列邮件往来之后，我和春梅约在华东政法大学长宁校区六三楼办公室讨论博士后进站与选题事宜。当时，考虑到黑龙江大学法学院的俄罗斯法研究在全国较有影响，春梅的博士论文又是研究我国民事主体制度，发表过多篇俄罗斯法和民事主体方面的文章，并有语言与资料优势，与我对苏联法和俄罗斯法的关注与研究又比较契合，故建议她选择苏联民事主体制度方面的题目。最终，确定以 20 世纪 50 年代为起点，研究苏联法对我国民事主体制度的影响。

之后，就报告的框架结构与写作我们又进行密切的沟通，感觉春梅是一个很认真、很努力的研究者，待一年后学校进行博士后中期检查时，她的报告不仅已经成形，而且完成了一大半，并已围绕报告选题发表数篇论文。只因其间我赴欧访学,她的出站答辩不得不推迟,但这只是使“优秀”博士后报告的成绩评定略略被延迟,却没有因此影响春梅的努力与优秀。

春梅以博士后报告为基础修改而成的此论著,以 20 世纪 50 年代为起点,按照历史进程,详细梳理了苏联法影响我国民事主体制度的立法表现,分析中华人民共和国成立以来,我国民事立法和民事主体制度全面移植苏联法的历史背景与成因,并在肯定移植苏联法积极作用的基础上,寻找与剖析我国现行法中苏联法影响遗留的种种表现及其消极性,最终提出我国民事主体制度要进一步“去苏联化”的化解之道。

就我个人多年来对苏联法与俄罗斯法的研究积累而言,春梅的这部著作及其核心观点应该值得充分的肯定。苏联法与俄罗斯法的研究在我国法学研究领域中十分重要,是很值得期待和关注的一个研究方向与领域。这或许也是华东政法大学和何勤华教授决定确立并资助出版俄罗斯法丛书项目的原因吧。春梅以本书为选题申报并分别获得了博士后基金项目和教育部项目支持也在相当程度上证明了国家和评委们对苏联法与俄罗斯法研究的关注度。

上海与哈尔滨相距遥远,即使在交通十分发达的当下,仍感不便,因此我们彼此都非常珍惜比较法年会和其他会议上的偶尔相聚。聊聊学术八卦,叙叙师生情谊,并分享她的进步与喜悦。记得 2014 年 11 月,就是在我们学校召开比较法年会之际,春梅告诉我她已获评教授,并且担任了黑龙江大学法学院院长助理,我真是由衷地替她高兴,也感到自豪。当然,这样的场合,我总不得不维系着“导师”的身份,不过,内心里,从她进站开始,我就当她是同道,而且是和我一样既努力工作又讲究生活品位的学友。

现在春梅又一部新作即将出版,这是她不言懈怠和辛勤努力的结果与回报,也是她曾三四年间频繁往来于哈沪两地忙碌日子的记录与呈现。相信这绝不会是春梅学术生涯的最后记录,期待她继续努力,收获更加丰硕的成果。

是为序。

李秀清

2016 年 10 月 2 日于上海

导 论

就当今社会而言,各国立法与法学理论的互通有无,乃至相互借鉴与相互影响不仅是不可避免之事,而且从某种程度而言可以说是一种融通世界、节约本国立法资源、构建本国法律制度的积极态度与有效方法。因为,一方面,法律制度与法学理论作为人为理性与理论认知的产物,其生成、建构与发展不仅需要人类理性长期的探索与积累,而且需要不断地历经实践的试错与纠错才能达到今日的成熟状态;另一方面,虽然人类的理性建构与理论认知因国域不同而根植于不同的政治、经济和社会基础,而且在传统文化、价值取向等方面也存在诸多差异,但人类理性仍然存在很多共通之处。就此而言,在立法与法学理论上实行拿来主义并无不可。问题的关键是拿来的东西是否适合?是否能够实现拿来之目的?此外,在曾经的适合变得不适合时应当采取一种什么样的态度?如何应对?这些才是进行立法移植与借鉴时需要审慎思考与考量的。

众所周知,新中国成立后不仅随着《六法全书》的废弃而割断了法典化传统,而且在法律移植与法学理论的引入上放弃了大陆法系的传统模式而全面苏联化，从而使苏联范式成为中国各领域立法的典范，苏联法学理论也成为中国各法学学科的理论宗师。中国的民事立法与民法理论自然也深陷其厩，并至今仍有诸多烙印。

就民事主体制度而言，苏联民事主体的财产性色彩、法人分类的所有制基础、国家私法人格的特殊性和国家机关的全面法人化、公民和企业等对传统民法术语表达的替代、民事权利能力的平等性与特殊性，以及民事主体主体性之缺失等特点伴随着对苏联民事立法和民事理论的全面引入而一度成为我国民事主体制度之内容与特色，并在 20 世纪 50 年代及其之后各时期的立法中获得历时体现。当然，中国民事主体制度苏联范式的全面引入既有政治、经济、文化、社会等内生基础的作用，也有废立之间法律传承断裂以及社会主义渐进规律等外生基础和认识论基础的作用，具有特定历史背景下的积极性。但是，一方面，这些内生与外生基础在中国历史的前行中已然不复存在或者发生重大改变；另一方面，俄罗斯作为苏联的法定继承国，虽然不可避免地继承了包括民事主体制度在内的诸多苏联法律制度与法学理论，但其也已经为适应与应对变化了的社会条件和与社会基础对民事主体制度进行了一系列的改革。而我国现行的民事主体制度中仍然存在诸多的苏联法烙印，使我国民事主体制度与传统民法发生精神疏离、民事主体的主体性受到掩盖、平等观念遭到背离、国家的公法人格与私法人格遭遇错位，以及形成对公共机构非法人化潮流与现实的逆反，这一切必将影响和制约我国民事主体制度的当代发展。因此，以大陆法系的术语表达彰显民法传统之精神、凸显民事主体之主体性、消除所有制的民法勾连构建平等多元民事主体、准确定位与培育国家的私法人格、重建机关法人和事业单位法人制度成为我国现行民事主体制度“去苏联化”的路径选择。

目录

第一章　苏联民事主体制度的本土样态

在世界历史上，我们不得不承认1917年的十月革命具有跨时代的意义。它不仅在国家制度上与资本主义发生了决裂，更是开创了社会主义法系而在法律制度上实现了与资本主义的决裂。在作为苏联历史第一篇章的“战时共产主义”时期（1917~1921年），[①]新兴的苏维埃社会主义政权为废除旧法发布了一系列法令，如《关于将国家权力转移给工人农民士兵委员会的法令》、《被剥削劳动人民权利宣言》等。此后，为配合和实现经济领域中主要经济成分的社会主义改造，又发布了一系列农业土地、私营银行、商业船舶和对外贸易、公共事业和铁路等大工业的国有化法令，婚姻家庭和继承领域也有一些法令的颁布与改革。

20世纪20年代之后，在实施“新经济政策”进行经济自由化改革的同时，1922年10月31日经全俄中央执行委员会通过的世界上第一个社会主义民法典——《苏俄民法典》更是为苏联经济的运行和生产力的发展提供了法律保障。虽然随着苏

---

① ［德］K. 茨威格特、H. 克茨著：《比较法总论》，潘汉典等译，法律出版社2003年版，第440页。

联的发展,该法典进行过多次的补充与修正,但却一直延续使用到1964年《苏俄民法典》生效之前。

随着苏联社会主义社会的全面建立,1922年《苏俄民法典》已经不再能够适应苏联的社会与经济发展,因此,1961年12月8日,苏联法律通过了《苏联和各加盟共和国民事立法纲要》(以下简称《民事立法纲要》),于1962年5月1日实施。之后,苏俄最高苏维埃第六届第三次会议又于1964年6月21日通过了苏联历史上第二部民法典,即1964年《苏俄民法典》,于同年10月1日实施。这二者对苏联全面开展共产主义建设时期的经济发挥了重大作用。因此,对苏联民事主体制度的回顾与分析主要以两部《苏俄民法典》和《民事立法纲要》为立法基础,同时结合同时期的苏联民法理论展开。

第一节 民事主体的财产性色彩

在第二次世界大战前后,苏联划分部门法的首要标准是法律所调整的对象,即社会关系,该时期其法律体系由国家法(宪法)、刑法、民法、劳动法、婚姻家庭法、行政法、土地法、集体农庄法、财政法、审判法(诉讼法)构成。[①] 民法的调整对象形成了部门法意义上的民法,并决定着民法的各项制度特色,也在相当程度上影响与决定着受民法规范与调整的民事主体制度的特色。

一、"两种成分"之争与苏联民法调整对象的统一性

苏联民法的调整对象问题与苏联经济法理论有着密切联系。自1906年德国学者奥特提出"经济法"概念并被大陆法系的其他国家接

① [苏]苏达里可夫、贝可夫:《苏维埃国家与法律问题讲座》,中央人民政府法制委员会印制1951年版,第250页。

受后，[①]经济法理论和经济法学迅速兴起。苏联是较早接受经济法理论并研究较为广泛和深入的国家。1924 年苏联就出版了第一本经济法著作，即阿·格·哥依赫巴尔格的《经济法》。[②] 20 世纪 20 年代末，苏联学者 П. И. 斯图奇卡又提出了所谓“两种成分的法律”理论，认为民法只能调整私人成分的经济关系，经济行政法调整社会主义成分的经济关系，而且随着社会主义经济成分的增长，经济法应当最终取代民法。[③] 按照这种理论，民法只能与私有经济成分相连，其调整的财产关系的主体就只能限于公民，至多包括公民与社会主义组织之间发生的财产关系，而社会主义组织之间发生的财产关系则只能由经济行政法调整。因而，财产关系就应当因为参与的主体不同而归属于不同的法律调整。应该说，“两种成分的法律”理论实质是“在多种经济成分的条件下，除了调整私有成分内部的财产关系以及不同成分之间的关系的民法以外，还存在负有调整公有成分内部关系的使命的经济法”。[④] 换句话说，就是主张经济法或经济行政法成为独立的法律部门。1931 年斯图奇卡又公布了由其主持起草的《苏联民事立法基本原则》，[⑤]虽然没获通过，但一方面将其理论获得了立法践行；另一方面又开辟了经济法为部门法主张之先河。[⑥]

20 世纪 30 年代初期，苏联又出现了一种与“两种经济成分”理论相反的学说，因其主张经济法既调整社会主义组织之间的关系，也调整公民

---

① 一般认为“经济法”的概念是德国学者奥特提出来的，但也有人认为是法国空想共产主义者摩莱里在 1755 年所著的《自然法典》中首先使用的。参见王家福：“经济法学浅论”，载中国社会科学院法学研究所民法经济法研究室编：《经济法理论学术论文集》，社会科学文献出版社 2003 年版，第 208 页。

② 王家福：“经济法学浅论”，载中国社会科学院法学研究所民法经济法研究室编：《经济法理论学术论文集》，社会科学文献出版社 2003 年版，第 208 页。

③ ［苏］П. И. 斯图奇卡：《苏联民法教程》，莫斯科—列宁格勒 1931 年俄文版（上卷），第 5 ~ 12 页；王镕：“论建立我国社会主义经济法”，载中国社会科学院法学研究所民法经济法研究室编：《经济法理论学术论文集》，社会科学文献出版社 2003 年版，第 18 ~ 19 页。

④ ［苏］В. Т. 斯米尔诺夫等著：《苏联民法》（上），黄良平、丁文琪译，中国人民大学出版社 1987 年版，第 42 页。

⑤ 何勤华、李秀清：“苏联经济法理论的演变及其对中国的影响”，载何勤华、李秀清著：《外国法与中国法——20 世纪中国移植外国法反思》，中国政法大学出版社 2003 年版，第 331 页。

⑥ 梁慧星、王利明著：《经济法的理论问题》，中国政法大学出版社 1986 年版，第 42 页。

参加的关系而得名为统一经济法理论。如果从时间分期上则称为“战前经济法主张”。统一经济法理论把公民看作私人,从而在法律上弱化了公民的权利与利益,因其与苏联 1936 年宪法保护和重视公民权利和利益的宗旨相差较远而没有产生大的影响。

20 世纪 50 年代后半期,“两种成分的法律”理论获得了重新阐释,称为“战后经济法主张”或“现代经济法学派”,其主张者极力证明在调整公民参加的民法之外并存着调整有关领导和进行社会主义组织之间经济活动关系的经济法,并要求删去《民事立法纲要》和《苏俄民法典》中对社会主义组织之间关系的调整部分,而归由《苏联经济立法原则》或《苏联经济法典》调整。[①] 拉普捷夫是这种主张的代表人物,其在 1959 年写的《苏维埃经济法》一文中全面地表达与论证了经济法为独立部门法的思想。此后,经济法的理论纷争在苏联也似乎从未停止过。但最终,经济法理论还是败给了民法理论,从而维持了苏联民法调整对象的统一性。

由此可见,虽然经济法理论及其两种成分之争在苏联盛极一时,且影响深远而悠久。但是,就历史事实来看,这种争论似乎仅仅限于理论层面,却从未影响过立法。也就是说,就苏联民法调整对象的主体范围而言,无论是 1922 年的《苏俄民法典》,还是 1961 年的《苏联民事立法纲要》及 1964 年的《苏俄民法典》,都确立了对公民与社会主义组织的统一调整,即无论其调整的社会关系的参加主体是社会主义经济组织还是公民,或是公民与社会主义组织,他们之间的财产关系和人身关系都由民法调整。

二、苏联民法对财产关系的主导调整

在经济法与民法的理论之争中,民法虽然战胜了经济法,从而在调整对象的范围上确立了苏联民法对公民与社会主义经济组织的统一调整。但是,在调整对象问题上还存在另一个问题,即民法调整的社会关系范围

---

① [苏]B. T. 斯米尔诺夫等著:《苏联民法》(上),黄良平、丁文琪译,中国人民大学出版社 1987 年版,第 44 页。

问题。对于这一问题，总体而言，应当说苏联的两部《苏俄民法典》及《民事立法纲要》不仅维持了对参加主体的统一调整，而且维持了对财产关系和人身关系的统一调整，即苏联民法既调整财产关系，又调整某些人身非财产关系，只不过对财产关系的调整居于主导地位而已。

具体而言，对于调整对象的社会关系范围，1922 年的《苏俄民法典》没有明确规定，但学界基本认为苏维埃民法的调整对象是社会主义的财产关系。① 当然，苏联学者也认可苏联民法对某些人身非财产关系的调整。② 而 1961 年《民事立法纲要》和 1964 年《苏俄民法典》在第 1 条毫无二致地规定调整财产关系和人身非财产关系，且表述基本相同。如 1961 年《民事立法纲要》第 1 条第 1 款规定："苏维埃民事立法调整财产关系，以及与财产关系有关的人身非财产关系，以便建立共产主义的物质技术基础，并日益充分地满足公民的物质和精神需要。在法律规定的情况下，民事立法也调整其他的人身非财产关系。"③对于财产关系的调整没有任何问题，而且基本认为"苏联民法规范所调整关系的基本部分，是财产关系"。④ 对于民法调整的人身关系，则包括两类：与财产关系有关的人身非财产关系和与财产关系无关的人身非财产关系。其中，民法对与财产有关的人身非财产关系的调整是没有任何问题的。这种关系之所以为民法规范所调整，主要是因为它们虽然独立存在，但同民法所调整的财产关系是不可分割的。而对于与财产关系无关的人身非财产关系的调整则是有争议的。⑤ 但《民事立法纲要》和《苏俄民法典》仍然将其纳入了调整

① [苏]坚金主编：《苏维埃民法》(第 1 册)，中国人民大学民法教研室译，法律出版社 1956 年版，第 16 页；[苏]玛·雅·克依里洛娃主编：《苏维埃民法》(上册)，北京政法学院民法教研室译，法律出版社 1957 年版，第 2 页；[苏]斯·恩·布拉都西等编著：《苏维埃民法》(上)，中国人民大学民法教研室译，中国人民大学出版社 1954 年版，第 3 页。

② [苏]坚金主编：《苏维埃民法》(第 1 册)，中国人民大学民法教研室译，法律出版社 1956 年版，第 17 页；[苏]玛·雅·克依里洛娃主编：《苏维埃民法》(上册)，北京政法学院民法教研室译，法律出版社 1957 年版，第 3～4 页；[苏]斯·恩·布拉都西等编著：《苏维埃民法》(上)，中国人民大学民法教研室译，中国人民大学出版社 1954 年版，第 7 页。

③ 中国人民大学苏联东欧研究所编译：《苏联和各加盟共和国立法纲要汇编》，法律出版社 1982 年版，第 4 页。

④ [苏]В. П. 格里巴诺夫、С. М. 科尔涅耶夫主编：《苏联民法》(上册)，中国社会科学院法学研究所民法经济法研究室译，法律出版社 1984 年版，第 3 页。

⑤ 同上书，第 11 页。

范围。

不过,从《民事立法纲要》和两部《苏俄民法典》的规定以及学者的著述看,财产关系是苏联民法的主要调整对象,财产性由此成为其民法调整对象的主要特点:第一,无论是《民事立法纲要》还是两部《苏俄民法典》,对其调整的人身非财产关系都没有专章规定,只是由民事立法和劳动立法提供个别制度保护的方式来保护公民的姓名、荣誉和著作权等人身非财产权利;第二,民法著作对人身非财产关系的论述内容较少,所占篇幅极其有限,对与财产关系无关的人身非财产关系的调整尚有争议;第三,苏联民法对某些人身非财产关系的法律调整主要是因为其与财产关系的相关性,即"某些人身的、非财产的权利是和财产权不可分割地联系着的,并和后者共同构成统一的制度"。[①]

苏联民法对财产关系的主导调整,或者说其调整对象的财产性特点是由苏联社会主义经济体系及生产工具和生产资料社会主义所有制的经济基础决定的。法固然以社会关系为其调整对象,并因对社会关系的调整而发挥和实现其作用。不过,由于法不能调整所有的社会关系,所以必然需要对法所调整的社会关系范围与类型进行衡量、取舍与界分。但是,何种社会关系应当纳入法的调整范围,以及不同的部门法分别调整何种社会关系却并不是由该部门法本身来决定的,而是由法所依赖的社会经济基础决定。社会主义法律体系以马克思列宁主义世界观为特色,认为世界的唯一实在是物质,物质只有在客观存在的、可感觉的和可辨别的关系与环境中才能够发现,而精神的、观念的和概念的事物之上是具体物质实在的反映,并且依赖于物质,其内容决定于物质。社会秩序的真正基础是物质的,即特定社会生活的经济和社会条件,并由此形成基础与上层建筑学说的逻辑结果:经济基础决定上层建筑。[②] 恩格斯也曾明确指出:"每一时代的社会经济结构成为真正的基础,而各该历史时代的法律制度、政治制度,以及宗教、哲学和其他观念的上层建筑,归根到底都应当由

---

① [苏]坚金主编:《苏维埃民法》(第 1 册),中国人民大学民法教研室译,法律出版社 1956 年版,第 17 页。

② [德]K. 茨威格特、H. 克茨著:《比较法总论》,潘汉典等译,法律出版社 2003 年版,第 421 ~422 页。

这个基础来说明。”①

苏联民法作为苏维埃社会主义法的部门是建立在苏联统一的政治基础与统一的经济基础之上的。就经济基础而言,其主要由生产关系构成。在社会主义国家,由生产关系构成的社会经济基础主要表现在生产工具与生产资料的社会主义公有制中。因此,苏维埃社会主义国家的经济基础即社会主义公有制。而社会主义公有制在内涵上是经济或财产的公有制而非人身关系上的公有。与此同时,财产关系产生于生产关系,并依赖于生产关系。因此,生产关系的经济基础地位与社会主义公有制的经济基础决定苏联民法的调整对象必然主要体现、规范与保护财产关系,尤其是社会主义公有制的财产关系。当然,由于一方面财产关系在很多时候与人身非财产关系有着不可割裂的关联性,另一方面某些人身非财产关系也确实是产生或建立财产关系的前提与依据,在社会主义公有制的经济基础中也存在某些人身非财产关系成为苏联民法的调整对象。但相对于财产关系的调整而言,苏联民法对人身非财产关系的调整只能占据次要地位。

三、财产关系主导对苏联民事主体财产性色彩之营造

苏联民法虽然确立了对于财产关系与人身非财产关系的统一调整,但对于财产关系的主导调整不仅决定了苏联民事立法和民法著作在制度安排与构成上的财产性倾向,②而且在相当程度上形成与定位了民法的财产法属性,进而营造与赋予了民事法律关系的参加者——民事主体浓郁的财产性色彩。

首先,调整对象上的财产关系主导决定其民事主体参加的社会关系基本上是财产性的社会关系,人身非财产关系相对较少,且不受立法和司法重视。民事主体既是民事法律关系的建立者,也是民事法律关系的参

① ［德］恩格斯撰:《反杜林论》,吴黎平译,人民出版社1956年版,第25页。

② 1922年《苏俄民法典》除总则编之外,物权、债和继承都属于财产权的制度范畴,而同时期的民法著作也基本按照这个体系安排。

加者。因而在现实层面,社会主义公有制的经济基础决定民事主体主要围绕财产和财产利益而建立和形成各种具体而大量的财产关系,人身非财产关系主要局限于婚姻家庭和知识产权领域,无论在范围上还是在数量上都相对有限。而立法以回应与满足现实诉求和调整现实的社会关系为目标与指向,在民事立法层面,无论是编章设置,还是各项法律制度的安排,以及法律规范的条文数量等都不可避免地倾向于财产关系和财产性的法律制度,从而使人身非财产关系及其制度构设在两部《苏俄民法典》和《民事立法纲要》中要么难觅其宗,要么零星散见,既不集中,也没有制度化,由此使苏联法中的民事主体主要成为财产法律关系的主体。

其次,民事主体所享有的民事权利主要是财产权利,人身权利非常有限,且主要限于与财产权有关的人身权利,纯粹的人身权利不受重视。权利是主体诉求的立法回应与展现,而一个健全的主体既有物质上的利益诉求,也有人身或精神上的利益诉求,良好的立法对主体的这两类利益诉求都应当给予考察、关注与回应,从而维护民事主体的人格完整与健全。而苏联民法在调整对象上财产关系主导的特点决定其民事立法只能更多地考察、关注和回应主体的物质诉求,创设与赋予民事主体诸如物权、债权、继承权等财产性的民事权利。而且由于某些众所周知的原因,即便是这些财产性权利的赋予也是不充分与不完整的。而对于民事主体的人身或精神诉求不仅关注很少,立法上也鲜有回应与展现。仅有的某些人身非财产权也往往是因其与财产关系或财产权利的密切关联而获得立法的肯定,而非因其为主体的利益诉求,由此决定了纯粹的人身权利在苏联民事立法中几乎是不可能出现的。因而,在苏联民事立法和民法理论中,公民和法人等民事主体主要是财产权利的主体。

最后,人身关系与人身权利在苏联民事立法和民法理论中的弱势地位不仅在一定程度上显示出立法和理论对主体性的轻视,而且使主体人格呈现出更多的物质性。如果权利是主体利益诉求的回应与展现是就立法层面而言,则就民事主体自身而言,权利是主体的标志与主体性展现。而财产权利与人身权利分别从物质和精神两方面展现着主体人格与主体性。就此而言,可以认为民事主体的人格包括物质性人格与精神性人格两方面内涵,主体性也应当在物质与精神两方面获得体现与保护。而且一般而言,民事主体的物质人格与精神人格,或者说主体的物质属性与精神属性应当是统一的,民事立法也应当给予同等的对待与保护。而苏联民法中的财产关系主导和财产权利优位造成其民事主体的物质人格与物质属性凸显,精神人格与精神属性被弱化与忽视的局面,从而使作为主体所必需的人格自由、人格尊严等基本人格利益无法获得立法的承认、尊重、表达与彰显。

第二节　以所有制为基础的民事主体分类

苏联民事立法和民法理论虽然认可传统民法理论对于公民和法人的基本分类,但对马克思主义经济基础决定上层建筑理论应用的结果首先是在生产关系和生产资料所有制之间建立起对应关系,进而在所有权与所有制之间形成对应与关联。从而,苏维埃社会主义国家的公有制基础决定与制约了法人财产的基础,并最终形成了苏联民法中法人分类上所有制基础之特色。

一、苏联民法对传统民事主体分类的认同

自然人与法人是传统民法中民事主体的基本分类,苏联的民事立法和民法理论虽然没有使用“自然人”的称谓,而是以“公民”加以指代,但应该说,其民事立法和理论还是认同这种分类的。

就民事立法而言,1922 年的《苏俄民法典》第二章“权利主体”和 1961 年《民事立法纲要》虽然没有对公民与法人进行分节规定,但从内容上仍然可以判断出其民事主体在范围上包括公民和法人。1964 年《苏俄民法典》对公民与法人两类主体的规定不仅内容更为丰满而充实,而且采取了较为特殊的立法技术安排,即其他部分都采取篇章的设计安排,唯独在第一篇第二章“人”之下安置了“节”,即第一节公民、第二节法人。这种“节”的设置将“公民”与“法人”做出了截然的区分,与传统民法自然人与法人的分类是相暗合的。

无论立法上对公民与法人进行如何的设置与安排，苏联各时期学者们的民法著述几乎都毫无例外地对公民与法人进行分章阐述。例如：坚金主编的《苏维埃民法》(1956 年版)第六章公民、第七章法人；玛·雅·克依里洛娃主编的《苏维埃民法》(1957 年版)第四讲公民、第五讲法人；斯·恩·布拉都西主编的《苏维埃民法》(1954 年版)第四章公民、第五章法人；B. T. 斯米尔诺夫主编的《苏联民法》(1987 年版)第七章民法主体·公民、第九章民法主体·法人；B. П. 格里巴诺夫、C. M. 科尔涅耶夫主编的《苏联民法》(1984 年版)第七章作为民事权利主体的公民、第九章法人。

二、民事主体分类与所有制基础之勾连

所有制原本属于经济范畴中的一种社会关系，是在占有、使用和处分生产资料和消费品方面历史上一定的财产关系的总和，并体现为物质内容与意志的中介的统一。[①] 生产资料所有制，尤其是生产资料社会主义所有制问题在相当长时期内是苏联理论研究的重点，并在方法论上形成诸多不同认识。[②] 而从所有制同生产关系相互关系的角度考察所有制是苏联经济学家研究所有制理论的共同方法论，且多认为生产资料所有制是社会主义生产关系的核心和基础。[③]

按照马克思主义经济基础决定上层建筑的理论，作为具有中心意义的法律制度——所有权应该由生产资料的所有制决定，并在法律上表现与固定所有制关系。因而，所有权的职能是“把一定社会中现存的、构成任何一个社会制度的基础的经济所有制关系固定下来。同时，这些现存的经济所有制关系不仅得到所有权，而且也受到其他法律制度，包括债权

---

① [苏]B. T. 斯米尔诺夫等著：《苏联民法》(上)，黄良平、丁文琪译，中国人民大学出版社 1987 年版，第 230 ~231 页。

② 高中毅："关于生产资料所有制问题"，载陆南泉、高中毅等编著：《苏联经济建设和经济体制改革理论的发展》，中国社会科学出版社 1988 年版，第 67 ~81 页。

③ 同上书，第 70 页。

法制度的调整和保护”。[①] 而 1936 年《苏联宪法》确立了苏联生产资料社会主义公有制的经济基础，其第 4 条规定：“苏联的经济基础是因消灭了资本主义经济体系、废除了生产工具与生产资料私有制以及消灭了人对人剥削而确定下来的社会主义经济体系及生产工具与生产资料社会主义所有制。”

苏联的社会主义公有制分为国家所有制和合作社集体农庄所有制两种形式，二者共同推进着苏联的国家繁荣和人民物质福利的增长，但二者的主体又是有所区别的。同时，在社会主义公有制基础上，又派生出了公民个人所有制，《苏俄宪法》第 10 条对此规定：“公民对其劳动收入及储蓄、住宅及家庭副业、家常用品、个人消费品和享乐品的个人财产所有权，以及公民个人财产之继承权，均受法律之保护。”因此，与社会主义公有制的基础相对应，所有权就分为国家所有权、合作社集体农庄所有权和公民个人所有权。在此基础上无论是 1922 年《苏俄民法典》第 52 条，还是 1961 年《民事立法纲要》第 20 条，或是 1964 年《苏俄民法典》第 93 条及其后第八章到第十一章的规定，都落实与维护着由所有制基础决定的所有权分类，而其主体差异也形成了苏联法中民事主体的另一种重要分类：国家、合作社（集体）和个人。

三、由所有制基础决定的企业法人分类

对于作为集体的联合的法人，苏联立法上的界定是拥有独立财产，能够以自己的名义取得财产权利和人身非财产权利并承担义务，可以在法院、仲裁署或公断法庭起诉和应诉的组织。[②] 作为组织形态的法人，具体又可以分为国家社会主义组织和合作社、集体农庄社会主义组织，而国家

---

① ［苏］B. T. 斯米尔诺夫等著：《苏联民法》（上），黄良平、丁文琪译，中国人民大学出版社 1987 年版，第 232 页。

② 参见 1961 年《民事立法纲要》第 11 条、1964 年《苏俄民法典》第 23 条。1922 年《苏俄民法典》第 13 条对法人的界定虽与此略有不同，但没有本质区别，其第 13 条规定：“一切享有取得财产权利和能够承担义务，并且能够在法院起诉和应诉的机关、社会团体和其他组织，都是法人。”

法人又分为国家机关和国营企业。[①]《民事立法纲要》第 11 条和 1964 年《苏俄民法典》第 24 条也作出了基本一致的划分，由此昭示出苏联民法中人分类与所有制基础之间的关联。

苏联立法上对法人的分类与苏联社会主义公有制的基础是一致的。诚如苏联学者所言："社会主义公有制形式就是这种划分的基础、也是法人财产的基础。国家社会主义组织以社会主义国家所有制为基础，合作社、集体农庄法人则以合作社、集体农庄所有制（个别农庄和合作社的财产）为基础。"[②]而且社会主义的所有制基础不仅决定着法人的分类，还决定着不同法人的财产独立性程度。具体而言，国有公司和国有企业实行完全的经济核算制，具有完全的财产独立性，预算制机关则在批准的预算范围内具有财产独立性，集体农庄和合作组织或社会团体则通过设立法定基金体现其财产独立性。由此可见，不同"法人财产上独立性的程度是不同的，它取决于财产的所有制形式和该组织活动的性质"。[③]

第三节　国家私法人格的特殊性及其实现

国家兼具公法人格与私法人格自罗马法之始即普遍获得理论认可，各国立法也或直接或间接地予以承认与表现，只不过对国家私法人格的属性认识与定位略有不同。苏联的民事立法和民法理论也承认国家的私法人格。但是，一方面，苏联民法理论对民法的公法定位使国家的私法人格具有了很强的公法性；另一方面，对国家私法人格特殊性的理论认识与定位又为国家主体性认识的传统学说增添了新内容。而在国家私法人格的实现方式上，苏联民法理论虽然也认可国家和法人格需要借助于国家机关实现的认识，但在国家人格与国家机关的关系上，其民事立法却在承

---

① ［苏］玛·雅·克依里洛娃主编：《苏维埃民法》（上册），北京政法学院民法教研室译，法律出版社 1957 年版，第 62～63 页。

② 同上书，第 62 页。

③ ［苏］B. П. 格里巴诺夫、C. M. 科尔涅耶夫主编：《苏联民法》（上册），中国社会科学院法学研究所民法经济法研究室译，法律出版社 1984 年版，第 130 页。

认国家私法人格的同时全面赋予国家机关以法人资格，从而形成了苏联民事主体立法与传统主体立法的另一不同之处。

一、国家在苏联民法中的主体地位

国家首先是政治权力的享有与承担者，具有公法上的人格，其是否具有私法上的主体资格，则值得探讨。就苏联而言，应该说国家自始就是私法上的人格者，只不过存在是模糊规定还是具体明确规定的差别而已。

在1922年《苏俄民法典》中，第二章权利主体部分并没有明确规定和赋予国家以权利能力，只是在第19条对实行经济核算制且没有按照预算程序获得财政补助的国营企业及其联合组织进行规定时提到了“国库”字样。但是，从总则编第三章权利客体（财产）、物权编第一章所有权以及债编关于进出口合同、借贷合同的规定完全可以确定国家在立法中的民事主体资格。

立法上对国家是否具有主体资格虽然态度较为模糊，但民法学者们却在其著作中以不同的形式表明国家具有民事主体的资格。如坚金就在主编的《苏维埃民法》（第1册）中对苏维埃国家的民事主体资格进行了专章阐述，其指出苏维埃国家是国家社会主义所有制的统一和唯一的权利主体，是国家全部财产的统一和唯一的所有者。当国家直接处理自己的资金时，国家本身就是由此而产生的法律关系的主体。而当各个国家机关分别处理国家资金时，国家机关就成为法人——民事法律关系的主体。而克依里洛娃的民法著作虽然没有对国家主体进行专章介绍，但其在阐述法人的种类时指出存在苏维埃社会主义国家以权利主体出现的法律关系，具体包括国家作为社会主义国家所有权的统一主体出现、国家以国库的资格出现成为民事权利主体的两种情形。① 不仅部门法学者肯定国家的民事主体资格，苏联的法学理论研究者如卡列娃·费其金也肯定

---

① ［苏］玛·雅·克依里洛娃主编：《苏维埃民法》（上册），北京政法学院民法教研室译，法律出版社1957年版，第64页。

国家的民事主体地位。[①] 当然,大多数情况下,国家并不直接参加民事财产关系,而是通过它的机关来参加的。在国家作为民事财产法律关系主体进行活动时,是以国库为代表的。[②]

二、苏维埃国家私法人格实现的公法性

苏维埃国家政治职能与组织经济职能的统一为国家私法人格的获得奠定了基础。按照马克思列宁主义理论,作为历史现象的国家是社会内部发展的结果,是阶级矛盾不可调和的产物和表现。[③] 虽然历史上的国家类型有所不同,其经济基础和维护的利益也不同,但公权力的创设与行使是各类型国家共同和决定性的特征,[④]并由此决定了国家所具有的政治职能和统治地位。

政治职能是任何类型国家都具有的职能,且往往借助于国家机器来实现。而体现统治阶级意志,并由该阶级的物质生活条件决定的法是国家实现其职能的重要手段与工具。因此,国家作为公权力的掌控者与行使者自然享有公法上的主体资格。但是,对于新型国家形式——苏维埃国家而言,其除了具有和行使政治职能外,还具有组织、领导经济和文化教育工作的职能。

经济组织和文化教育工作的职能虽然在苏维埃国家的第一个阶段没有得到重大发展,但进入第二个阶段后,这一职能获得了充分发展,苏维埃国家的基本任务也转向在全国范围内组织社会主义经济。[⑤] 苏维埃国家组织经济职能的增强为其私法人格的获得提供了可能。苏维埃国家组织和领导经济职能的实现不可能完全借助于公权力的方式实现,有时不

---

① [苏]卡列娃·费其金等编:《苏维埃国家和法的基础》,中国人民大学编译室译,法律出版社1955年版,第350页。

② [苏]坚金主编:《苏维埃民法》(第1册),中国人民大学民法教研室译,法律出版社1956年版,第156~159页。

③ 《列宁文选》(第2卷),人民出版社1954年版,第165页。

④ [德]恩格斯著:《家庭、私有制和国家的起源》,张仲实译,人民出版社1954年版,第164页。

⑤ [苏]卡列娃·费其金等编:《苏维埃国家和法的基础》,中国人民大学编译室译,法律出版社1955年版,第76~77页。

可避免地要以私法的方式并以私法主体的身份进入到经济活动中实现其组织经济的职能，这就要求国家为自己寻得在经济活动中的适当位置，由此确认了自己的私法人格。

国家公法人格与私法人格的区分以公法与私法的二元区分为前提。也就是说，“公法与私法的划分决定了国家主体性的二元区分的必要性，同时也体现了近现代公私法理论一致的价值追求”。[①] 但是，苏联在立法与理论上不承认公法与私法的划分，认为民法也属于公法范畴。列宁曾经明确指出：“我们不承认有什么‘私的’，在经济方面的一切对我们来说都是公法关系，而非私法关系。”[②]对公法与私法二元区分的否定导致苏维埃国家在实现私法人格时又经常借助于公权力的方式进行，即更多的是以组织者和领导者的身份参与苏维埃社会中生产、交换和分配的全过程而实现私法人格的。由此可见，苏维埃国家的私法人格呈现的是过多的公法色彩。也就是说，“苏联的政治领导与经济领导都是统一的。苏维埃社会主义国家是政治权力的担当者，同时，它作为所有制领导形式——国家的社会主义所有制——的主体，通过自己的各个机关直接实现经济活动，并以计划管理的方法指导国家的全部经济生活。在苏联，作为政治组织的国家和作为国家经济生活组织的‘民事关系的总体’之间是没有对立的”。[③] 从此角度来看，可以认为国家的公法人格与私法人格在苏联法中实际上是合一的。

三、国家私法人格的特殊地位

苏联和各加盟共和国具有民事主体资格，属于民事权利主体，但其是法人主体还是特殊的民事主体？这一问题与 1961 年《民事立法纲要》和

---

① 张建文著：《转型时期的国家所有权问题研究：面向公共所有权的思考》，法律出版社 2008 年版，第 146 页。

② 《列宁全集》（第 24 卷，俄文版），第 419 页。转引自［苏］斯·恩·布拉都西等编著：《苏维埃民法》（上），中国人民大学民法教研室译，中国人民大学出版社 1954 年版，第 21 页。

③ ［苏］坚金主编：《苏维埃民法》（第 1 册），中国人民大学民法教研室译，法律出版社 1956 年版，第 15 页。

1964年《苏俄民法典》对于苏联和各加盟共和国民事主体资格规定的位置有关。《民事立法纲要》和1964年《苏俄民法典》在罗列法人的种类时涉及苏联和各加盟共和国的民事主体资格，但能否由此得出结论说国家是法人？

苏联学者对此认识不一。有学者据此认为苏维埃国家在民事法律关系中是作为法人进行活动的，[①]但多数学者持反对观点。在反对者中，有学者从国家是主权的承担者，其确认和规定自己民事权利主体资格的范围和内容，关于法人的规定不适用于国家，以及国家在某些民事法律关系中的权利带有权力性质的角度论证国家的特殊民事权利主体资格。[②] 还有学者从某些权利专属于国家、国家规定自己作为民事法律关系参加者承担责任的条件与范围、法律对其他民事主体规定的限制权利能力和行为能力的办法不适用于国家的角度进行论证，指出苏维埃国家是苏联民法的一个特殊的、有着不同的质的主体。[③] 布都拉西则明确地说："苏维埃社会主义国家虽然是国家所有权的统一的和唯一的主体，但它并不是法人。"[④]克依里洛娃也认为："在苏维埃国家就其本身出现于法律关系的任何情况下，应该注意到国家是一个特殊的民事权利主体，通常的法人的一般特征对它是不适用的。关于法人的产生，法人活动的调整，法人的改组与终止等规定则对于国家这个权利主体是不适用的。"[⑤]由此可见，苏维埃国家不仅进入了民法领域成为民事主体，而且是公民与法人之外的特殊主体。

---

① ［苏］B. П. 格里巴诺夫、C. M. 科尔涅耶夫主编：《苏联民法》（上册），中国社会科学院法学研究所民法经济法研究室译，法律出版社1984年版，第124页。

② 同上。

③ ［苏］B. T. 斯米尔诺夫等著：《苏联民法》（上），黄良平、丁文琪译，中国人民大学出版社1987年版，第110～111页。

④ ［苏］斯·恩·布拉都西等编著：《苏维埃民法》（上），中国人民大学民法教研室译，人民大学出版社1954年版，第94页。

⑤ ［苏］玛·雅·克依里洛娃主编：《苏维埃民法》（上册），北京政法学院民法教研室译，法律出版社1957年版，第64页。

四、国家主体的特殊性在国家所有权中的体现

国家特殊法律地位的体现是多方面的，但可以说，其在国家所有权中的表现是最淋漓尽致的。

首先，国家是国有财产的唯一主体。“国家是国家财产的统一和唯一的所有人。国家不与任何人分享所有权，也不能把所有权让给任何人”。①

其次，国家所有权的客体范围具有无限性。对于国家所有权的客体，《苏联宪法》第 36 条规定了专属于国家所有的基本生产工具与生产资料。除此之外，任何可以属于公民和合作社所有的财产都可以由国家享有所有权。因此，“任何财产都可以属于国家所有”。②

再次，国家所有权的取得方式具有多样性和特殊性。一般的民事主体基本上只能通过生产或劳动、法律行为等取得所有权，而国家则可以通过国有化、社会主义扩大再生产、没收、征收、无主财产等方式取得所有权。

最后，国家所有权受到法律的特别保护。如追索国家财产不受诉讼时效的限制、不发生善意取得问题、国家所有权的推定原则等。③

如此种种，在提升国家所有权法律地位的同时也提高了国家的主体地位，主体的法律地位是通过法律上的权利义务及其规定获得体现与表达的。不仅如此，在苏维埃国家进入其发展的第二个阶段之后，“保护社会主义财产的工作已分立出来成为国家的特殊职能”。④ 这一职能的立法基础是苏联中央执行委员会和人民委员会在 1932 年 8 月 7 日通过的

① ［苏］玛·雅·克依里洛娃主编：《苏维埃民法》（上册），北京政法学院民法教研室译，法律出版社 1957 年版，第 150 页。

② ［苏］В. П. 格里巴诺夫、С. М. 科尔涅耶夫主编：《苏联民法》（上册），中国社会科学院法学研究所民法经济法研究室译，法律出版社 1984 年版，第 318 页。

③ ［苏］玛·雅·克依里洛娃主编：《苏维埃民法》（上册），北京政法学院民法教研室译，法律出版社 1957 年版，第 162 页。

④ ［苏］卡列娃·费其金等编：《苏维埃国家和法的基础》，中国人民大学编译室译，法律出版社 1955 年版，第 78 页。

《关于保护国家企业、集体农庄、合作社的财产并巩固公共的(社会主义的)所有制的决议》。之后,《苏联宪法》第31条又对其给予了肯定,其规定:“凡苏联公民必须视社会主义公有制为苏维埃制度神圣不可侵犯的基础,祖国富强的源泉,全体劳动群众优裕文明生活的源泉而加以保护和巩固。凡侵吞社会主义公有财产者,即为人民之公敌。”此后,对社会主义公有财产的保护成为一项重大任务,目的在于巩固和保护社会主义公有制的基础。在社会主义公有财产地位提升的同时,作为社会主义公有财产唯一主体的国家的法律地位也获得了极大提升。不过,应当注意,无论是《苏联宪法》还是《苏俄民法典》都没有特别强调和规定国家所有权或者公有财产神圣不可侵犯。

五、普遍承认和赋予国家机关以法人资格

既然国家作为特殊的民事主体,就存在与其组成部分的国家机关之间的关系问题,即国家机关是否具有法人地位问题。国家在很多情况下是借助其机关来体现与实现其民事权利主体资格。对国家与国家机关之间的关系认识与处理,苏联学者维涅吉克多夫提出了国家机关法人理论,其认为在不具有商品内容的关系中托拉斯是国家的机关,而在国家划拨给其的国有财产应当进入商品流转时,托拉斯是法人。[①] 多数苏联学者认可国家机关法人理论,并认为地方苏维埃和国家预算制机关都是法人。[②] 当然,也有部分苏联学者不赞成国家机关法人理论,认为预算制机关是以国库名义而非以法人身份进行活动的。[③] 对此种否定观点,坚金

---

① 张建文著:《转型时期的国家所有权问题研究:面向公共所有权的思考》,法律出版社2008年版,第163页。

② [苏]坚金主编:《苏维埃民法》(第1册),中国人民大学民法教研室译,法律出版社1956年版,第210页;[苏]斯·恩·布拉都西等编著:《苏维埃民法》(上),中国人民大学民法教研室译,中国人民大学出版社1954年版,第106页;[苏]玛·雅·克依里洛娃主编:《苏维埃民法》(上册),北京政法学院民法教研室译,法律出版社1957年版,第72页。

③ [苏]坚金主编:《苏维埃民法》(第1册),中国人民大学民法教研室译,法律出版社1956年版,第210页;[苏]斯·恩·布拉都西等编著:《苏维埃民法》(上),中国人民大学民法教研室译,中国人民大学出版社1954年版,第106页。

和布都拉西进行了驳斥，他们指出否定国家预算制机关的法人资格将导致在预算制机关之间缔约时，国家既是债权人又是债务人，既是原告又是被告的不合理结果。① 虽然学者对于国家机关的法人地位存在理论上的争议，但苏联民事立法却早已十分肯定并赋予了作为国家组成部分的国家机关以法人资格。如 1922 年《苏俄民法典》第 13 条规定："一切享有取得财产权利和能够承担义务，并且能够在法院起诉和应诉的机关、社会团体和其他组织，都是法人。"②

在普遍承认国家机关的法人地位之后，还必须解决其与国家之间的财产和责任问题，否则既无法肯定国家的主体资格，也无法确定国家机关的法人地位。因为在苏联学者看来，财产上的独立性与责任上的独立性是法人的主要特征，③也是法人人格的核心标志，国家与其机关之间的主体资格区分必须先解决财产独立问题，即"在苏维埃国家是民事法律关系的主体的情况下，必须把国家的财产同其他拥有民事权利主体资格的国家机关的财产区分开来"，④由此才能实现责任独立和人格独立。1922 年《苏俄民法典》虽然没有明确规定国家与其机关之间的财产与债务责任承担，但一方面，其第 19 条对国营企业债务责任的规定可以帮助我们认识苏维埃国家与其机关之间的财产与债务责任承担，其规定："实行经济核算制并且没有按照预算程序获得财政补助的国营企业和它的联合组织参加民事流转的时候，作为独立的、和国库没有关系的法人。它只以能够自由支配的财产……对它的债务担负责任。法律另有特别规定的时候，不适用本条的规定。"⑤另一方面，1926 年 9 月 27 日全俄中央执行委员会和苏俄人民委员会《"关于国家预算制机关的经济业务"的联合决议》第 2

① ［苏］坚金主编：《苏维埃民法》（第 1 册），中国人民大学民法教研室译，法律出版社 1956 年版，第 210 页；［苏］斯・恩・布拉都西等编著：《苏维埃民法》（上），中国人民大学民法教研室译，中国人民大学出版社 1954 年版，第 106 页。

② 《苏俄民法典》，郑华译，法律出版社 1956 年版，第 5 页。

③ ［苏］坚金主编主编：《苏维埃民法》（第 1 册），中国人民大学民法教研室译，法律出版社 1956 年版，第 187 页；［苏］玛・雅・克依里洛娃主编：《苏维埃民法》（上册），北京政法学院民法教研室译，法律出版社 1957 年版，第 61 ~ 62 页。

④ ［苏］B. T. 斯米尔诺夫等著：《苏联民法》（上），黄良平、丁文琪译，中国人民大学出版社 1987 年版，第 112 页。

⑤ 《苏俄民法典》，郑华译，法律出版社 1956 年版，第 6 页。

条和第4条规定：只有领导人能独立处理经费的机关，也就是具有自己独立经费预算的机关，才有办理法律行为的权利，以及在财产纠纷中充当原告或被告的权利。机关对本身所订立的合同，用预算拨款和拨给机关用作该项用途的专用资金负责。[①] 这一决议规定既体现出预算制机关作为独立法人所具有的独立财产的要求，也体现出对其独立承担责任的要求。

至1964年《苏俄民法典》时，这一问题的规定则相当明确，其第32条对于法人的责任规定为："法人以属于它的财产（作为法人的国家组织则以拨给它的财产）负责清偿自己的债务。"而第33条又对国家的责任和国家组织责任的区分规定："国家对于作为法人的国家组织的债务，不负责任。这些组织对于国家的债务，也不负责任。由国家预算拨给经费的机关和其他国家组织，在不能以自己的预算拨款偿还债务时，对其另行拨款偿还债务的条件和办法，由苏联和苏俄立法规定。"[②]

虽然苏联立法上对国家与其机关之间的财产与责任划分与承担经历了从不明确到明确的过程，但苏联学者的认识却一直是很明确的。他们认为预算制机关根据地方预算进行活动，领导人有权处分预算拨款，并应在预算所规定的货币资金范围内担负债务。[③] 由此，在苏联民事立法和民法理论中，预算制机关所具有的独立预算经费和独立责任决定了其所具有的独立于国家的法律地位。

第四节　苏联法中民事主体的术语表达

语言是人类在历史中形成的一种文化现象，是人类历史场景的展开，

---

① [苏]坚金主编《苏维埃民法》（第1册），中国人民大学民法教研室译，法律出版社1956年版，第210~211页。

② 中国社会科学院法学研究所民法研究室编：《苏俄民法典》，中国社会科学出版社1980年版，第14页。

③ [苏]坚金主编：《苏维埃民法》（第1册），中国人民大学民法教研室译，法律出版社1956年版，第210~211页；[苏]斯·恩·布拉都西等编著：《苏维埃民法》（上），中国人民大学民法教研室译，中国人民大学出版社1954年版，第107页；[苏]玛·雅·克依里洛娃主编：《苏维埃民法》（上册），北京政法学院民法教研室译，法律出版社1957年版，第72页。

并生成与发展着人类的历史,人类也由此被称为“语言动物”。法律语言不仅具有一定的专业性,而且承载着法律的历史文化。因此,一定的语言表达或法律专业术语不仅仅是交流与传播的工具,更是蕴含、承载与彰显着某种观念性的认识。而各国法在专业术语表达上的差异也在相当程度上显现出其在文化与观念认识上的某些差异。当然,就当代而言,随着各国在政治、经济、文化等各方面联系与往来的增多与加强,各国在立法与法学理论上的相互沟通、影响与借鉴也日趋频繁与深入,各国法及其理论无论在制度内容上,还是在术语表达上的趋同性都明显加强。即便如此,差异仍然是存在的,而且可能将永远存在,这是法律与文化的多元性所要求与决定的。但是,差异未必是特色,更未必是值得效仿与传播的特色。不过作为事实却又必须承认。在苏联民事立法与民法理论中,对传统民法公认和普遍使用的“自然人”与“法人”表达就存在这种差异。

一、传统“自然人”主体的苏联法表达

在传统民法中,各国普遍将私权的主体或私法中的人称为“自然人”,但在苏联法中,“自然人”主体的语言表达却发生了改变与扭转,“公民”成为更普遍的法律语言表达。这种改变与扭转始于 1922 年《苏俄民法典》,其第 4 条规定:“苏俄为了发展国家生产力,给予全体公民以民事上的权利能力(享受民事上的权利和承担民事上的义务的能力);但是,被法院限制权利的除外。”①此后,“公民”的主体表达开始登上社会主义民法的舞台,扮演着传统民法中自然人主体的角色。

在苏联民法著作中,曾经一度属于“自然人”的领域也几乎全被“公民”占领。如几乎所有的民法著作对民事权利主体之自然人进行介绍时,其标题都无一例外地改为“公民”,具体内容阐释时也都使用“公民”用语。对此,苏联学者曾经做出明确说明:“作为权利主体的人,我们以后将把他称为公民,也有时把他称为人。但是,应当注意,由于历来的传统,也

---

① 《苏俄民法典》,郑华译,法律出版社 1956 年版,第 3 页。

把作为民事权利主体的人称为自然人。"[①]"权利主体——自然人——在苏俄民法典中称作公民或人。"[②]不过,应当注意的是,在1922年的《苏俄民法典》中,"公民"的称谓并未获得贯彻始终的使用。除前述苏联学者所提到的"人"的表达外,"个人"在法典中多次出现,"自然人"也倏然一现。

以"人"来表达主体的,如《苏俄民法典》第6条规定:"不按照法律和法律规定的程序,不能剥夺或者限制任何人的民事权利";第38条规定:"除法律禁止的情形外,有行为能力的人可以委托代理人代替实施法律行为。"而使用"个人"的语言表达者如《苏俄民法典》第22条规定:"下列国家财产,不准出让给个人和私人团体,或者出让给没有加入合作社系统的合作社和社会团体……"第53条第2款规定:"依照苏联航空法典的规定取得权利的组织和个人可以占有并经营航空机械。"

"自然人"的用语则出现在《苏俄民法典》第17条之中,其规定:"居住苏俄境内的一切自然人和法人参加对外贸易业务的时候,必须通过代表国家的对外贸易人民委员部进行。必须在法律有特别规定和在对外贸易人民委员部的监督下,才能独立进行对外贸易。"此外,修订后的《苏俄民法典》第19条又出现了一次"自然人"用语,其规定:"法人和自然人使用商号的程序、企业名称的内容,都以专门法规定。"

由此可见,在这一阶段,在苏联民事立法和民法理论中传统民法的影子还是存在的,但此后,"公民"开始成为传统自然人主体的主要法律语言表达,之后更是发展成为自然人的唯一替代表达。而在苏联民法著作中,除必要的解释外,"公民"更是成为唯一的语言表达,其所昭示的"公民"观念也深深印刻在苏联立法者和民法学者的头脑中。

---

① [苏]斯·恩·布拉都西等编著:《苏维埃民法》(上),中国人民大学民法教研室译,中国人民大学出版社1954年版,第58页。

② [苏]坚金主编:《苏维埃民法》(第1册),中国人民大学民法教研室译,法律出版社1956年版,第160页。

二、苏联民法中法人的替代表达之一 ——“组织”

对于与个体形态公民相对称的集体联合这种主体形态，苏联民事立法和民法理论中也给了它一个和传统民法同样的称谓——“法人”。但是，苏联民事立法和民法理论在表述“法人”这类主体时，更多和更经常地使用另一种极具经济色彩的表达——“组织”和“企业”。

“组织”是苏联民事立法和民法理论对法人的第一种主要指代和别称。应该说，1922 年《苏俄民法典》第 13 条并未将法人界定为“组织”，而是列举式地表明机关、社会团体和其他组织是法人，但其仍然多处使用了“组织”的称谓，如第 15 条规定：“私人组织的享有法人权利的机构……”第 19 条规定：“实行经济核算制并且没有按照预算程序获得财政补助的国营企业和它的联合组织……”，第 53 条第 2 款规定：“依照苏联航空法典的规定取得权利的组织和个人可以占有并经营航空机械”，等等。

在苏联民法理论中，“组织”一直是法人的指代和表达，且学理上一直将法人定义为“组织”：“凡是本身（即以自己的名义）能够取得财产权利、担负义务，并且能够在法院起诉和应诉的集体的（公共的）组织，就认为是法人。”①当然，并不是所有的组织都是法人，但法人却一定是具有特定法律属性的组织。也就是说，“在苏维埃国家里，总的说来社会主义组织就是法人。社会主义组织可以分为几种类型：国家社会主义组织和合作社、集体农庄社会主义组织”。②

三、苏联民法中法人的替代表达之二——“企业”

除“组织”外，苏联民法及其理论还经常使用“企业”来表达法人。“企业是从事生产和经营活动的社会主义组织。‘企业’这个术语本身是

---

① ［苏］坚金主编：《苏维埃民法》（第 1 册），中国人民大学民法教研室译，法律出版社 1956 年版，第 186 页。

② ［苏］玛·雅·克依里洛娃主编：《苏维埃民法》（上册），北京政法学院民法教研室译，法律出版社 1957 年版，第 62 页。

一个综合的概念。由几个工厂、矿山以及其他单位组成的经济组织称为企业。一个工厂也可以称为企业。”①因而，企业分为独立的生产企业和联合企业。其中，“生产企业在社会主义经济中，是为实现社会主义扩大再生产而直接进行经济和生产活动的基层单位(基层环节)”。② 根据《苏联宪法》第16条规定，经济核算制是领导社会主义经济的主导方法之一。企业实行经济核算制，具有自己独立支配的固定资产和流动资金，属于法人。

不仅学理上使用“企业”来表达法人，在民法典中，“企业”也是普遍使用的法人表达，如1922年《苏俄民法典》第19条规定：“实行经济核算制并且没有按照预算程序获得财政补助的国营企业和它的联合组织参加民事流转的时候，作为独立的、和国库没有关系的法人。”1964年《苏俄民法典》第24条对法人的种类进行列举时规定：“下列组织都是法人：实行经济核算、拥有国家拨给的固定资产和流动资金、并具有独立的资产负债表的国家企业和其他国家组织……”第34条规定：“国家组织对其所属作为法人的企业的债务，不负责任；该企业对其所隶属的组织的债务，也不负责任。合作社组织或社会团体，对其作为法人的企业的债务，不负责任，该企业对上述组织或团体的债务，也不负责任。在苏联和苏俄立法规定的情况下，允许不按这些规则办理。”由此可见，虽然“企业”更主要是一个综合性的经济概念，而且并不是所有的企业都具有法人资格，但在苏联民事立法和民法理论中，“企业”却成为法人的另一个常用别名，并与“法人”进行替换使用。

第五节　民事主体权利能力的平等性与特殊性

自德国学者创设出权利能力的概念，并在《德国民法典》之中获得采

---

① [苏]玛·雅·克依里洛娃主编：《苏维埃民法》(上册)，北京政法学院民法教研室译，法律出版社1957年版，第72页。

② 同上。

用之后，权利能力就成为民事主体在法律上的资格标志，也成为民事主体法律地位的展现，进而实现了民事主体在法律上的平等，也即权利能力平等。当然，在《德国民法典》之前，《法国民法典》实际上已经确立了民事主体在法律上的平等地位，只不过其没有使用权利能力的表达，而且具有一定的民族局限性而已。但是，由于意识形态与阶级立场上的对立与差异，在苏联学者和立法者眼中，资本主义国家立法中的民事主体权利能力平等具有相当程度的虚假性，而只有苏维埃社会主义国家的基本生产资料平等和民主制才能确保其民事主体获得真正与实质性的权利能力平等。而且对于苏联公民而言，其权利能力必须与义务相结合，从而强调公民对于国家和社会的义务，强调义务的履行与严守。而对于法人而言，其权利能力具有特殊性，一方面体现出法人权利能力获得上的国家赋予性；另一方面体现出各个法人在章程与业务范围上的差异，进而严格遵守越权无效原则。

一、苏联公民权利能力平等的确立

如同近代资产阶级革命之前的其他国家一样，苏联公民在法律地位和民事权利能力上的平等是不可能的。因为对于苏联人民来说，由国家制定的法律历来总是统治者专制的工具，公民与法律内在的结合是不可能存在的。① 而苏联走上社会主义道路后，建立了人类历史上最高类型的国家——社会主义国家，②且苏维埃社会主义法权是最高类型的法权，③其必须实现公民与法律的内在结合，确立和实现公民在法律上的真正平等。这种真正平等不同于资产阶级法权所确立的形式平等。“它不仅实际上保证了每个公民在法律上的完全平权和实际平等，而且由于实现了‘各尽所能，按劳取酬’的社会主义原则，使每个人都能享受富裕生

① ［德］K. 茨威格特、H. 克茨著：《比较法总论》，潘汉典等译，法律出版社 2003 年版，第 439 页。

② 苏联科学院法学研究所编著：《马克思列宁主义关于国家与法权理论教程》，中国人民大学马克思列宁主义关于国家与法权理论教研室译，中国人民大学出版社 1955 年版，第 249 页。

③ 同上书，第 422 页。

活和发挥自己一切的创造力和才能。"①于是，在苏联宪法确认公民平等的基础上，1922 年《苏俄民法典》第 4 条确立了苏联公民不因性别、种族、民族、信仰和出身的民事权利能力平等。

苏联公民民事权利的真正平等与实质平等，一方面源于基本生产资料的平等基础，为权利能力奠定了平等的现实基础与保障；另一方面源于权利能力的国家赋予性，即"苏联民事权利能力的来源，就是表现在法律中的工农社会主义国家的意志"。② 而国家意志性则使权利能力被纳入社会的范畴，从而取决于社会制度，取决于社会的统治阶级。③ 苏维埃国家彻底的民主制反映全体苏维埃人民和广大劳动群众的意志，其不仅授予所有公民以平等的权利能力，明确权利能力的范围，更对公民权利能力的实现提供国家保障，非依法律和法律规定的程序不能剥夺或限制任何人的民事权利。④ 也就是说，"苏联公民的权利能力不是一个单纯形式上的概念，正像资产阶级国家中所有的那样。在苏联，公民并不是形式上具有权利能力概念中所包含的一切权利，而是有着实际行使这些权利的保障"。⑤ 正是这种真正和实质平等的权利能力彰显了社会主义民主制度的优越性，"它保证公民能在不断提高生产力和不断扩大社会主义国家财富的基础上来满足自己物质和文化上的需要"。⑥

二、苏联公民权利能力的义务配设

权利能力作为公民享有权利和承担义务的抽象基础，本身即包含享

---

① 苏联科学院法学研究所编著：《马克思列宁主义关于国家与法权理论教程》，中国人民大学马克思列宁主义关于国家与法权理论教研室译，中国人民大学出版社 1955 年版，第 424 页。

② ［苏］斯·恩·布都拉西等编著：《苏维埃民法》（上），中国人民大学民法教研室译，中国人民大学出版社 1954 年版，第 67 页。

③ ［苏］玛·雅·克依里洛娃主编：《苏维埃民法》（上册），北京政法学院民法教研室译，法律出版社 1957 年版，第 45～46 页。

④ 《苏俄民法典》，郑华译，法律出版社 1956 年版，第 4 页。

⑤ ［苏］卡列娃·费其金等编：《苏维埃国家和法的基础》，中国人民大学编译室译，法律出版社 1955 年版，第 159 页。

⑥ ［苏］坚金主编：《苏维埃民法》（第 1 册），中国人民大学民法教研室译，法律出版社 1956 年版，第 68 页。

有权利的能力和承担义务的能力。而且,一般来说权利与义务具有一定的对应性与关联性,一方的权利往往成为他方的义务。但是,在苏联学者看来,既然主观权利的内容是赋予权利人一种可以选择的为一定积极行为或者不为一定行为,就不能只用指明他人所负义务的方法来确定主观权利。因为,主观权利是受法律承认并保证的某种具体法权关系中的人的可能行为的一定尺度或界限,但它毕竟不同于同样是行为尺度的主观义务。因为义务人除了以一定方法承受义务之外,并没有其他选择余地。法律所认可某人为一定行为的可能性是受其他人的义务所保证,并受国家强制办法的保护。[①] 因而,权利能力既赋予公民享有权利的能力,也赋予公民承担义务的能力,不能以义务或义务能力来体现与界定权利,而应该正面规定与授予公民相应的权利。但是,对苏联公民而言,权利与义务的结合却是其权利能力的最基本特征。[②] 也就是说,权利能力固然赋予公民享有广泛主观权利的资格,使公民可以在其权利范围内实现自己的意志、满足自己的利益,并受到国家的保障。但是,苏维埃国家在赋予公民享有广泛的权利可能性的同时,也使公民承担相应的义务。而义务则是为了权利人的利益而对义务承受人设定了一种意志上的限制与约束。如果义务发生在当事人之间,则权利与义务具有对应性,权利人权利的实现需要履行义务的行为予以配合才能实现。因而法律强制义务人履行义务,不给其以选择的余地。也就是说,"对于义务的内容来说,不履行是一种外在的东西,是背离义务内容所规定的行为。义务的内容可以只包括对行为的这种选择,即促使最好地履行义务,而不是违反义务。就是这种合法选择,按其本性说来,也是法律规定的'应该'和法律上的'必须'"。[③]

除了以任意性规范形式发生在当事人之间的义务之外,民法中还存在以禁止性或命令性规范形式而产生在当事人之间的义务。"这种义务

① [苏]斯·恩·布拉都西等编著:《苏维埃民法》(上),中国人民大学民法教研室译,中国人民大学出版社1954年版,第55页。

② [苏]坚金主编:《苏维埃民法》(第1册),中国人民大学民法教研室译,法律出版社1956年版,第161页;[苏]玛·雅·克依里洛娃主编:《苏维埃民法》(上册),北京政法学院民法教研室译,法律出版社1957年版,第47页。

③ [苏]B. П. 格里巴诺夫、C. M. 科尔涅耶夫主编:《苏联民法》(上),中国社会科学院法学研究所民法经济法研究室译,法律出版社1984年版,第91页。

是民事法律关系的双方当事人所应当遵守的,并且是他们对国家、对社会的义务。把这种义务称为普遍保护性的义务是正确的。"[①]这种普遍保护性义务不仅涉及当事人的利益,还涉及国家和社会的利益,而个人利益与社会利益相结合的原则是苏维埃民法的特征之一。[②] 因此,当事人不仅要从自己利益角度考虑其权利的行使与义务的履行,更要考虑国家与社会的利益而行使权利、履行义务。而且依照1936年《苏联宪法》第4条确立的社会主义法制原则,以及1961年《民事立法纲要》第5条和1964年《苏俄民法典》第5条的规定,公民和组织在行使权利和履行义务时应当遵守法律,尊重社会主义公共生活的规则和正在建设共产主义的社会的道德准则。并由此形成了苏联民法中严格遵守国家纪律和合同纪律的原则。[③] 凡此种种规定,意在强调和要求义务人必须严格遵守义务。而且公共利益的主导地位[④]实际上更强调当事人对于国家与社会的义务。作为民事主体的公民的地位与特点是由其在宪法中的法权地位与特点决定的。因此,苏联公民权利能力之权利与义务相结合的特征也是苏联公民的法权地位在民法中的表现与实现。就其法权地位而言,"苏维埃公民的义务与其权利是不可分割地联系着的,这种义务是公民对保证他们自由生活,创造性的劳动,物质和文化水平不断提高的苏维埃国家和苏维埃社会所应尽的义务"。[⑤] 这种法权地位要求并决定了民法中公民权利能力的权利与义务的结合,而且,义务的普遍保护性更要求与强调义务的严守。

---

① [苏]B. П. 格里巴诺夫、C. M. 科尔涅耶夫主编:《苏联民法》(上),中国社会科学院法学研究所民法经济法研究室译,法律出版社1984年版,第90页。

② [苏]玛·雅·克依里洛娃主编:《苏维埃民法》(上册),北京政法学院民法教研室译,法律出版社1957年版,第9~10页;[苏]斯·恩·布拉都西等编著:《苏维埃民法》(上),中国人民大学民法教研室译,中国人民大学出版社1954年版,第12页。

③ 参见1961年《民事立法纲要》第33条和1964年《苏俄民法典》第168条和第169条。

④ [苏]玛·雅·克依里洛娃主编:《苏维埃民法》(上),北京政法学院民法教研室译,法律出版社1957年版,第10页。

⑤ 苏联科学院法学研究所著:《马克思列宁主义关于国家与法权理论教程》,中国人民大学马克思列宁主义关于国家与法权理论教研室译,中国人民大学出版社1955年版,第431页。

三、法人权利能力的特殊性

任何组织必须由国家赋予其权利能力才能成为法人，由此也凸显出法人权利能力获得及法人成立上的国家权力因素。也就是说，"离开国家的权力法人就不能产生"。[①] 但是，相对于公民的一般权利能力而言，苏联民法一般认为法人的权利能力是特殊的权利能力。[②] 因为法律、法人章程或者法人的条例规定了每个法人的设立目的和任务，由此决定每个法人享有各不相同的权利能力内容。法人特殊的权利能力是由其章程或者业务范围决定的，因此，法人只能在实现其职能所必要的业务范围或者章程内实施法律行为。

苏维埃民法不仅确立了法人特殊权利能力的原则，而且严格地执行着这一原则。社会主义经济的计划组织原则决定了包括公共组织在内的一切社会文化组织的活动都具有一个共同的目的——建设共产主义社会，所以，要求法人的权利能力必须符合成立法人时所希望达到的目的。[③] 否则，建设共产主义社会的目标将受到影响与破坏。

为确保法人特殊权利能力原则的落实与实现，必须设置强制性的规范对违反此原则的行为施以惩罚。1922 年《苏俄民法典》第 30 条就发挥着这样的作用，其规定："违反法律目的或者规避法律的法律行为，和显然对国家有损害的法律行为一律无效。"其所包含的无效行为的范围不仅指违反法律目的、规避法律和对国家有明显损害的行为，还应当包括违反法人特殊行为能力的法律行为，即"超出章程以外的法律行为，也应当受苏俄民法典第三十条调整，因为这种法律行为违反国家计划化的原则；根据

① [苏]坚金主编：《苏维埃民法》(第 1 册)，中国人民大学民法教研室译，法律出版社 1956 年版，第 194 页。

② [苏]斯·恩·布拉都西等编著：《苏维埃民法》(上)，中国人民大学民法教研室译，中国人民大学出版社 1954 年版，第 98 页；[苏]坚金主编：《苏维埃民法》(第 1 册)，中国人民大学民法教研室译，法律出版社 1956 年版，第 198 页；[苏]玛·雅·克依里洛娃主编：《苏维埃民法》(上)，北京政法学院民法教研室译，法律出版社 1957 年版，第 67 页。

③ [苏]坚金主编：《苏维埃民法》(第 1 册)，中国人民大学民法教研室译，法律出版社 1956 年版，第 199 页。

计划化原则每个组织都有它章程规定的目的,每个组织都不能超越规定的目的而从事活动"。[①] 因此,一旦法人超过法律、章程或者条例规定而实施行为,该行为将因违法而被确认无效。而无论行为人在行为时是否具有违法的主观意图,只要其在客观上实施了超越章程范围的行为就足够了。因而,列宁十分肯定《苏俄民法典》第30条的作用,他强调说:不仅直接违反法律的法律行为应该认为无效,而且对于一般地违反"工农劳动群众利益"的法律行为也应该认为无效。[②]

第六节 民事主体的主体性缺失

从哲学上来看,在主客体的关系范畴中,人是因其主体性,即自主性、主观性和自为性而居于主体地位的。[③] 在民法中,作为主体必然有其主体性与人格属性。不过,私法中的"人格"内涵较为丰富,有学者总结,认为其具有"主体资格"、"主体"、"主体特质"、"主体性要素"四种含义。抛开"主体"和"主体资格"不谈,其中,"主体特质"是指特定的实体可以据之享有主体资格的客观上所具备的属性;"主体性要素"则是人格权的客体,是指自然人主体得以构成的且应得到尊重和保护的客观要素。也就是说,"主体特质"和"主体性要素"都是指"主体"或拥有主体资格的"实体"在客观上所具有的属性,这两个范畴都属于描述某种"事物"的概念。[④] 如果丢失或缺乏这些属性,虽不至于沦落至客体地位,但也只能是名曰主体而已。而苏联的民事主体实际上在相当长的时期内基本上就处于这种主体性缺失的状态。

---

① [苏]坚金主编:《苏维埃民法》(第1册),中国人民大学民法教研室译,法律出版社1956年版,第285页。

② 同上书,第287页。

③ 刘福森:"主体、主体性及其他",载《哲学研究》1991年第2期。

④ 崔拴林:"私法中的'人格'范畴含义辨析",载《法律科学》2008年第4期。

一、苏联民事主体中主体特质的缺乏

就主体特质之“人格”而言，其在康德之后成为生物人转化为法律人所必须具备的属性，即康德所谓的“纯粹实践理性”，是生物人祛除了感性支配而服从道德规律的自由意志。由此，人格就是“摆脱了整个自然的机械作用的自由和独立，但它同时却被看作某个存在者的能力，这个存在者服从自己的特有的，也就是由他自己的理性给予的纯粹实践法则，因而个人作为属于感官世界的个人，就他同时又属于理知世界而言，则服从于他自己的人格”。① 黑格尔持有与康德几乎相同的认识，他说：“人就是意识到他的纯自为存在的那种自由的单一性。”②但是，作为主体特质之“人格”，即自由意志在苏联民法中却是处于被限缩与否定状态的。

首先，苏联民法私法本质的缺失从根本上否定了主体自治的基地。在民法为私法的定位下，自治可以成为民事主体的内蕴品质和应有之义。因为私法的自治品质与特征使“每个人都可在一定范围内自主地形成与他人的私法关系”，③即主体的意志是自由和自主的。但是，在1922年《苏俄民法典》制定时，其指导者列宁就已经定位了该民法典的公法属性。他说：“我们不承认任何私法，在我们看来，经济领域的一切都属于公法范围，而不属于私法范围。”④否定了民法的私法属性就意味着要加强国家对于私法关系的干预，以国家意志和革命的法律意识代替民事主体的意志，从而否定了主体自为与自主的可能。而且随着苏联社会主义建设的全面发展和多种经济成分的取消，苏联民法的公法色彩愈发强烈与明显，民事主体的自治空间也日益狭窄。

其次，以计划干预和否定主体的意思自治。对于债的发生根据，1922

---

① ［德］康德著：《实践理性批判》，邓晓芒译，人民出版社2003年版，第118～119页。

② ［德］黑格尔著：《法哲学原理》，范扬、张企泰译，商务印书馆1961年版，第46页。G. W. F. Hege,l *Elements of the Philosophy of Right*（影印本），ed. By AllenW. Wood, Translated by H. B. Nisbet，中国政法大学出版社2003年版，第68页。

③ ［德］卡尔·拉伦茨著：《德国民法通论》，王晓晔等译，法律出版社2003年版，第41～42页。

④ 《列宁全集》（第36卷），人民出版社1959年版，第587页。

年《苏俄民法典》第106条规定："合同和其他法律上的规定，特别是不当得利和侵权行为，都是产生债权的根据。"[①]据此，对于计划能否直接在当事人之间产生债的关系，《苏俄民法典》的规定并不明确，但通常认为计划法令可以直接产生债的关系。而且如果新经济政策及在其背景下制定的1922年《苏俄民法典》还允许小私有经济在一定范围内存在、允许少量私的因素存在，民事主体还有一定的自治可能与空间，至20世纪50年代时，随着有计划、按比例发展国民经济的客观规律的作用发挥，国家日益加强对国民经济的计划和领导。在民法中，国民经济计划原则要求以计划原理为依据调整社会主义组织之间的财产关系，计划法令成为社会主义组织之间发生财产关系的根据。至于社会主义组织与公民之间的财产关系，也有相当部分是基于计划法令而发生的。[②] 某些时候，虽然计划法令不直接在主体之间产生财产关系，但也会对他们之间财产关系的设立产生影响。计划法令是必须严格执行的。当然，根据计划法令发生财产关系，即形成主体之间的债的关系也要订立合同，即计划合同。但是，仅仅有合同是不能成立债的关系的，必须有计划法令才能订立合同。而且很多情况下，合同的主体、内容都是由计划法令规定的，当事人根本没有选择和决定的可能，他们只有必须履行的义务。即使某些计划合同允许选择缔约相对人，但合同的内容往往也是既定的。这样，计划法令在很大程度上代替主体进行了选择与决定，主体不仅无权且更有义务执行订立和履行合同。于是，主体成为完成计划的工具，而工具是不需要有意志的。

最后，所有权的内容弱化主体意志的支配与收益。人作为理性的存在，有权以其意志支配一切外在。但是，外在于主体的存在不仅是人意志支配的对象，其也会因人的意志的注入而成为人格的外化与显现。诚如黑格尔所言："人唯有在所有权中才是作为理性而存在的。"[③]因而，所有权遂成为主体意志的外部领域和人格的外化。苏联法中的所有权一直是

---

① 《苏俄民法典》，郑华译，法律出版社1956年版，第29页。

② [苏]玛·雅·克依里洛娃主编：《苏维埃民法》（上册），北京政法学院民法教研室译，法律出版社1957年版，第8页。

③ [德]黑格尔著：《法哲学原理》，范扬、张企泰译，商务印书馆1961年版，第50页。

在法律上表现并巩固阶级社会中对生产资料、生产工具以及与此相适应的消费资料的一种分配方式。[①] 其以所有制为基础，以国家所有权为核心，形成国家、合作社（集体）和个人三个位阶，在内容上体现为所有权人在法律规定的范围内，对财产的占有、使用和处分。[②] 也就是说，其要求所有权人权利的行使要遵守体现统治阶级意志的法律，但这并非如资产阶级的法律对私有所有权设定的限制，而只是规定所有权的内容。虽然使用和处分社会主义的财产要根据规定的计划进行，但这不是对所有权的限制，而是社会主义所有权的内容。[③] 正是这样的所有权内容，一方面忽略了所有人意志的选择、决定与支配，使所有权人的意志服从和服务于国家的意志，从而丢失了所有权人的主体性；另一方面剥夺了所有权人享受由行使所有权产生的收益的可能，既背离了其民事立法保证物质财富和文化财富的充裕、满足社会和全体公民需要的任务，又在一定程度上构成对人性的无视与泯灭。

二、苏联民事主体中主体性要素的匮乏

作为主体性要素之人格是人之为人所必须具备的条件，或者说是“人之所以作为人的要素或者条件”。[④] 生物人成为社会文化意义上的人或成为法律上的主体时必须具备诸多要素，包括生命、身体、健康等生理性要素，姓名、肖像等表明社会成员身份的标志性要素，以及彰显尊严、自由、名誉、隐私等精神性要素。[⑤] 在民事立法中，这些主体性要素往往因其人格属性而被归属于人身关系的范畴，而立法对其提供权利模式保护的结果则是使其成为人格权的客体。

---

① ［苏］玛·雅·克依里洛娃主编：《苏维埃民法》（上册），北京政法学院民法教研室译，法律出版社1957年版，第137页。

② 参见1922年《苏俄民法典》第58条、1961年《民事立法纲要》第19条、1964年《苏俄民法典》第92条。

③ ［苏］坚金主编：《苏维埃民法》（第2册），中国人民大学民法教研室译，法律出版社1956年版，第9页。

④ 张俊浩主编：《民法学原理》，中国政法大学出版社2000年版，第10页。

⑤ 崔拴林：“私法中的‘人格’范畴含义辨析”，载《法律科学》2008年第4期。

苏联民法的调整对象虽然极具财产性色彩，但在调整范围上也包括某些人身非财产关系，而人身非财产关系恰恰以作为主体性要素的人格为客体。因此，这意味着苏联民法也调整和保护某些主体性要素。不过，如前所述，被苏联民法纳入其调整范围的人身非财产关系非常有限，由此决定了其立法所保护的主体性要素也非常有限与狭窄。

具体而言，苏联民法所确认和保护的人身权利主要是姓名权、荣誉权和创作权等。当然，两部《苏俄民法典》及《民事立法纲要》并没有对人身权进行专章规定，而是分散地规定在婚姻家庭法典、劳动立法和民事立法之中的。例如，苏俄婚姻、家庭和监护法典对姓名权作出了详细规定，劳动立法则规定了对公民劳动荣誉的保护，而创作权则是由民法典加以规定和保护的。将创作权等知识产权纳入民法典中加以规定，这也是《苏俄民法典》的特色之一。此外，1936 年的《苏俄宪法》第 57 条也从宪法的高度上对公民的名誉和尊严提供了保护。在此基础上，1961 年《民事立法纲要》和 1964 年《苏俄民法典》第 7 条从民事立法的角度规定了对公民名誉和尊严的保护。由此可见，苏联民法所保护的主体性要素局限于姓名、荣誉、创作、名誉和尊严等内容，对于生命、身体、健康、肖像、隐私等其他主体性要素则没有规定和保护，至于我们现在所谓的一般人格权的规定与保护则更是无从涉及。

第二章　中国民事主体制度的西化与裂变

就历史上看，中国曾经是古代世界五大法系之一——中华法系的发源地，并一度对东亚等国家和地区的法律制度发生过深刻影响。但是，一方面，中华法系以小农经济和封建君主专制制度为经济和政治基础；另一方面，又深受家族血缘关系和伦理道德思想的束缚。最终，其在呈现出一种“落日的辉煌”之后便瓦解在鸦片战争的炮火之中。[①] 此后，中国法制的发展开始离开传统中华法系的轨道，并在走向现代化进程的同时走上了法律移植之路。直至20世纪50年代之前，西方法一直是中国进行法律移植的主要供体选择，对苏联法的移植是十分有限的。因而可以说，在此之前，中国法律制度整体上仍然属于西方传统法的范畴，并在南京国民政府时期完成了中国法律的近代化事业。在20世纪50年代之后，对苏联法和苏联民事主体制度的全面移植才导致中国法与西方传统法发生裂变。因此，为便于直观地认识与感受中国民法和民事主体制度在脱离传统中华法系

---

① 何勤华、李秀清著：《外国法与中国法——20世纪中国移植外国法的反思》，中国政法大学出版社2003年版，第11页。

之后归入西方传统法,并在 20 世纪 50 年代之后与传统分裂而靠拢苏联法的进程,笔者以《中华民国民法》中的民事主体立法和民事主体制度为范本展开分析。当然,犹如法律移植表现为一个渐进的过程一样,中国民事主体制度与传统法的裂变也是渐进的。也就是说,虽然这种裂变以包括《中华民国民法》在内的"六法全书"被宣布废止为表现与结果,之后才开始了对苏联法的全面移植及其深远影响,但实际上,在中共革命政权时期,包括民事主体制度在内的中国法律制度就已经开始走上与传统断裂之路了。

第一节 民国时期民事主体制度的大陆法系走向

唯物辩证法告诫我们,无论是看待事物还是对待问题都要从正反两方面进行辨证认识,对于一个国家或者政府的立法也应该如此。

以 1910 年的第一次民法草案(《大清民律草案》)和 1925 年的第二次民法草案为基础,1927 年南京国民政府成立后,立法者就为自己确立了尽快颁布一部完善的民法典的任务,付诸实践的结果是于 1929 年 5 月 23 日公布了《中华民国民法》总则编,并于同年 10 月 10 日施行。在之后的两年间,债权编、物权编、亲属编和继承编也先后公布与施行。有学者对此总结道:"庄严伟大之民法典,先后两年,全部完成,不可谓非我国立法史上一大可纪念之事业也。"①

从整体上看,《中华民国民法》基本以德国民法典为范式,同时借鉴他国立法。也就是说,其借鉴的视野比较宽阔,除 1922 年《苏俄民法典》之外,《瑞士民法典》、《日本民法典》等也都被纳入了立法者的视域,而且主要以德、瑞民法为鉴。民事主体制度被规定在总则编第二章之中,其以"人"为标题,下设自然人与法人两节内容。从《中华民国民法》对民事主体的规定来看,无论是章节设置、体例安排,还是制度内容与术语表达等,都在相当程度上与西方传统民法理论保持了高度一致,从而体现出对传

① 胡长清著:《中国民法总论》,中国政法大学出版社 1997 年版,第 19 页。

统民法的归入。

一、《中华民国民法》中自然人主体对大陆法系民法的靠近

《中华民国民法》在第二章"人"之下,首先用19个条文对"自然人"主体作出了规定,内容上基本涵盖了传统民法自然人的主要内容,如自然人的权利能力、行为能力、宣告失踪、宣告死亡、禁治产、住所等,从而在内容上体现出与西方传统民法的一致性。除此之外,《中华民国民法》更是从以下几方面展现出对西方传统民法的归入。

(一)对传统大陆法系民法"自然人"表达的使用

《法国民法典》和《德国民法典》作为大陆法系国家民法的两大分支和典型代表,虽然所处的历史时代不尽相同,但都是启蒙运动和理性时代的产物,罗马法传统和自然法精神是二者共具的底蕴与音符。在以法、德民法典为代表的传统民法中,"人"往往是民事法律关系主体的同义语。在《法国民法典》中,"人"的外延初始是与自然人相对应的,其后才发展同《德国民法典》一样,涵盖了自然人和法人。但二者对于以生命个体为基础的民事主体几乎都一致地谓为"自然人",并意指基于自然规律而出生的人。《中华民国民法》既以《德国民法典》为范本,并借鉴他国立法而完成,不仅在"人"的内涵与外延上保持了与传统民法的一致性,对基于自然规律而出生并在法律上享有主体地位的人同样称为"自然人"。

(二)个体利益与社会利益调和之凸显

如果在中国近代民商法学的形成与发展过程中,民国时期是一个重要的发展阶段,则其在很大程度上应该归功于当时众多学者的努力。据学者统计,这一时期,学术界公开出版民商法著作、教材和资料汇编近200余部,发表学术论文2500余篇。[①] 这些著述向我们表明,这一时期,公法与私法的区分、私法与权利观念,以及民法的私法定位等已经进入到

① 何勤华著:《中国法学史》(第3卷),法律出版社2006年版,第331~339页。

学者与立法者的头脑之中，并成为民商法理论研究与立法实践的基础与指导。

就民法应当以何为本位问题，虽然理论上一直争论不休，但其在法律发展史上大体经历了义务本位、权利本位和社会生活安全与健全为本位的演变进程。建立在界分公法与私法，以及私法与私权的观念基础上，《中华民国民法》在以权利为本位的同时兼顾了社会生活之安全与健全。对此，胡长清先生在其著述中分析指出，权利本位主要体现在新民法以私权作为总则编整编组织的中心，而对于社会生活安全与健全的兼顾则体现为新民法在诸多地方考虑了社会利益，且其明示者就达23处之多。①

对个人价值的承认与强调一直是西方传统社会的基调与价值特色，从而为其近现代民法积淀了浓厚的个人主义基础。因此，在作为社会动物的人和作为个体的人之间进行衡量与取舍，传统法律更关注个体的人，并在结果上表现为对主体的权利与自由的尊重、赋予和保护，从而构建起一套以个体自身利益为基础的权利体系与制度体系。因而说，权利本身就是西方法律传统文化的产物。而人不仅是近代民法的核心内容，也是权利的主体。《中华民国民法》以权利为本位对总则编所进行的组织和安排一方面展现出在观念与精神内涵上对传统民法精髓的纳入与吸收；另一方面也在立法表达层面宣布了对民事主体个体利益的关注与保护。

不过，在《中华民国民法》制定与颁行之时，历史毕竟已经进入20世纪30年代，而早在19世纪末20世纪初，西方民法就已经发生了价值观念上的调整与转向，从而促使理论和立法都开始更多地关注社会公共生活与公共利益，并最终促成了近代民法向现代民法的转变。在这样的历史情势之下，民国时期的立法者们也不得不或者说必须关注与迎合现代民法之发展趋势，并在立法中引入与贯彻了作为该发展趋势核心内涵的社会性观念，实现了对个体利益与社会利益之调和。

（三）民事主体人格属性和主体性要素的承认与彰显

作为主体特质之“人格”——意思自治在《中华民国民法》中获得充

---

① 何勤华著：《中国法学史》（第3卷），法律出版社2006年版，第352页。

分的显现与尊重。典型如作为意思自治法律手段的法律行为一章（第四章）共设置了六节内容，累计48个条文对主体的行为能力、意思表示、附条件和附期限的法律行为、法律行为的代理、无效与撤销等作出了详细规定。所有权人充分的意志支配、契约自由原则的规定等，都充分体现了对民事主体的意志尊重。此外，主体性要素之人格也在《中华民国民法》中获得一定程度的承认与保护。原因在于：其一，《中华民国民法》虽然在总则编中并未明确规定其调整对象，但从各编的配置安排与内容可以断定其既调整民事主体之间的财产关系，也调整他们之间的人身关系，这为主体性要素之保护奠定了基础。其二，其不仅对具体的主体性要素提供保护，而且还规定了对自由和人格权的保护，扩大了主体人格保护的覆盖面。前者如在自然人部分的第19条规定了姓名权的保护，后者则体现在第17条和第18条之中。

而无论是《中华民国民法》对主体意志的尊重与保护，还是对主体人格要素的承认和保护都是建立在民法私法属性认识基础上的。也就是说，民国时期的民法学者已经对民法的私法性质有了基本认识。如吴经熊先生对民法的认识就是以私法为出发点的，他说："窃谓民法者，民族精神之表现，民权借以保障，而民生恃以发展者也。"①更有学者直言："规范吾人日常生活与乎社会之生活的私法之一部，厥惟民法。"②正是在肯定和承认民法私法属性的基础上，才能形成和贯彻意思自治，并给予立法上的尊重与保护。

二、《中华民国民法》中法人主体对大陆法系民法的靠近

对于民事主体的结构安排，《中华民国民法》借鉴《德国民法典》，实行主体二元制。因而，在自然人主体之外，其第二章第二节又规定了法人主体，并在具体内容上涵盖了法人的住所、法人的成立、法人的财产、法人

---

① 吴经熊："关于编订民法之商榷"，载何勤华、李秀清主编：《民国法学论文精萃——民商法律篇》（第3卷），法律出版社2004年版，第2页。

② 李祖荫："中华民国新民法概评"，载何勤华、李秀清主编：《民国法学论文精萃——民商法律篇》（第3卷），法律出版社2004年版，第11页。

的清算和消灭、法人及其成员的责任等规定。但是,如果细观《中华民国民法》第二章第二节对法人的规定,不仅难觅所有制之踪影,反过来却能够看到许多传统法人理论的印记,这在法人的分类上表现得非常明显。

社团法人和财团法人是西方传统民法理论根据法人成立基础的差异而对私法人进行的重要分类之一,各国立法多以此为基础对法人进行规范和规定。前者以社员或成员为基础,后者以财产为基础,并由此决定了二者在其他诸多方面的差异。而《中华民国民法》第二章第二节在第1款通则之后,分两款规定了社团和财团,分别对应了社团法人和财团法人。

由此可见,在法人分类方面,所有制话语在《中华民国民法》中处于失语状态,仅以法人成立基础的差异来区分社团与财团进行分别规范。这种分类只注重法人自身的差异,却不问法人的出身与身份,并据此给予立法上权利义务的不同配置与要求。这样,不仅对各种法人给予法律上的相同对待,使他们处于法律上的平等地位,而且使其与交易相对人处于平等地位,实现与落实了传统民法的平等原则。

综上,民国时期,古老的中国抛弃了固有法律传统而转向西学,中国的公私立法整体上都开始对西法效仿、借鉴与移植。就民法而言,民法的私法属性认识与定位不仅使中国生发出私法秩序的萌芽,而且获得了初步成长,从而完成了中国民法的近代型塑与定型。民事主体立法及其制度在显现其对西方民法传统归入的同时呈现出对现代社会本位思想与潮流的趋附。

第二节 民国时期民事主体制度的现代趋附

《中华民国民法》制定之时,西方私法早已完成了近代的形塑过程,个人主义及其精神的极度弘扬与发展已经使近代私法显现出极大的弊端,社会本位思想开始登场,并已经进入各国的立法实践。因此,以西方立法为蓝本而制定的《中华民国民法》不可避免地受到社会本位思想之影响,体现出极强的社会公益精神。正如其总则编起草说明书所阐释的立法理由谓之:“驯至放任过甚,人自为谋,致社会公益于不顾,其为弊害,日益显著……对于社会公益,自应特加注重,力图社会之安全。”[①]民事主体制度也透视出社会本位思想并由此呈现出对私法现代化之趋附。在自然人主体中,这种现代趋附表现为对作为主体人格属性之意志限制和对人格要素之深切关注;在法人主体中则集中体现在对法人目的或其行为的限制与规范方面。

一、自然人人格属性对现代私法之趋附

作为主体特质之人格,即意思自治在近代获得绽放,主体的自由与人格也因此获得充分发展。但个体无限制的意思自治则可能对他人与社会构成威胁与损害,因此,现代私法的趋势之一即是对意思自治的限制,并以对契约自由的干预和限制为典型。

在《中华民国民法》中,其债编第 153 条第 1 款规定:“当事人互相表示意思一致者,无论其为明示或默示,契约即为成立。”这昭示着当事人的意思决定契约的成立,从而确立了契约自由原则。但是,“19 世纪末开始形成的限制契约自由的潮流也影响到了民国时期的立法”。[②] 这种限制在《中华民国民法》总则部分通过对法律行为的效力干预而作用于契约自由。如其第 71 条规定了违反强制或禁止性规定的行为无效、第 72 条规定了悖于公共秩序与善良风俗的行为无效,以及第 74 条第 2 款对显失公平的行为给予救济等规定,都可以基于对法律行为的上位规定而适用于契约领域而构成对契约自由的限制。

除总则外,在债编的诸多具体规定中也贯彻与体现了对当事人意思自治和契约自由的干涉与限制。如其第 203 条对有息之债以法律规定弥补当事人利息约定不明的规定、第 205 条对利息上限及其请求权限制的规定、第 252 条对当事人违约金约定的干涉的规定等,都体现出对本应由

---

① 何勤华、李秀清著:《外国法与中国法——20 世纪中国移植外国法的反思》,中国政法大学出版社 2003 年版,第 254 页。

② 同上书,第 248 页。

民事主体意志自决的内容与事项却注入了国家的强制与权力因素,以维护社会之正义与公平。

此外,由社会本位思潮所导引的私法现代走向的其他重要表现,如对所有权人权利的限制,某种程度上可以理解为是通过对所有权人绝对的意志支配加以干涉而实现相对化的,故而也构成对所有权主体意志的限制。《中华民国民法》第148条所规定的“权利之行使不得以损害他人为主要目的”,即体现了对包括所有人在内的权利人的限制。类似的限制性规定在物权编中也颇为常见。

在《中华民国民法》中,不仅作为主体特质之人格表现出对现代私法之趋附,而且作为主体性要素之人格也同样显示出这种趋附。例如,除前述姓名权、自由与人格权的保护规定之外,该法还承认了最低限度生存权。① 应该说,民国时期作为主体性要素之人格的现代趋附在相当程度上归功于孙中山的思想。在任何时代,领导者的法律思想和观念都不可避免地在一定程度上影响或决定其所在时代的立法价值取向与内容,甚至引导立法的走向。作为民国开国领袖的孙中山先生顺应西方社会本位思想与趋势,提出了三民主义理论。对民主、民权与民生的深切关注不仅要求注重个体权利与自由的赋予与保护,而且要求关注国家与集体利益,从而形成了以国家自由观、集体平等观为理论基础的社会本位立法思想体系,提倡国家与社会的整体自由,限制个人的自由与权利,以实现国家的自由与独立。② 而时任立法院院长的胡汉民深受孙中山先生三民主义和社会本位思想的影响,将之贯彻到立法中的结果就是一方面导致对作为基本民权应有内涵范畴的某些主体性要素保护的肯定与扩大,另一方面形成了对个体权利与自由的必要限制。

二、法人人格对现代私法之趋附

基于社会本位思想和公益精神对于民事主体所生的国家干涉与限制

① 何勤华、李秀清著:《外国法与中国法——20世纪中国移植外国法的反思》,中国政法大学出版社2003年版,第253页。

② 同上。

不仅及于自然人主体,也应及于法人主体。法人以团体为基础,但法人个人主义使法人在法律上被视为一个人,并借助于权利能力的法技术工具获得与自然人同样的主体资格与地位。但是,一方面,法人的经济优势必然破坏其与自然人之间的平等;另一方面,享受较多资源者应当背负更多的社会义务。因此,现代私法增加了诸多对法人的限制。不过,法人人格的非伦理性与工具性要求和决定了国家强力对法人主体的干涉与限制只能从法人的设立、法人的目的与法人的行为规范着眼,而无法及于法人的人格属性本身。

《中华民国民法》对社会本位思想与社会公益精神的反馈也印证了这一点。对于法人的设立,《中华民国民法》总则编第 30 条设置了登记程序,而第 46 条对于公益法人则更要求登记前获得主管官署的许可。对于法人的目的与行为的限制,其第 36 条规定:"法人之目的或其行为有违反法律公共秩序或善良风俗者,法院得因主管官署检察官或利害关系人之请求宣告解散。"而立法要求法人在解散时必须进行清算,并规定了清算人及其职务。而且为确保清算程序的公正和债权人的利益保护,立法还设置了监督程序,其第 42 条规定:"法人之清算属于法院监督。法院得随时为监督上的必要之检查。"此外,还有一些其他限制性规定。由此可见,《中华民国民法》在法人的规定中所体现出来的社会本位精神较自然人主体可能更多。

综上,在《中华民国民法》总则及其他各编规定中,都一定程度地映射出社会本位精神对民事主体制度之影响,并由此彰显了民国民法及其理论对现代私法精神之趋附。如果沿着这一路径发展下去,包括民事主体制度在内的中国法律制度或许将以另一种面貌和状态来展现并发挥作用。但遗憾的是,历史却在此时发生巨变,包括民事主体制度在内的中国法律及其各项制度也在此后萌发了与传统大陆法断裂之萌芽。

第三节　中国民事主体制度与大陆法系民法裂变之萌芽

如果说 20 世纪 50 年代之后,中国开始全面移植苏联立法与法律制度，从而走进苏联范式并最终走上与西方私法传统断裂之路，则这种断裂在苏维埃革命根据地时期就已经生发出萌芽，并基本延续了整个新民主主义革命时期。当然，这一时期不存在成形的法律制度与法律体系，只是针对某些具体问题而颁布了一些立法性文件和政策，因此，我们也只能通过片言只语发现与寻找到一些端倪。

一、所有制话语的引入与民事主体的公私区分

所有制是马克思主义学说的核心，所有制话语也是在十月革命之后伴随着马克思主义和列宁主义而传入我国的。我国很多党内重要人物都在其著作中论及所有制学说，如李大钊在 1924 年发表的《社会主义下的经济组织》一文中指出："社会主义经济的主要特点之一就是废除生产资料私有制，建立公有制。凡大规模的企业，如铁路、矿山、轮船公司、承办运输事业、大规模的制造工业、大商店等一律收归国有。自国家银行以下，所有的银行都收归公有，由国家经营。同时指出与公有制相配套，社会主义经济的另一特点是生产的目的性和计划性。"①毛泽东也曾经指出要"没收帝国主义者和汉奸反动派的大资本大企业"，"归这个共和国的国家所有"，并使之成为社会主义性质的国营经济。② 在新民主主义阶段，要"保存一般的私人资本主义企业"，使"私人资本主义经济在不操作国计民生的范围内获得发展便利"。③ 由此可见，所有制学说与社会主义和公有制相连，以建立和维护社会主义公有制为内容与目标追求。于是，采取一系列措施将土地、银行、大规模企业等收归国有，建立社会主义公有制就成为必然。如继 1917 年 11 月 8 日，苏俄颁布《土地法令》，宣布废除土地私有制，将土地转归国家所有成为全民的财产，并平均分配给农民之后，中国共产党在 1927 年的"八七会议"上就提出了土地国有的口号。之后，在总结经验的基础上，1928 年在井冈山颁布了《土地法》，其第 1 条

① 《李大钊选集》，人民出版社 1959 年版，第 429 页、第 432 页。
② 《毛泽东选集》(第 2 卷)，人民出版社 1991 年版，第 647 页、第 678 页。
③ 《毛泽东选集》(第 3 卷)，人民出版社 1991 年版，第 1060 ~ 1061 页。

就规定："没收一切土地归苏维埃政府所有。"[①]由于该条规定存在没收一切土地而非没收地主土地的错误，1929 年 4 月颁布的《土地法》第 1 条将其更改为"没收一切公共土地及地主阶级的土地归兴国工农兵代表会议政府所有，分给无田地及少田地农民耕种使用"。[②] 此后，在 1930 年 6 月由中国革命军事委员会颁布的《苏维埃土地法》第 1 条和《中华苏维埃共和国土地法》第 1 条都有类似规定。[③] 通过这些立法及一系列的措施，中共革命政权逐步在根据地和解放区建立起了主要生产资料公有制。当然，在建立生产资料公有制的同时，革命政权并不绝对否定私有制和私营资本，而是允许它们在合理范围内存在。如 1932 年 1 月中华苏维埃共和国临时中央政府颁布和实施了《工商业投资暂行条例》，其第 1 条规定："反遵守苏维埃一切法令，实行劳动法，并依照苏维埃政府所颁发之税则，而完纳国税的条件下，得允许私有资本在中华苏维埃共和国境内，自由投资经营工商业。"[④]之后，1948 年 3 月 31 日，陕甘宁边区政府又颁布了保护工商业的布告，再次郑重强调无论属公属私的工商业都要坚决保护。[⑤]

随着所有制学说的传入，所有制话语也开始发挥作用，不仅形成了财产的公有与私有区分，而且形成了民事主体的公有与私有区分。也就是说，在新民主主义革命时期，中共革命政权在没收地主和大资本家的土地、银行、大企业等归国家所有建立公有制的同时，一方面允许私营资本的存在，另一方面也承认和保护包括土地在内的个人的私有财产。这种公有制与私有制的并存不仅在事实上形成与存在公有财产与私有财产的区分，而且也获得了立法上的肯定与体现。如 1939 年 9 月 29 日公布了《晋察冀边区保护公私林木办法》，其第 1 条和第 2 条规定："本边区各县公有私有林木之保护，除森林法已有规定外，依本办法行之。""公私林木

---

① 西南政法学院函授部编：《中国新民主主义革命时期法制建设资料选编》（第 3 册），1982 年版，第 77 页。

② 同上书，第 79 页。

③ 同上书，第 81 页、第 85 ~ 86 页。

④ 同上书，第 1 页。

⑤ 同上书，第 12 ~ 13 页。

由各县政府督同区村公所负责保护之。”[①]由此可见，不仅该办法名称中带有“公私”字样，其内容中也多次使用“公有私有”或者“公私”字样。1939 年 10 月 2 日公布的《晋察冀边区禁山办法》中，也多次使用“公有私有”的表达。[②] 既然所有制和财产有公私之分，其主体也必然存在公有主体与私有主体之差异。如《工商业投资暂行条例》第 3 条规定：“无论国家的企业矿山森林等和私人的产业，均可投资经营，或承租承办，但须有双方协商，订立租借契约和向当地苏维埃登记，但苏维埃政府对于所订合同，认为与政府所颁布的法令和条例相反时，有修改和停止该合同之权。”[③]此处，国家与私人分别代表着公有主体与私有主体。1932 年 2 月 1 日实行的《借贷暂行条例》也存在公有主体和私有主体的区分，其第 2 条规定：“凡国家银行、信用合作社，或私人借贷之非高利贷性质的周转和为帮助某种生产事业而举行的各种借贷，不违背本条例之规定者，苏维埃政府不加以干涉。”[④]由此可见，在新民主主义革命时期，所有制话语即已经开始出现在中共政权的民事立法之中，并已经对民事主体的地位和权利发生影响作用，即已经形成了民事主体的公私之分。

二、“企业”表达的术语引入与使用

在新民主主义革命时期，中国共产党为了建立自己的政权，稳定社会经济秩序及保护民众的基本生活与利益，颁布了一系列民事立法文件。当然，由于历史条件、立法水平等诸多因素的影响与限制，不可能制定出完整的民事立法，也不可能建立和形成完整的民事法律制度，只是对基本生活领域中的主要社会关系，如土地关系、投资借贷关系、婚姻家庭关系、继承关系等加以简单的规定与调整。但是，在这些十分粗简的民事立法及其规定中，仍然可以发现某些民事法律制度的雏形。

---

① 西南政法学院函授部编：《中国新民主主义革命时期法制建设资料选编》（第 3 册），1982 年版，第 21 页。

② 同上书，第 22 页。

③ 同上书，第 1 页。

④ 同上书，第 2 页。

就法人主体而言，新民主主义革命时期的民事立法也不可能有完整规定，但某些内容完全可以看作对法人的规定。如 1932 年 1 月实行的《工商业投资暂行条例》第 2 条规定："凡投资者，先将资本的数目、公司章程或店铺的名称、经营事项、经理的姓名等详细具报，向当地苏维埃政府登记，取得营业证，即可按照规定事业去经营，以后改营他业时，亦须要向政府报告登记。"①此处虽然没有明确投资主体是否具有法人资格，但将其视为对法人设立程序的规定应该是没有问题的。对于法人的营业自由，其第 4 条规定："凡遵守一、二、三条之规定的私人投资所经营的工商业，苏维埃政府在法律上许其营业之自由。"由此可见，在新民主主义革命时期，虽然没有建立和形成法人制度，但法人主体不仅在事实上是存在的，立法对其也是有所规定与调整的。

既然存在法人主体，当时的民事立法文件对其也有规定，就涉及其立法表达问题。但是，无论是在当时的民事立法文件中，还是在相关的民事立法政策中，都没有出现过"法人"字样，也没有使用过"法人"这一称谓，而是以其他用语来表述的，如"国家银行"、"信用合作社"、"公司"、"企业"等。其中，以"企业"来指代和表达法人主体的，如《陕甘宁边区地权条例》第 11 条规定："部队、机关、学校、团体及公营企业，得依法领取（不得自由圈地）公地、公荒使用，但所有权仍属于边区政府"②，以及 1949 年 2 月 28 日辽宁省人民政府颁发的《辽宁省森林管理暂行办法》第 15 条规定："本省各机关各部队各公私企业部门，在不违反本办法之原则下，可向有关部门及群众，收购木材，但严禁包山包林等采伐方式，否则按本办法，予以处分。"③由此可见，"企业"作为法人主体的替代表达在新民主主义革命时期的立法文件中就已经开始出现并加以使用了。

---

① 西南政法学院函授部编：《中国新民主主义革命时期法制建设资料选编》（第 3 册），1982 年版，第 1 页。

② 同上书，第 125 页。

③ 同上书，第 29 页。

三、机关主体地位在我国的初现

新民主主义革命时期的民事立法文件对于法人主体的规定不仅体现在对于法人的设立程序和营业自由的规定上，而且其有些规定还涉及法人主体的种类问题。如一方面为了废除和禁止高利贷；另一方面为了解决生产发展和群众的资金周转问题，中华苏维埃临时中央政府在 1932 年 2 月 1 日颁布与实行了《借贷暂行条例》，其第 2 条在表明对合法借贷的保护的同时，涉及了借贷主体问题，其规定："凡国家银行、信用合作社，或私人借贷之非高利贷性质的周转和为帮助某种生产事业而举行的各种借贷，不违背本条例之规定者，苏维埃政府不加以干涉。"[①]据此可以认为，作为借贷主体的国家银行、信用合作社应该具有法人资格，属于法人类型之一。此外，部队、学校、企业，以及团体等也可以依法享有民事权利承担民事义务，即具有民事主体资格，所以将他们作为法人主体认识也没有问题。

就机关而言，应该说，在新民主主义革命时期，其民事立法已经开始承认机关的独立民事主体地位了。如前述《陕甘宁边区地权条例》第 11 条规定："部队、机关、学校、团体及公营企业，得依法领取(不得自由圈地)公地、公荒使用，但所有权仍属于边区政府。"依照这一规定，机关同其他主体一样，可以依法领取公地、公荒并享有对该地的使用权，由此可以推断其具有独立民事主体的地位。依照《辽宁省森林管理暂行办法》第 15 条[②]规定，各机关也可以向有关部门及群众收购木材，从而作为合同当事人而享有合同权利义务。由此可见，在新民主主义革命时期，虽然法人制度尚未建立，但机关作为民事主体而享有民事权利承担民事义务不

---

① 西南政法学院函授部编:《中国新民主主义革命时期法制建设资料选编》(第 3 册)，1982 年版，第 2 页。

② 《辽宁省森林管理暂行办法》第 15 条规定:"本省各机关各部队各公私企业部门，在不违反本办法之原则下，可向有关部门及群众，收购木材，但严禁包山包林等采伐方式，否则按本办法，予以处分。"参见西南政法学院函授部编:《中国新民主主义革命时期法制建设资料选编》(第 3 册)，1982 年版，第 29 页。

仅是一种既定事实，而且获得了立法层面的肯定，这是我国国家机关独立主体地位的初现。

四、权力因素的介入与对主体意志的干涉

在新民主主义革命时期，虽然中共革命政权在社会主义革命目标的指引下对于大资本和大地产没收收归国有，以建立和实现社会主义公有制，但鉴于私人经济对于国家和人民利益的有益性，仍然允许和支持私人资本和私营经济的存在与发展。也就是说，此阶段在公营经济与私营经济之间的关系上，公营经济居于主导地位，私营经济只是辅助性存在，但二者的并存为自由竞争在一定范围内的存在奠定了现实基础，也为民事主体的存在与发展、主体的意志自由提供了经济环境与经济基础。

就对民事主体意志自由的尊重与保护而言，虽然这一时期的民事立法十分粗糙，但在这些粗糙的立法文件中，仍然可以发现对民事主体意志自由的规定与保护。如根据中华苏维埃共和国临时政府在 1932 年 1 月颁布实行的《工商业投资业暂行条例》第 3 条规定，国家的矿山企业和私人产业在双方协商，订有租借契约的基础上，经登记后进行投资经营或承租承办。[①] 此处，双方协商和订立租借契约，即体现了对投资主体意思自治的尊重。在 1932 年 2 月实行的《借贷暂行条例》中，在合法范围内允许当事人自由约定借贷数目、利率、用途和归还日期，并依法保护合法借贷合同的规定，也体现了对当事人意志自由的尊重与保护。[②]此外，对围绕土地而展开的租佃关系的调整中，对租佃契约的规定也体现了对民事主体意志自由尊重与保护。如在 1943 年 1 月 21 日晋察冀边区第一届参议会通过、同年 2 月 4 日晋察冀边区行政委员会公布的《晋察冀边区租佃债息条例》中，第 12 条规定："土地之租佃，须一律缔结书面契约。契约期满出租出佃人得收回其土地。但在抗战期间，出租出佃人收回土地致承

---

① 西南政法学院函授部编：《中国新民主主义革命时期法制建设资料选编》（第 3 册），1982 年版，第 1 页。

② 同上书，第 2 ~ 3 页。

租承佃人无法生活者,应减收一部或暂时不收,并另定新约。”[①]依此,书面租佃契约的订立是土地租佃关系产生和受法律保护的基础与依据,而租佃契约是当事人自由意志的体现与结果。另外,在《晋冀鲁豫边区土地使用暂行条例》、[②]《陕甘宁边区土地租佃条例》[③]中,也有租佃契约的规定与调整,契约当事人的意志自由获得了同样的尊重与保护。

但是,在新民主主义革命时期,民事立法对民事主体意志自由的尊重与保护是十分有限的,这不仅是因为自由竞争经济的基础薄弱与范围有限,其更主要的原因在于权力因素的介入对民事主体的意志自由构成限制与干预。而权力因素对于私法的介入和对民事主体意志自由的限制与干预,一方面体现出我国新民主主义革命时期私法观念在整体上的缺失;另一方面也彰显出其民事立法上的公法因素影响,这与苏联民法的基调是完全一致的。就具体规定而言,如《工商业投资暂行条例》第 3 条一方面允许国家的矿山森林和私人产业依双方协商,订立租借契约而进行工商业经营;但另一方面又规定在苏维埃政府认为当事人所订立的合同违反政府所颁布的法令和条例时,可以享有直接进行修改和停止的权利,从而将当事人的意志排除在外。[④] 依照《借贷暂行条例》第 4 条规定,保护双方在自由协议基础上订立的合法借贷合同,但是,对于团体性质的借贷合同规定了向政府报告和请求登记的要求与程序,从而将团体性质的借贷合同置于政府公权力的审查与监督之下,这无疑是对团体性借贷合同当事人自由意志的不信任与干涉。另外,在没收大地主和大资本家的土地而进行分配时,政府公权力的介入与彰显更为明显。应该说,无论是古今中外的农民起义还是政党革命,“均田地”或“均贫富”都是其起义或者革命的政治口号与目标,我国的新民主主义革命也是如此。因此,在中国共产党领导的革命政权控制的地域范围内,除一部分土地归于公有之外,对于被没收的地主和资本家的土地基本上分配给无地的农民所有,即当

---

① 西南政法学院函授部编:《中国新民主主义革命时期法制建设资料选编》(第 3 册),1982 年版,第 6 页。

② 同上书,第 111 ~ 115 页。

③ 同上书,第 129 ~ 131 页。

④ 同上书,第 1 页。

时存在和实行土地私有制。而革命政权在初期进行土地分配时，平均分配是基本原则。如中国共产党全国土地会议在1947年9月13日通过的《中国土地法大纲》第6条规定："……乡村中一切地主的土地及公地，由乡村农会接收，连同乡村中其他一切土地，按乡村全部人口，不分男女老幼，统一平均分配；在土地数量上抽多补少，质量上抽肥补瘦，使全乡人民均获得同等的土地，并归各人所有。"[①]之后某些地区又制定了实行土地法大纲的补充办法，如《东北解放区实行土地法大纲补充办法》和《晋冀鲁豫边区政府施行中国土地法大纲补充办法》，这两个补充办法都在坚持和贯彻平均分配土地原则的基础上进行了细化规定。[②] 此外，毛泽东在《复李井泉同志的信》中还指出，在老区实行平均分配土地，基本消灭地主富农的经济基础之后，还可以在某些地区进行酌量调剂土地，不应再进行平均分配，而是应该采取合理的抽补办法来满足部分农民土地不足的要求。[③] 由此可见，在革命政权控制的地区，对于土地的分配遵循以平均分配为原则，以调剂为补充的方法。但是，无论是平均分配还是抽补调剂，都需要借助于政府公权力来运作与实现，根本无须主体意志，即无须农民意志的表达与体现。

---

① 西南政法学院函授部编：《中国新民主主义革命时期法制建设资料选编》（第3册），1982年版，第133页。

② 同上书，第136～141页。

③ 同上书，第150页。

第三章　中国民事主体制度的苏联范式植入

在人类社会发展的过程中，虽然各国、各民族及各地区在地域上有亲疏远近之分，但交流似乎从未中断过，彼此在政治、经济、文化、法律等方面也相互移植与影响着。就法律而言，中国的法律曾经影响过他国，但近代之后，中国开始了移植和继受他国法律、受他国法律影响的历程。并且这种移植与影响在新中国成立后发生了路径与范式上的转换，从而开启了苏联法对我国立法与观念全面影响的时期。民事主体制度也逃脱不了对苏联民事主体制度的移植，并由此完成了中国民事主体制度移植的范式转换，开始了其对中国民事主体制度延续至今的影响。

第一节　中国民事主体制度苏联范式植入的理论分析

马克思曾经说过："社会不是以法律为基础的。那是法学家们的幻想。相反地，法律应该以社会为基础。法律应该是社会共同的、由一定物质生活条件所产生的利益和需要的表现，而不是单个的个人恣意横行。”[①]因此，任何一个国家法制的建设和发展与作为其基础的政治、经济、文化和社会等实际上处于一种互动状态。而一个国家的法律制度是自我生成与创建，还是进行外部借鉴与移植，以及移植的选择等也与其所处时代的政治、经济、文化和社会基础密不可分。20 世纪 50 年代，中国民事主体制度全面移植于苏联法，也是在一定的客观基础之上所做出的历史选择。

一、意识形态的高度趋同

马克思列宁主义理论是中国和苏联共同的政治信仰，革命的胜利和国家的建设与发展都是在马克思列宁主义理论指导下完成与进行的。其中，无产阶级专政理论是马克思列宁主义国家学说的核心。马克思认为："（一）阶级的存在仅仅是与生产发展的一定历史阶段相联系的；（二）阶级斗争必然要引起无产阶级专政；（三）这个专政本身不过是进到根本消灭阶级和进到无产阶级社会的过渡。"[②]从而使无产阶级专政成为无产阶级革命的主要工具。列宁和斯大林发展了马克思和恩格斯的无产阶级专政学说，并在此指导下建立与发展了无产阶级专政的苏维埃社会主义国家。苏维埃社会主义国家不仅是新类型的国家，也是最高类型的民主制度，其目的在于消灭私有制和人剥削人的制度，建成社会主义，并最终建成共产主义。[③] 而且马克思列宁主义坚持共产党的领导，认为苏维埃社会主义国家的产生和它所获得的一切伟大成就都是苏联共产党英明领导的结果，共产党是苏维埃社会的领导和指导力量。[④] 而在共产主义的第一阶段——社会主义社会条件下，国家和法都必须存在。因为"若不限于空想主义，就不能以为一推翻资本主义以后，人们立刻就可学会替社会劳

---

① 《马克思恩格斯全集》（第 6 卷），人民出版社 1961 年版，第 297 页。

② 《列宁文选》（两卷集，第 2 卷），人民出版社 1954 年版，第 188 页。

③ ［苏］卡列娃·费其金等编：《苏维埃国家和法的基础》，中国人民大学编译室译，法律出版社 1955 年版，第 55 页。

④ 同上书，第 57 页、第 58 页。

动而不需要任何法律规范,而且资本主义的废除并不能立刻造成这种变更的经济前提”。[①] 因而,苏维埃社会主义的法作为最高历史类型的法也必须存在,[②]其由苏维埃国家制定,体现工人阶级的意志,在苏维埃人民争取共产主义胜利的斗争中起着巨大的组织和动员作用,成为巩固和发展社会主义秩序和社会主义关系的工具,成为实现由社会主义逐步过渡到共产主义这一任务的工具。[③]

马克思列宁主义思想很早就传入中国,成为中国共产党领导革命武装的指导思想和理论武器,并在苏维埃区域内实践性地创建了全世界无产阶级和被压迫民族劳苦民众共同爱护的世界上第二个苏维埃共和国——中华苏维埃共和国。[④] 1931 年 11 月 7 日中华苏维埃第一次全国代表大会通过的《中华苏维埃宪法大纲》第 2 条宣称:“中国苏维埃政权所建立的是工人和农民的民主专政的国家。苏维埃全部政权是属于工人农民红军战士及一切劳苦民众的。”[⑤]中国在取得了解放战争和人民革命胜利并进入到新民主主义革命时期之后,仍然坚持以马克思列宁主义为指导思想,建立了以工农联盟为基础的人民民主专政的社会主义国家。如 1949 年《中华人民政治协商会议共同纲领》第 1 条规定“中华人民共和国为新民主主义即人民民主主义的国家,实行工人阶级领导的、以工农联盟为基础的、团结各民主阶级和国内各民族的人民民主专政,反对帝国主义、封建主义和官僚资本主义,为中国的独立、民主、和平、统一和富强而奋斗。”[⑥]1954 年《宪法》第 1 条也规定:“中华人民共和国是工人阶级

---

① 《列宁文选》(第 2 卷),人民出版社 1954 年版,第 242 ~ 243 页。

② Совет ское социалист ическое право как новый высший ист орический т ип права// Юридическое Агент ст во 《 Сколкоффо 》: http://skolkoffo. ru/2012/06/13/sovetskoe-socialisticheskoe-pravo-kak-novyj/#_ftn22

③ [苏]卡列娃·费其金等编:《苏维埃国家和法的基础》,中国人民大学编译室译,法律出版社 1955 年版,第 95 ~ 98 页。

④ 中国现代史资料编辑委员会翻印:《苏维埃中国》,北京市印刷二厂印刷 1957 年版,引言第 2 页。

⑤ 《中华苏维埃宪法大纲》,载中国现代史资料编辑委员会翻印:《苏维埃中国》,北京市印刷二厂印刷 1957 年版,第 17 页。

⑥ 西南政法学院函授部编:《中国新民主主义革命时期法制建设资料选编》(第 1 册),1982 年版,第 44 ~ 45 页。

领导的、以工农联盟为基础的人民民主国家。”

中国和苏联在政治信仰与意识形态上的高度趋同生成了相同的法律观——马克思主义法律观。在《共产党宣言》中，马克思、恩格斯已经指出：“……你们的法不过是被奉为法律的你们这个阶级的意志一样，而这种意志的内容是由你们这个阶级的物质生活条件来决定的。”①列宁在《矛盾的立场》一文中也指出：“意志如果是国家的，就应该表现为政权机关所制定的法律，否则‘意志’这两个字只是毫无意义的空气震动而已。”②法是国家制定或认可的统治阶级意志的体现也成为我国法学理论研究者对于法的本质的共同认识。③ 于是，共同的信仰和高度一致的意识形态及相同的法律观就为20世纪50年代中国进行法律移植提供了政治基础与指导。

二、计划经济的体制同构

在十月社会主义革命时期，为了克服经济上的困难，苏维埃政权实行战时共产主义政策，主要内容为采取措施实行国有化。④ 在粉碎国内反革命势力和外国武装干涉进入和平阶段后，列宁将国家的重点转向经济建设，开始推行新经济政策，使苏联经济经历了一个短暂的自由发展时期。斯大林崛起并执政后，发动一场“自上而下的革命”，向官僚主义和“阶级敌人”展开进攻，实行农业集体化运动和第一个五年计划（1928～1932年），⑤以达到快速工业化的目标。⑥ 此后的60余年，自由与自治逐渐消失，“强制”开始成为苏联经济的主要色彩。在这种强制经济中，“私人企业成为非法，‘指令性经济’被彻底引入，政府和党的官员在只给予消费者的愿望以极小的关切的情况下，决定全国该生产什么，生产多少的

① 《马克思恩格斯选集》（第1卷），人民出版社1972年版，第268页。

② 《列宁全集》（第25卷），人民出版社1958年版，第75页。

③ 王勇飞编：《法学基础理论参考资料》（上），北京大学出版社1985年版，第101页。

④ Жуков Е. М. , Минца И. И. Всемирная ист ория. Том VIII. Издат ельст во социально-экономической лит ерат уры. Москва. 1961. – 324с.

⑤ Газет а“Совет ская Россия”№133，18ноября2006.

⑥ ［美］沃尔特·G. 莫斯著：《俄国史》，张冰译，海南出版社2008年版，第224页。

问题”。[①] 此即所谓的计划经济。应该承认，计划有助于目标的快速实现，强制的工业化建设和五年计划的实施也建设了苏联的重工业和军事工业，但是，“越来越增强的政府及党对经济的控制，伴随着政府及党对人民日常生活的越来越增强的控制”。[②] 在重工业和军事工业飞速发展与强大的同时，苏联经济的其他领域和人民生活却急剧落后与恶化了。

中华人民共和国成立初期，也面临着迅速恢复和发展经济的问题，工业国有化、农业和手工业的合作化及资本主义工商业公私合营等措施的实施很快实现了新民主主义经济的制度目标。之后，生产资料私有制社会主义改造成为经济进一步发展的重心与目标。为实现这一目标，中国引入苏联计划经济的管理模式，以指令性计划压制和取代市场机制，并且效仿苏联从 1953 年开始实行五年计划。可以说，“第一个五年计划(1953 ~ 1957 年)用传统的标准来衡量，是非常成功的经济发展规划。中国共产党以有限的资源和经验，能够维持始于恢复时期的经济增长和完成在 1949 ~ 1952 年年底期间谨慎地开始的制度改革”。[③] 此后一直到 1992 年党的十四大召开前，计划经济体制一直是我国主导的经济模式。“在这种体制下，尤其是在改革开放之前，具有行政命令色彩的计划是经济运行机制的核心，经济活动必须依据政府部门制定与实施的经济计划进行。”[④]计划的主导地位，以及以政策和红头文件替代法律的倾向注定了国家权力的强力干预和经济对政治的附庸，也注定了对法律的无视与虚无，以维辛斯基倡导的法的意志性为指导而建立起来的苏联法学与法律制度恰好暗合了计划经济体制的特点。因而，计划经济的体制移植为苏联法律制度的全面引进奠定了经济基础。

---

① [美]沃尔特·G. 莫斯著：《俄国史》，张冰译，海南出版社 2008 年版，第 228 页。

② 同上书，第 224 页。

③ [美]R. 麦克法夸尔、费正清：《剑桥中华人民共和国史》(上卷)，中国社会科学出版社 1990 年版，第 141 页。

④ 张晋藩主编：《中国法制 60 年(1949 ~ 2009)》，陕西出版集团、陕西人民出版社 2009 年版，第 25 页。

三、国家优位与市民社会基础缺失

一般认为黑格尔是在与政治国家相对立意义上使用市民社会的第一人，他认为市民社会是处在家庭与国家之间的差别阶段。在市民社会中，每个人都以其自身为目的，其他一切在他看来都是虚无。[①] 因而，市民社会承认人的需求的正当性，并通过劳动实现人的需求的满足。但是，市民的利己本性决定其目的必须借助于交换才能实现，即"如果他不同别人发生关系，他就不能达到他的全部目的……所以整个市民社会是中介的基地"。[②] 因此，市民社会还必须释放人的自由，并提供权利的法律手段与保障。但是，国家与市民社会之间的关系颇为复杂，并以一种动态的形式获得展现。而一般情况下，人同时生活于市民社会与国家的双城之下，其地位也就因二者的动态演进而显得颇为凌乱。而作为私法中的人——民事主体而言，其更需要市民社会的培育与发展。因为"在民族国家的视域下，几乎每个人都是某一国家的臣民，即公民。但是，私法中的人却并不生活于国家之下，而是生活于社会之中，是市民社会中的人。而且可以说，正是政治国家与市民社会的区分才使民事主体得以产生，市民社会的发展推进了民事主体的演进和发展"。[③]

就历史上看，长期的沙皇专制独裁统治使统治者的权力遍布社会的每一个角落，统治者的意志可以决定一个人的生杀予夺，无休止的征讨与战争塑造了大国主义与集体主义传统观念。在强大的国家面前，社会只能依附与屈从，生活于其下的人也只能享有少得可怜的自由与权利，更多的是服从与屈服。也就是说，历史上的俄国，其政治国家与市民社会长期具有高度的一致性，且政治国家往往优位于市民社会。[④] 而在国家强大和公权力泛滥的国家，往往是公法发达。诚如美国学者所言，这样的"国

---

① [德]黑格尔著：《法哲学原理》，范扬、张企泰译，商务印书馆 1961 年版，第 197 页。

② 同上。

③ 王春梅著：《民事主体的历史嬗变与当代建构》，人民出版社 2012 年版，第 123 页。

④ На гранях логики культ уры о гражданском общест ве и общест венном договоре//Библер и вокруг：http：//www. bibler. ru/bim_ng_o_grazhd. html.

家不鼓励社会主动性,而且俄国缺乏一个市民社会——也就是说,它没有一个处于政府、家庭及个人之间的,人民可以自由地相互影响,并建立他们自己独立的组织的社会环境。部分是由于国家的优势地位,俄国商业法和民法很不发达”。①

俄国十月革命胜利后,列宁按照消灭商品货币的思路组织社会经济生活,②“军事共产主义”是这一思想合乎逻辑发展的结果,其特征就是消灭商品货币关系、由国家直接控制产品的生产与分配。③ 新经济政策的实施虽然使苏联的经济管理体制走向宽松,但经济政策的放宽并没有相应地在政治体制上反映出来,过度集中的政治体制也没有发生根本改变。④ 列宁去世后,斯大林抛开新经济政策,并通过开展农业全盘集体化、⑤高速工业化⑥和“大清洗”三大运动建成了斯大林模式,国家进一步全面控制了市民社会。而且“在数百年的历史发展中,俄国社会既没有形成任何独立从事有效活动的社会自治力量,更没有形成足以对国家政权进行监督和参与的政治组织或社会集团”。“国家就成为俄国社会生活和社会发展的主要力量,无论是政治沿革和经济变迁,还是意识形态和宗教活动,甚至人民的生活方式和风俗习惯,无不由国家发挥支配作用。”⑦ 也就是说,“在苏联,社会和国家并不是对立的”。⑧ 而且,国家长期全面吞并和优位于市民社会,注定了其市民社会传统与基础的缺失。

处于历代帝王高度中央集权统治下的中国更是缺少市民社会的底蕴,更缺少自由和权利意识,人民长期处于皇权的高压统治之下,结党更是为皇权所无法容忍。“朕即国家、朕即法”的传统思想经典地概括出王权的无上权威与国家的无上地位。新中国成立后,人民翻身成为国家的

---

① [美]沃尔特·G. 莫斯著:《俄国史》,张冰译,海南出版社 2008 年版,第 9 页。

② Совет ское государст во в первой половине 20 – гг. //Формирование и сущност ь совет ского ст роя(1921 ~1945гг.) http://www. ido. rudn. ru/ffec/hist/h8. html.

③ 陆南泉等主编:《苏联兴亡史论》,人民出版社 2004 年版,第 221 页。

④ 同上书,第 259 页。

⑤ Рагачевская Л. С,Как сост авлялся план первой пят илет ки:Вост ок. Марк,2005. №3.

⑥ Рат ьковский И. С. Ист ория Совет ской России. - СПб. :Лань,2001. - 416с.

⑦ 陆南泉等主编:《苏联兴亡史论》,人民出版社 2004 年版,第 438 页。

⑧ [苏]坚金主编:《苏维埃民法》(第 1 册),中国人民大学民法教研室译,法律出版社 1956 年版,第 193 页。

主人,国家的政治和经济生活也出现了新面貌,但是,计划经济体制的移植与建立又使国家权力全面占领和控制经济生活,政治国家依然否定主体的自由与权利诉求,凌驾于市民社会之上。由此可见,中国与苏联都缺少政治国家与市民社会分离的传统与底蕴,缺少自由与权利意识,缺少促进市民社会发育与成长的社会集团,这为中国法苏联范式的植入与中国民事主体制度的苏联移植积淀了相同的社会基础。

四、从文化同质到法学同构

文化是人类的创造物,但何谓"文化"却难以准确界定,学者们的认识也莫衷一是。如英国人类学家泰勒认为,文化"是包括全部的知识、信仰、艺术、道德、法律、风俗以及作为社会成员的人所掌握和接受的任何其他的才能和习惯的复合体"。① 另有学者认为,文化是"一个共同体的'社会遗产':由一个民族在他们特殊生活条件下不断发展的活动中创造并且从一代传向一代的物质手工艺品、集体的思想和精神制品,以及各种不同的行为方式的总体"。② 不过,一般认为文化有广义、狭义之分。后者仅指观念形态的精神文化,前者则是包括人类一切创造的范畴。此处主要限于精神层面的文化分析。

古代中国和俄罗斯虽然所处地理位置、宗教传统等方面存在诸多差异,但有学者借用马克思东方社会理论分析后认为二者总体上都属于亚细亚社会形态,其间存在一个重要的共同之处——专制主义传统,在精神和表现上体现为权力架构上的高度中央集权和权力行使上的君主独裁擅断。③ 这确实揭示出古代中国与俄罗斯在传统文化上的暗合性。俄罗斯从瓦西里三世(1505～1533 年)时期成为一个统一的国家起就基本形成了中央集权的国家。④ 1547 年伊万四世(伊万雷帝)被加冕为第一个莫斯

① [英]爱德华·泰勒著:《原始文化》,上海文艺出版社 1992 年版,第 1 页。
② 刘跃进:"文化就是社会化",载《北方论丛》1999 年第 3 期。
③ 唐永春:"苏联法学对中国法学消极影响的深层原因",载《法学研究》2002 年第 2 期。
④ 张寿民著:《俄罗斯法律发达史》,法律出版社 2000 年版,第 3 页。

科公国统治者和沙皇之后,[①]更是开始了长期的沙皇专制独裁统治。其间,虽然俄罗斯也有过试图摆脱沙皇专制统治与传统的努力与改革,但可以说,直至1917年十月革命前俄罗斯总体上仍具有专制主义的特征。而中国更是从秦始皇统一中国之后即开始了长达数千年的专制主义统治。而且,俄罗斯与中国"普遍奴隶制"的君主集权专制与大众相对立的官僚阶层和压抑个性的整体主义之间,还存在一种三位一体的"共生"现象,即官僚体制和整体主义有力地支撑了君主集权专制,而君主集权专制反过来又不断强化着官僚体制和整体主义,形成君主专制、官僚主义和整体主义的复合体。[②]

中、俄两国同质的专制主义传统及其与官僚体制和整体主义三位一体的"共生"积淀了共同的"人治"温床与重政策轻法律的观念。因而,在特定条件下需要进行法律移植时,传统上的暗合很容易就生发出立法和法律制度移植的选择倾向。就民事主体制度而言,其本身承载着私法的人文关怀。但是,以专制主义传统为孕育基础的民事主体制度不仅可能远离私法的人文关怀,且更多时候显现的是自由与私权的丢失,显现的是国家主义与整体主义,而这恰恰是苏联民事主体制度的内蕴。因此,20世纪50年代中国移植苏联民法时全面植入苏联的民事主体制度就是必然了。

五、废立之间法律传承之断裂

清末修律使中国并入了大陆法系传统,并基本确定了中国法律近代化转型的基本方向。在此基础上,南京国民政府在"三民主义"和"五权宪法"的指导下又形成了包括宪法、民法、刑法、民事诉讼法、刑事诉讼法、行政法及其法规合称的法律体系——"六法体系"。[③]"六法体系"虽然具有一定的阶级性和统治性,但其在中国法律发展史中的地位是必须承认

---

① [美]沃尔特·G.莫斯著:《俄国史》,张冰译,海南出版社2008年版,第13页。

② 唐永春:"苏联法学对中国法学消极影响的深层原因",载《法学研究》2002年第2期。

③ 张晋藩主编:《中国法制60年(1949~2009)》,陕西出版集团、陕西人民出版社2009年版,第92页。

和肯定的。因为,它标志着中国法律近代化进程的基本结束和中国第一个现代法律体系的初步形成。①

对于国民党政府制定的“六法体系”,中国共产党领导的革命政权的态度前后是颇有变化的。前期,即国共合作谋求共同抗日期间,中共政权对其基本上是采取肯定态度的。虽然在1937年毛泽东发表了《抗日救国十大纲领》,主张“废除一切束缚人民爱国运动的旧法令”,但却是由国民政府来废除并颁布新法令,而不是由共产党来废除,即共产党对以《六法全书》为代表的“六法体系”在态度上还是基本肯定的。②

之后,随着国共两党矛盾的激化与合作的破裂,中共政权对国民党“六法体系”的态度发生了转变。1940年毛泽东提出对于“一切反共顽固派的防共、限共、反共的法律、法令……原则上均应坚决地反抗之,均应采取坚决斗争的态度”。③对于1946年11月国民党违背“双十协定”而单独召开国民大会通过的《中华民国宪法》,共产党发表了“中国人民不承认伪宪声明”而予以否认。面临国民党的节节败退局面,1949年蒋介石又做出一个“伪君子”行动,即以维持其“宪法”和“法统”不中断为最低要求发表“元旦文告”谋求和谈,被毛泽东在《评战犯求和》的文章中给予批驳。但考虑到中国的时局与走向问题,毛泽东又在1949年1月14日发出《关于时局的声明》,提出了废除“伪法统”和“伪宪法”等八项和谈条件,坚定地表明了对于“六法体系”的否定态度。而最终完成这一使命的是1949年2月中共中央发布的《关于废除国民党〈六法全书〉和确定解放区司法原则的指示》,以此为根据和起点,中国开始了摧毁和废除旧法及其观点的运动。所谓旧法观点,是指“从北洋军阀到国民党基本上一脉相传的、统治人民的反动的法律观点”。④ 于是,包括《六法全书》在内的国民党反动派的旧法体系和旧法观点都被废除了。

---

① 谢振民编著:《中华民国立法史》,张知本校订,中国政法大学出版社2000年版,序言。

② 张晋藩主编:《中国法制60年(1949~2009)》,陕西出版集团、陕西人民出版社2009年版,第93页。

③ 同上书,第94页。

④ 彭真著:《论新中国的政法工作》,中央文献出版社1992年版,第70页。转引自陈甦主编:《当代中国法学研究》,中国社会科学出版社2009年版,第20页。

新生的中共革命政权对以《六法全书》为代表的旧法体系的废除主要根源于对马克思主义法律观的接受与认识。马克思主义者对于法的认识，诚如马克思、恩格斯在《共产党宣言》中批判资产阶级的自由与法概念时指出的一样："你们的观念本身是资产阶级的生产关系和所有制关系的产物，正像你们的法不过是被奉为法律的你们这个阶级的意志一样，而这种意志的内容是由你们这个阶级的物质生活条件来决定的。"①列宁也多次强调："法律是什么呢？法律是统治阶级的意志的表现。"②"法律就是取得胜利、掌握国家政权的阶级的意志的表现。"③因而，在马克思主义者看来，法就是由占统治地位的阶级的物质生活条件决定，并被提升为法律的统治阶级的意志。同时，法的意志性与阶级性又决定了法的工具性。而在社会的物质生活条件及生活方式发生改变的情况下，以其为基础的上层建筑、法所反映的意志与服务的阶级的利益也应当发生改变。因而，在中共政权及其领导者看来，反映国民党统治政权意志，并为其反动政权服务的"六法体系"不可能反映和服务于中共政权代表的国家意志。因为，"在社会主义各国，国家意志是工人阶级领导下的劳动人民共同意志的新的最高的阶段"。④ 而"《六法全书》那样的法恰恰不是人民所需要的。我们必须以革命实践作基础，制定能够反映出并服务于我们的经济基础即生产关系的法律。"⑤故而，《六法全书》被废除了。

政治上对旧法的彻底废弃与意识形态上对旧法传统的彻底批判显示出新生革命政权除旧立新的决心，但是，过分强调法律的阶级性和国家意志性，强调旧法与新法之间本质上的差异必然忽视和否定旧法与新法之间的内在联系，⑥从而断裂了废与立之间的内部传承与内生可能，只能寻求外生的法律移植而构建新中国的法律框架与体系了。

---

① 《马克思恩格斯选集》(第 1 卷)，人民出版社 1972 年版，第 268 页。
② 《列宁全集》(第 15 卷)，人民出版社 1959 年版，第 146 页。
③ 《列宁全集》(第 13 卷)，人民出版社 1959 年版，第 304 页。
④ 王勇飞编:《法学基础理论参考资料》(上)，北京大学出版社 1985 年版，第 134 ~ 135 页。
⑤ 彭真著:《论新中国的政法工作》，中央文献出版社 1992 年版，第 70 页。
⑥ 陈甦主编:《当代中国法学研究》，中国社会科学出版社 2009 年版，第 18 页。

六、社会主义国家渐近的规律

十月革命粉碎了资本主义，也打破了资本主义一统天下的局面，形成了社会主义与资本主义两种并立的国家类型。在列宁看来，苏维埃社会主义国家是最新类型的国家和最高类型的民主制度。① 而法作为阶级社会的产物，在无产阶级专政的国家仍然有存在的必要。② 也就是说，“无产阶级专政不仅不排除社会关系的法律调整，而且必然需要这种调整”。③ 就苏维埃社会主义法而言，它“是代替资产阶级上层建筑的新的上层建筑的一个部分，它和社会主义国家一起，都是由于社会主义革命的胜利而产生的”，“是社会主义国家用来巩固和保护社会主义革命的伟大成就的手段，是根据社会主义原则来改造社会的手段”。④

1949 年中华人民共和国成立之后，社会主义国家阵营得以扩大。而相同的社会主义基础决定社会主义国家中存在相同类型的社会关系，也就存在相同类型的法律。因此，在社会主义国家中，民法作为社会主义法的一个组成部分也自然具有相同的阶级本质、相同的目的与原则，以及相同的调整内容。“所有这些使社会主义民法成为一个统一的、完整的法律调整类型。这种类型表现为一些行为模式（型式）的总合，这些模式就是各种具体的民法制度和规范的内容。这些主要的行为模式原则上对一切社会主义国家都是共同的，或者本质上是类似的……应当把各个社会主义国家的民法看作是社会主义民法的不同形态。”⑤而随着社会主义国家的出现和阵营的不断扩大，各社会主义国家之间势必要在各方面走向合

---

① 《列宁文选》（第 2 卷），人民出版社 1954 年版，第 190 页。

② Ист ория полит ических правовых учений. Крат кий учебный курс. Под общей редакцией академика РАН, докт ора юридических наук, профессора В. С. Нерсесянца. Издат ельст во Норма. Москва. 2000. －326с.

③ 王勇飞编：《法学基础理论参考资料》（中），北京大学出版社 1985 年版，第 643 页。

④ ［苏］卡列娃・费其金等编：《苏维埃国家和法的基础》，中国人民大学编译室译，法律出版社 1955 年版，第 95 页。

⑤ ［苏］В. П. 格里巴诺夫、С. М. 科尔涅耶夫主编：《苏联民法》（上册），中国社会科学院法学研究所民法经济法研究室译，法律出版社 1984 年版，第 57 页。

作与接近,法律方面也必将如此。也就是说,“在法律上层建筑范围内实行社会主义合作的国家正逐步地、全面地趋于接近,这是一种客观规律,这种规律对社会主义国家民法的发展有很大的影响”。[①] 在这种客观规律的作用与引导下,社会主义国家的民法将不断走向趋同与一致,其民事立法原则和民法各项制度趋于接近的最简单方式就是在立法与制度上的相互借鉴与影响。中国与苏联同属社会主义阵营,其社会主义制度的同质性决定二者之间存在同一类型的社会关系体系及其发展规律的共同性,甚至调整内容的共同性。而且,苏联作为社会主义阵营的“老大”,其经验与成就必然为后生和新兴社会主义国家所吸收和敬仰。在这种共同性的引导下,移植或者借鉴苏联民事立法及其制度成为新兴中国在立法上正常与必然的选择。

社会主义国家逐渐接近规律长期作用的结果不仅引导社会主义国家在法律上层建筑领域逐渐接近与趋同,而且将引领社会主义国家走向一体化。也就是说,“社会主义国家在现代条件下日趋接近的规律的作用,是与另一种客观过程的加强密切联系着的,这个过程就是社会主义的一体化”。[②]这种一体化的进程在20世纪60~70年代已经呈现出来了。社会主义国家一体化的过程又进一步促使和推动它们之间法律共同因素与共同内容的增加。当然,由于各社会主义国家毕竟存在民族和国家的差异,由此决定这种逐渐接近的过程是比较漫长的,但趋于接近的发展方向在当时看来却是十分正确的。

综上所述,中国法在传承中的断裂使20世纪50年代之后的中国法制建设丢失了内部生成与更新的基础,而基于地缘所形成的中俄两国高度趋同的意识形态、经济体制、传统文化、市民社会基础为苏联范式植入中国积淀了适宜的土壤,社会主义国家不断走向渐进的规律又提供了移植苏联法的认识论基础,最终铺就了中国法和法学理论以及中国民事主体制度引入苏联范式的悠远之路,并在各时期的立法实践上获得了历史

---

① [苏]B. П. 格里巴诺夫、C. M. 科尔涅耶夫主编:《苏联民法》(上册),中国社会科学院法学研究所民法经济法研究室译,法律出版社1984年版,第57~58页。

② 同上书,第58页。

性展现。

第二节 20世纪50年代:中国民事主体制度苏联范式的全面引入

20世纪50年代,中国虽然没有正式颁布民法典或民法,但却不乏民法典的起草经历。1954年由全国人大常委会组织、时任法制委员会主任的王明领衔,中华人民共和国开始了民法典的第一次起草工作,并形成了各篇之数稿。例如,民事主体规定较为集中的"总则篇"就有四稿,和所有制相连的所有权篇竟达七稿之多,债篇分则中的每个合同也都有数稿。这些草案虽然未获公布与实施,但完全能够表明中国民事主体制度对苏联法的移植。同时期制定和颁布的其他民事立法,也能够印证这种移植。

一、民法调整对象及民事主体财产性色彩的高度一致

民法的调整对象是需要民法的"总则篇"加以解决的问题,但与1922年《苏俄民法典》没有明确规定调整对象所不同的是,中华人民共和国第一次民法典起草工作先后完成的总则篇四稿中都对民法的调整对象作出了明确规定。从中我们可以非常清晰地看到苏联民法调整对象的身影,并能从中发现由调整对象所决定的民事主体的财产性。

根据四稿总则篇草案对民法调整对象的规定,可以将其分列两组,第一稿和第三稿为一组,第二稿和第四稿为一组。就第一组而言,1955年10月5日完成的第一稿第2条对民法调整对象的规定是:"本法调整社会主义组织间,社会主义组织与私营企业、公民间,以及私营企业、公民相互间的财产关系,以加强国民经济计划性,提高社会生产力,逐步改善公民的物质和文化生活的需要。"①1956年12月7日完成的第三稿第2条规定:"本法是调整国家、机关、企业、集体组织、公民间或它们相互间一定

① 何勤华等编:《新中国民法典草案总览》(上卷),法律出版社2003年版,第3页。

范围内的财产关系。”由此可见，虽然第一稿和第三稿对于民法调整的民事法律关系参加主体的表述与罗列范围不完全一致，但仅就其规定而言，其主体所参加的民事法律关系的范围却是一致的，即仅限于财产关系。也就是说，这两个总则篇草案都将其调整对象限制为财产关系，而对人身关系则毫无提及。

相较于第一组的两稿规定而言，第二组中的第二稿(1955 年 10 月 24 日)和第四稿(1957 年 1 月 15 日)扩大了其调整对象的范围，将民事主体之间的人身关系纳入民法调整，这无疑是正确的。其中，第二稿第 1 条规定：“中华人民共和国民法的任务是调整国家机关、国营企业、合作社、公私合营企业、私营企业、公共组织、社会团体、公民间和它们相互间的财产关系。并且也调整和财产关系密切联系的人身关系。”[①]第四稿第 2 条规定：“本法调整国家机关、企业、合作社、社会团体、公民间和它们相互间一定范围内的财产关系，及与财产关系有密切联系的人身关系。”[②]但从二者的规定中看出，第二稿和第四稿又都将其调整的人身关系限于与财产关系有密切联系的范围，这与苏联民法对其调整的人身关系的限定是完全一致的。

同时期的民法学者对民法调整对象的认识也基本与苏联民法一致，如有学者将民法定义为“为了实现社会主义而调整一定的财产关系和人身非财产关系的各种法律规范的总和”。[③] 由此可见，在 20 世纪 50 年代，中国的民事立法和民法学者对于民法的调整对象虽然存在认识上的差异，但最终与苏联民法一样实现了调整对象上的统一。而且与苏联民法调整对象高度一致的认识与人身关系的限定也使中国民法的调整对象显示出极强的财产性色彩，并由此决定了 20 世纪 50 年代中国民事主体制度的财产性特色。

---

① 何勤华等编：《新中国民法典草案总览》(上卷)，法律出版社 2003 年版，第 13 页。

② 同上书，第 36 页。

③ 中央政法干部学校民法教研室编著：《中华人民共和国民法基本问题》，法律出版社 1958 年版，第 19 页。

二、“所有制”话语的立法纳入与主体性质区分

虽然在中国共产党领导的新民主主义革命时期已经出现了类似于不同所有制成分的企业性质区分，但应当说，“所有制”话语并未真正进入中国及其立法。而中华人民共和国成立后，所有制话语则正式出现在中国的立法中，并随着斯大林所有制学说的传入而获得广泛的认同与传播。①

在宪法层面，所有制话语的立法纳入首先出现在 1949 年颁布实施的曾经一度发挥过临时宪法作用的《中国人民政治协商会议共同纲领》（以下简称《共同纲领》）中，其第 3 条规定：“中华人民共和国必须取消帝国主义国家在中国的一切特权，没收官僚资本归人民的国家所有，有步骤地将封建半封建的土地所有制改变为农民的土地所有制，保护国家的公共财产和合作社的财产，保护工人、农民、小资产阶级和民族资产阶级的经济利益及其私有财产，发展新民主主义的人民经济，稳步地变农业国为工业国。”②其中，所有制话语不仅首次获得了宪法层面上的使用，而且国家财产、合作社财产和私有财产的区分切实地表明了所有制的主体区分。在此基础上，其第 28 条、第 29 条、第 30 条和第 31 条又根据所有制的性质差异对国营经济、合作社经济、私营经济及国家资本与私人资本合作的经济进行了分别规定与定位。不过，就《共同纲领》的规定来看，诸种所有制形式彼此之间是处于“分工合作、各得其所”状态，共同发挥着促进整个社会经济发展的作用的。也就是说，在新民主主义革命时期，公营经济与私营经济基本上是并重发展、相互扶持的。

我国过渡到社会主义社会之后，宪法层面的所有制表达更为明显与突出，所有制的形式划分也更为细致，对不同所有制经济和所有制主体的

---

① 1952 年斯大林的《苏联社会主义经济问题》中文译本在我国出版并掀起了学习斯大林所有制学说的热潮。之后，苏联科学院经济研究所编写的《政治经济学教科书》的出版又进一步扩大了苏联所有制学说的影响，并成为我国解释全民所有制和集体所有制及其经济的权威。

② 西南政法学院函授部编：《中国新民主主义革命时期法制建设资料选编》（第 1 册），1982 年版，第 45 页。

差别保护也更为凸显。如参照1936年《苏联宪法》制定的我国1954年《宪法》第5条将生产资料所有制区分为国家所有制(即全民所有制)、合作社所有制(即劳动群众集体所有制)、个体劳动者所有制和资本家所有制四种形式。而且,诸种所有制形式一改新民主主义革命时期的并存与扶持状态,呈现出明显的差序格局,即全民所有制的社会主义经济作为国民经济中的领导力量和国家实现社会主义改造的物质基础获得优先发展的保证,从而确立了国营经济和国有主体的优先地位。而合作社经济作为劳动群众集体所有制的社会主义经济或半社会主义经济,处于国家鼓励、指导和帮助的地位。对于个体所有制经济和资本家所有制经济虽然依法给予保护,但鼓励和支持前者走合作化道路,对后者则采取利用、限制和改造的政策,鼓励和指导它们转变为国家资本主义经济,并最终为全民所有制所替代。由此可见,不同所有制经济在宪法上的地位是有差别的,立法对其保护程度也是不同的。

在所有制话语获得宪法层面的准入与表达之后,随即开始了依照主体的所有制性质而分别立法的实践。诚如学者所指出的,1950年12月生效的《私营企业暂行条例》开创了按照企业的所有制性质,即经济成分进行分别立法的先例。[①] 之后,1954年9月又制定通过了《公私合营企业暂行条例》。如果《私营企业暂行条例》还承认私营企业的主体地位,并对企业财产和营业进行保护,随着《公私合营企业暂行条例》的实施和全行业公私合营的进行,私营企业逐渐走向消失。

在民法层面,所有制不仅成为民法典的保护和巩固对象,更是根据主体的所有制性质差异而提供不同的保护。就立法目的而言,我国20世纪50年代制定的四稿民法典总则篇中,除第一稿没有明确表述外,其余三稿都将"巩固和发展社会主义所有制"作为立法目的之一。而由所有制所决定的主体身份差异在50年代的民法典中表现更是随处可见。首先,民法典对其调整对象的表述阐明了民事主体的所有制性质不同。如1955年《民法典总则篇(草稿)》第2条规定:"本法调整社会主义组织

① 方流芳:"中国公司:公法权力与私法权利抗衡之焦点",载《中国法制改革》,香港广角镜出版社1994年版,第214页。

间,社会主义组织与私营企业、公民间,及私营企业、公民相互间的财产关系,以加强国民经济计划性,提高社会生产力,逐步改善公民的物质和文化生活的需要。"其次,所有权的分类表明了所有权主体的身份差异。如1956年4月拟就的《民法典所有权篇(最初稿)》第5条将所有权分为国家所有权、合作社所有权和公民个人所有权,[①]这与1922年《苏俄民法典》第52条对财产的分类如出一辙。之后,又对国家所有权、合作社所有权和公民个人所有权进行了分章规定,并由此显示出对不同所有权主体的差别待遇。最后,诉讼时效期间的规定、所有权客体范围、所有权移转等都是建立在主体的所有制性质差异基础之上的。而这一切都移植于苏联民法和民法理论。如在所有权篇(最初稿)所标注的参考资料中,《苏联宪法》、《苏俄民法典》、布拉都西主编的《苏维埃民法》(上)、坚金主编的《苏维埃民法》(第2分册)、《苏联法律大辞典》,以及克依里洛娃讲义都赫然证明着苏联所有制学说和苏联民事主体制度对中国的影响。

三、民事主体术语表达的移植

在民事主体的术语表达上,20世纪50年代的中国立法实践已经开始移植苏联民法中民事主体的术语表达并显示出对传统民法的疏离。

首先,以"公民"表达替代传统民事主体的"自然人"表达。在20世纪50年代开始和进行的中国民法典的立法活动中,总则篇共有四稿。在先后四稿的总则篇中,民事主体无一例外地规定在第二章中。就第二章的标题而言,从第一稿到第四稿依次为:权利主体(人)、[②]公民和法人[另案:民事权利主体(公民和法人)]、民事权利主体、民事权利主体(或写为主体;民事主体;权利主体;民事权利、义务主体;公民和法人;人)。仅就标题来看,除1956年12月17日的第三稿肯定表达为"民事权利主体"外,其他三稿要么直接确定和表达为"公民和法人",要么在使用民事权利主体或权利主体的同时标明"公民和法人"字样,或改为"公民和法

---

① 何勤华等编:《新中国民法典草案总览》(上卷),法律出版社2003年版,第51页。

② 原件手写改为"公民与法人"。

人”,这既显示出“民事权利主体”或“权利主体”与“公民和法人”在范围上的一致,也显示出二者的等同。而且虽然在第二章的标题表达上立法者有一定的纠结,但无论是第一节标题及其内容规定,还是以后各篇传统民法表述为“自然人”的地方都无一例外地以“公民”代之。至此,“公民”正式和全面替代传统民法的“自然人”称谓而成为我国民事主体的表达。

其次,以“企业”用语表述和概括营利性质的法人主体。除以“公民”替代和表达传统“自然人”主体外,法人主体的用语也开始移植苏联民法中的术语表达,其典型如以“企业”表达和指代营利性质的法人主体。企业用语进入中国民事立法始于1950年制定的《私营企业暂行条例》。也就是说,1950年的《私营企业暂行条例》不仅开创了我国按所有制性质对企业进行分别立法的先例,也开始了以“企业”用语表述营利性法人主体的历史。其第1条规定:“根据中国人民政治协商会议共同纲领的经济政策的规定,在国营经济领导之下,鼓励并扶助有利于国计民生的私营企业,特制定本条例。”之后,第2条将私营企业界定为:“私人投资经营从事营利的各种经济事业。”此后,无论何种所有制性质,凡是以营利为目的的经济主体在中国都开始称为“企业”,在20世纪50年代完成的数稿民法典草案中,也都使用“企业”表述和指代营利性的法人。如先后四稿总则篇草案对民法调整对象的规定中都使用了“企业”或者“国营企业”、“私营企业”、“公私合营企业”的称谓。

最后,以“组织”指代和界定法人主体。苏联民法用“组织”来表达和界定法人主体的方法也被我国20世纪50年代的立法所引进。1955年民法总则篇草案第一稿第19条将法人界定为:“国家机关、群众团体、社会组织、合作社、企业、学校、医院等能以自己的名义取得民事权利和负担民事义务,并在法院起诉、应诉的公私组织都是法人。”此后几稿也都将法人界定为“……组织”,只是前面的限定表述略有不同而已。不仅如此,“组织”本身也成为法人之一。如在先后数稿民法典草案中,民法的调整对象中往往带有“社会主义组织”、“公共组织”或“集体组织”字样。以“组织”来界定和指代法人固然能够表明法人的团体属性,但也使“组织”成为我国法人的另一种表达。

四、国有主体优位的显现与移植

受苏联所有制思想影响，所有制话语在20世纪50年代开始进入我国立法，进而根据所有制区分民事主体，其目的在于对不同出身的主体设定不同的权利义务，使之享受法律上的不同待遇。而在立法给予的差别待遇中，国有主体明显地处于优位状态。

首先，民事立法对国家财产给予的特别保护彰显出国家主体的优位。在20世纪50年代制定的数稿中国民法典（草稿）所有权篇中，均有国家是国家财产唯一所有人的规定，由此肯定和表明国家可以成为所有权的主体。而且，国家财产受法律特别保护、[①]国家财产的客体范围不受任何限制、[②]某些财产只能为国家专有、[③]国家财产被侵占时的返还请求权不受诉讼时效限制[④]等规定无疑使国家主体优位于其他民事主体。

其次，由公营经济主导决定的国有主体的优位。1953年，在完成国家的巩固与重建工作之后，中国在开始社会主义建设的同时也开始了社会主义改造，即将农业、手工业、资本主义工商业从私营转变成国营和集体所有制。[⑤] 为配合和实现此目标，1954年《宪法》第5条在肯定多种所有制形式和多元所有制经济的并存之后，又在第6条确立了国营经济在国民经济中的领导和基础地位，并规定保证国营经济的优先发展。由此，公营经济不仅据此取得了在并存的多元经济中的主导和领导地位，而且决定了私营经济的发展方向。在宪法公营经济领导地位的指引下，以巩固和发展社会主义所有制、保障国民经济计划顺利进行为立法目的和立

---

① 参见中国民法典所有权篇（最初稿）第2条、二稿第5条、三稿第4条、四稿第4条、五稿第6条。

② 参见中国民法典所有权篇（最初稿）第7条、三稿第5条、四稿第5条、五稿第7条、六稿第5条、七稿第5条。

③ 参见中国民法典所有权篇（最初稿）第8条、二稿第7条、三稿第6条、四稿第6条、五稿第8条、六稿第6条、七稿第6条。

④ 参见中国民法典所有权篇（最初稿）第56条、二稿第45条、三稿第35条、四稿第38条、五稿第37条、六稿第29条、七稿第27条。

⑤ ［美］R. 麦克法夸尔、费正清编：《剑桥中华人民共和国史》（上卷），谢亮生等译，中国社会科学出版社1990年版，第83页。

法宗旨之一的民事立法必然要通过一系列的规定确保国有主体的领导和优先地位,如为国家财产提供特别的保护、[①]国有主体之间发生的财产争议适用特别程序等。[②] 而我国的民法理论对国有主体的优位也有论述:"在我国各种类型的法人之中,国营企业处于领导的和优先发展的地位,国家给予国营企业以法人资格,就可以使各个企业独立负责地按照计划去完成国家经济建设任务。"[③]

最后,债权立法对社会主义组织在债及其履行方面的特殊规定显示出国有主体的特殊性。在民法所规范和调整的民事主体之中,社会主义组织是主要的国有的经济主体。在计划经济体制时期,社会主义组织肩负着完成国家计划的职能,债权立法对其参与的法律关系给予了更多的关注,对其权利义务也作出了很多特别规定。虽然这些特殊规定的目的是确保国家计划的顺利实现,但却因此使作为国有经济主体的社会主义组织相对于其他私主体具有了特殊性。如对于第三人代为履行债务问题,在我国 20 世纪 50 年代编纂的民法典债篇通则的 5 个草稿中,除债篇通则第一次草稿没有规定债务是否可以由第三人代为履行问题及债的通则第二次草稿(另案)中没有对第三人代为履行社会主义组织的债务作出特殊规定外,其余 3 个草稿都在允许第三人代为履行债务的基础上,规定社会主义组织的债务只有在不抵触国家法令和国民经济计划,并取得债权人同意的情况下才能由第三人代为履行。[④] 此外,社会主义组织或者国营企业之间为完成国民经济计划任务所订立的契约必须约定违约金、[⑤]社会主义组织之间债权债务的转让不能违背国家计划,并须经主管

---

① 参见中国民法典所有权篇(最初稿)第 2 条、第一次稿和二稿第 5 条、三稿和四稿第 4 条、五稿第 6 条。

② 参见中国民法典总则篇草稿第 6 条、二次稿第 4 条。

③ 中央政法干部学校民法教研室编著:《中华人民共和国民法基本问题》,法律出版社 1958 年版,第 70 页。

④ 参见中国民法典债的履行部分(第一次草稿)第 15 条、债权篇通则草稿第 38 条、债的通则第二次草稿(另案)第 5 条、债篇通则第三次草稿第 7 条。

⑤ 参见中国民法典债的履行部分(第一次草稿)之债的转让第 16 条、债的通则第二次稿(另案)第 40 条、债篇通则第三次草稿第 34 条。

机关批准的规定等。①

五、国家特殊主体地位与国家机关全面法人化的移植

对于国家在民法领域是否具有民事主体资格，以及其主体地位如何，我国20世纪50年代的民法典草稿多没有明确规定，唯有1956年12月17日的总则篇（第三次草稿）第2条对民法调整对象的规定中列出了国家，其规定："本法调整国家、机关、企业、集体组织、公民间或它们相互间一定范围内的财产关系。"②据此我们可以推定该草稿的制定者认可国家的民事主体地位，但对国家是否是法人主体则无从而知。就总则篇的其他草稿而言，虽然没有明确规定国家的民事主体地位，但国家可以作为所有权主体和某些债的主体却是十分明确和肯定的。此外，在我国50年代的民法教材中我们可以看出民法理论对国家民事主体地位的认识。中央政法干部学校民法教研室在1958年编著的《中华人民共和国民法基本问题》是笔者收集到的20世纪50年代仅有的一部民法教材，其第四章"民事法律关系的主体"在介绍民事法律关系主体的概念之后对各民事主体做了分节介绍。其中，国家主体被列在公民和法人之后，其标题鲜明地表明了著者的观点和认识："国家是民事法律关系的特殊主体。"并论证指出："在我国，由于全民所有制的建立和发展，我们的国家也以民事主体的资格参加了民事法律关系。我们的国家是全民财产的唯一的所有人。在发行公债和进行对外贸易时，国家也是直接参加了民事法律关系。但我们的国家不是法人……它本身并不按照法人制度组成和进行活动，而只是在一定情况下才作为特殊的民事主体参加民事法律关系。"③这种观点认识无疑来自于苏联国家特殊民事主体理论的传播与影响。

在肯定和承认国家的民事主体地位及其特殊性之后，需要解决的就

① 参见中国民法典债的履行部分（第一次草稿）之债的转让第3条、债权篇通则草稿第77条。

② 何勤华等编：《新中国民法典草案总览》（上卷），法律出版社2003年版，第26页。

③ 中央政法干部学校民法教研室编著：《中华人民共和国民法基本问题》，法律出版社1958年版，第72页。

是国家主体如何行动的问题了。这一问题实际上涉及作为国家组成部分的国家机关和国家之间的法律关系，即国家机关的法律地位问题。受苏联国家机关法人理论[①]的影响，中国在20世纪50年代制定民法典时借鉴和移植了1922年《苏俄民法典》第13条的规定，全面赋予了国家机关以法人资格。如1955年制定的民法总则草稿第19条规定："国家机关、群众团体、社会组织、合作社、企业、学校、医院等能以自己的名义取得民事权利和负担民事义务，并在法院起诉、应诉的公私组织都是法人。"[②]此外，其第二次草稿第19条也作出了几乎相同的规定。[③] 1956年总则第三次稿第16条[④]和1957年总则第四次稿第15条[⑤]虽然没有采用这一表述，但并不意味着该草稿的制定者不赞同苏联的国家机关法人理论而否定国家机关的法人地位，其只是以另一种表述来界定法人的概念而未做列举而已，这可以从该两次草稿第2条调整对象对机关[⑥]或国家机关[⑦]的列举规定中得到肯定结论。就同时期的民法理论而言，学者也基本认可国家机关的全面法人化的主体地位，在对法人的种类进行列举时，往往将国家机关单独列为一类。如"在我国，法人的种类很多，归纳起来，大体上可以区别为：(1)国营企业；(2)列入国家预算，由国家拨发经费参加民事活动

---

① Курганова Л. Б. Правосубьектность Российской Федерации во внешнеэкономических отношениях：гражданско－правовын аспекты. М.：Изд-во МГУК，2002. с. 19.

② 何勤华等编：《新中国民法典草案总览》（上卷），法律出版社2003年版，第5页。

③ "国家机关、合作社、企业、群众团体、社会组织、学校、医院能以自己的名称取得民事权利和负担民事义务，并且在法院起诉、应诉的，都可以作为法人。"另案："凡能以自己的组织名义取得民事权利和负担民事义务并且在法院起诉、应诉的公私组织，都可以作为法人。"参见何勤华等编：《新中国民法典草案总览》（上卷），法律出版社2003年版，第16页。

④ "凡以自己的名称及财产取得民事权利和负担民事义务的集体组织都可以成为法人。"参见何勤华等编：《新中国民法典草案总览》（上卷），法律出版社2003年版，第28页。

⑤ "法人是以自己的名称及财产行使民事权利和负担民事义务的组织。"参见何勤华等编：《新中国民法典草案总览》（上卷），法律出版社2003年版，第38页。

⑥ "本法调整国家、机关、企业、集体组织、公民间或它们相互间一定范围内的财产关系。"参见何勤华等编：《新中国民法典草案总览》（上卷），法律出版社2003年版，第26页。

⑦ "本法调整国家机关、企业、合作社、社会团体、公民间和它们相互间一定范围内的财产关系，及与财产关系有密切联系的人身关系。"参见何勤华等编：《新中国民法典草案总览》（上卷），法律出版社2003年版，第36页。

的国家预算机关……”①

六、主体性缺失的反映与移植

在苏联民法和民法理论中，主体意志曾经一度被剥夺与取代，民事主体人身权利也曾长期被忽视与弱化，从而使其主体成为丢失主体性的主体。苏联民事主体的这一特性同样被移植到20世纪50年代的中国立法中，并因而使中国的民事主体也成为缺失主体性的主体。

首先，以阶级性否定民法的私法性质，由此丢失了主体自治的基础。20世纪50年代刚刚起步的中国民法学并没有形成对民法性质的认识，同时期的民法教材也几乎没有涉及民法的定性和公法与私法的区分问题，而是遵从马克思列宁主义的教导，“不承认任何其他的政权和任何的法律，不承认任何人所定的任何规范”。② 认为民法同其他一切法学一样具有十分强烈的阶级性，“是阶级斗争和阶级矛盾的产物，它是统治阶级在根本财产利益的问题上进行阶级斗争的工具”。③ 在过渡时期，我国社会主义民法的阶级性主要体现为它是我国工人阶级领导广大劳动人民为彻底实现社会主义而进行阶级斗争的工具，是依据社会主义原则在一定范围内处理人民内部矛盾和解决敌我矛盾的法律工具。而资本主义工商业和生产资料私有制是与人民利益相冲突的敌对阶级根本财产利益的主要体现与基础，要对其加以利用、限制和改造，逐步以全民所有制替代和消灭资本主义私有制，杜绝产生剥削的根源遂成为我国过渡时期民法的根本任务和民法阶级性的必然要求。我国20世纪50年代起草的民法典草案的相关规定充分体现与贯彻了民法的阶级性，如民法总则草稿（1955年10月5日）第1条规定：“为保护民事权利的正确行使，以促进我国社会主义工业化和社会主义改造事业的顺利进行，保证逐步消灭剥削制度，

① 中央政法干部学校民法教研室编著：《中华人民共和国民法基本问题》，法律出版社1958年版，第68页。

② 《列宁文集》，人民出版社1954年版，第315页。

③ 中央政法干部学校民法教研室编著：《中华人民共和国民法基本问题》，法律出版社1958年版，第4页。

建立社会主义社会的目的，特制定本法。”[①]但是，我国民法对阶级性和统治阶级意志性的强调与贯彻却在一定程度上否定了民法的私法性质，否定了公法与私法的划分，由此丢失了民事主体自治的私法基础。此外，将私有制作为产生剥削的根源而加以消灭，在民事立法上必然否定个人主体拥有生产资料的可能，限缩了个人所有权的客体范围和个人自由的领域。因此，20 世纪 50 年代拟就的数稿民法典所有权篇基本上都将公民个人所有权的客体范围限定在公民生活资料和其他私有财产之内，并多使用公民个人生活资料所有权的表达。如 1956 年 4 月民法典所有权篇（第一次草稿）第 1 条规定："财产所有权分为：一、国家所有权；二、合作社所有权；三、公民生活资料所有权和其他财产所有权。”[②]

其次，与苏联所有权在内容上的一致性弱化了主体的意志。民法理论认为所有权包括占有、使用和收益三项内容或权能，这种认识也被 20 世纪 50 年代的中国学者所追随。如有学者对于所有权的内容表述为：所有权的"权利主体所享有的权利，其内容比较复杂，包括占有、使用、处分三个方面。这三个方面是所有权的表现形式，所有人在法律规定范围内，对于所有物有行使占有、使用、处分的权能”。[③] 并将使用解释为"按照物的性能加以利用”。[④] 可见，在所有权的内容中并不包含所有人的收益权能。这与苏联学者的认识是完全一致的。理论的移植决定了同时期的立法在所有权内容规定与表述上的基本一致性。如民法典所有权篇（草稿）（最初稿）第 4 条将所有权规定为："财产所有人在合法（或法律规定的）范围以内，对于财产有占有、使用、处分的权利。”[⑤]而且其所标示的参考资料明确地表明该条规定借鉴了《苏俄民法典》第 58 条和《捷克民法典》第 107 条的规定。此后的第一次稿第 3 条、[⑥]第二次稿第 3 条、[⑦]第三

---

① 何勤华等编：《新中国民法典草案总览》（上卷），法律出版社 2003 年版，第 3 页。

② 同上书，第 65 页。

③ 中央政法干部学校民法教研室编著：《中华人民共和国民法基本问题》，法律出版社 1958 年版，第 123 页。

④ 同上书，第 124 页。

⑤ 何勤华等编：《新中国民法典草案总览》（上卷），法律出版社 2003 年版，第 50 ~ 51 页。

⑥ 同上书，第 65 页。

⑦ 同上书，第 74 页。

次稿第2条、[1]第四次稿第2条、[2]第六次稿第2条[3]都将所有权的内容限定为占有、使用和处分。第五次稿第2条虽然也将所有权的内容规定为占有、使用和处分,但同时又标出了另一种意见:在"使用"后面加上"收益"两字。[4] 但是,微弱的声音不足以改变和影响当时学者和立法者对所有权内容的认识与规定。对所有人收益权能的否定与排除不仅忽视了源于人的本性的利益诉求,也弱化了所有权主体的支配意志和支配力。

再次,计划法令作为债的发生根据的移植极大限缩了主体的自由意志。20世纪50年代之后,我国在经济领域中仿效苏联建立了计划经济体制,并从1953年开始实施第一个五年计划,以寻求经济的恢复和增长。1954年《宪法》第15条明确规定:"国家用经济计划指导国民经济的发展和改造,使生产力不断提高,以改进人民的物质生活和文化生活,巩固国家的独立和安全。"计划经济必须以计划设定经济增长所要达到和实现的目标,但计划目标的实现还是应该借助于合同来达成的。也就是说,"民法上的合同制度,是保证实现国家计划的重要工具之一"。[5] 合同中的当事人意志是不可忽略的。但是,在计划的实施过程中,以及从1958年开始的以"大跃进"计划取代第一个五年计划期间采用的从苏联引进的发展策略对生产高涨的片面追求,[6]使计划不再仅仅成为设定经济目标的工具,有时甚至直接取代合同而成为当事人之间发生债权债务关系的根

① 何勤华等编:《新中国民法典草案总览》(上卷),法律出版社2003年版,第81页。

② 同上书,第88页。

③ 同上书,第156页。

④ 同上书,第96页。

⑤ 中央政法干部学校民法教研室编著:《中华人民共和国民法基本问题》,法律出版社1958年版,第27页。

⑥ [美]R.麦克法夸尔、费正清编:《剑桥中华人民共和国史》(上卷),谢亮生等译,中国社会科学出版社1990年版,第270页。

据。这不仅是一种理论认识,[1]而且在20世纪50年代的立法中也有所体现,如1957年1月9日的债篇通则第二次稿(另案)第2条规定:"债是由于契约、计划法令、侵权行为、不当得利、无因管理以及其他法定的根据而发生。"其另案则规定为:"债可以既有契约关系,也可以基于非契约关系如计划法令、侵权行为、不当得利、无因管理以及其他法定的原因而发生。"[2]之后的债篇通则第三次草稿第2条不仅规定计划法令属于债的发生根据,而且将其与契约在顺序上进行了对调,由此显示出计划法令在作为债的发生根据中的重要地位,其规定:"债是由于计划法令、契约、侵权行为、不当得利、无因管理以及其他法定的根据而发生。"[3]第3条又进一步规定:"由计划法令所发生的债,和根据计划法令签订契约所发生的债,必须符合计划法令的内容;在计划法令变更时,债的内容也应当变更。如果因此引起一方受到损失时,他方不负责任。"由此可见,在20世纪50年代,债虽然可以因契约而发生,但计划法令可以作为债的发生根据的认识与规定却极大地限缩了当事人意志的作用领域,并在因计划法令而发生的债中直接排除了当事人自由意志的作用,限缩与否定了主体的自治属性。

最后,人身非财产利益立法保护的否定与理论认识的范围狭窄性塑造与形成了中国非完整性的主体。健全和完整的民事主体人格需要一系列的主体性要素支撑与保护,但20世纪50年代的中国民事立法要么规定与苏联民法一致的调整对象范围,要么规定的调整对象比苏联民法还要狭窄,完全否定与排除了对人身非财产关系的调整。而且就50年代民法典草案所规定的民事权利来看,其在范围上仅包括所有权、债权、继承权等财产权利,人身权利毫无涉及,这使诸如姓名、名誉、隐私等主体性要

---

① 对于债的关系能否不经契约而直接由计划法律、法令发生,20世纪50年代的学者有不同认识。有学者认为苏联有此规定,中国的现实中存在此种现象,故应该承认和规定计划法律、法令作为债的发生根据。另有学者认为这种情况现实中为数不多,为保证权利义务的履行,债的发生应以签订契约为必要,不应鼓励以计划法律、法令直接发生债的关系。对既有的由计划法律、法令发生的债的关系可以考虑由行政法规而不由民法调整。参见何勤华等编:《新中国民法典草案总览》(上卷),法律出版社2003年版,第184页。

② 何勤华等编:《新中国民法典草案总览》(上卷),法律出版社2003年版,第214页。

③ 同上书,第232页。但其同条注:"计划法令能不能作为债的发生的直接根据,犹待进一步研究。"可见,对于这一问题学者还是存在争议的,但基本倾向于承认计划法令能够直接产生债的关系。

素根本无法获得立法的承认与保障。民法理论上的认识较立法实践稍微好一些,有的学者承认民法在调整范围上包括人身非财产关系,但将民法调整的人身非财产关系基本限定在著作、发明、商标使用等特定人基于创造、享有或支配一定精神财富(非财产)而发生的社会关系范围内,作为主体性要素的人格利益及其法律关系也无提及。[①] 此外,学者对于民事法律关系内容和客体的论述中也没有涉及人身权利、人身利益或精神利益的内容。[②] 由此可见,20 世纪 50 年代的中国民法学者在理论上也是不认可对构成主体人格之主体性要素提供保护的。这样的理论认识与立法规定造成了民事主体人格的非完整性或残缺性。

第三节　20 世纪 60 年代:中国民事主体制度苏联范式之沿袭

按照正常的历史逻辑演进,20 世纪 50 年代的中国完成了新民主主义向社会主义的转变,并借助于苏联模式而完成新中国法制建设的奠基工作之后应该走向一个美好未来,但历史却与中国开了一个大玩笑,一方面令其陷入了延续 10 年之久的文化内乱之中,中国的法制建设也整体上遭遇了 10 年的停滞与重创;另一方面,在 20 世纪 60 年代,中苏关系发生了历史性的转向,中国只能独自面对与完成一切建设与发展工作。但令人欣慰的是,中国民法典的制定和编纂工作并未因此而全面搁浅。这要感谢当时的民法学者和民事立法者,是他们的坚持与坚守为我们创造了宝贵的历史资料,也让我们从中看到了中国法制重生的曙光。不过,在 20 世纪 60 年代寥寥可数的宝贵资料中,我们发现中苏关系的恶化与断裂并没有给中国民事立法和民法理论带来多大的影响,中国民事主体制度也仍然延续着对苏联民事主体制度的移植,或者说仍然处于苏联法的

---

① 中央政法干部学校民法教研室编著:《中华人民共和国民法基本问题》,法律出版社 1958 年版,第 19 页、第 20 页。

② 同上书,第 52 ~ 54 页。

浓厚影响之下。

一、民法调整对象财产性与公法性的偏重延续

至20世纪60年代,几次民事立法对民法调整对象的规定并没有太大改变,甚至比50年代时期更偏重于对财产关系的调整。如1963年7月9日拟就的民法(草稿)第2条规定:“中华人民共和国民法的任务是通过调整单位之间、单位同个人之间以及个人之间的经济关系,保护国家所有的和集体所有的公共财产……保障社会主义革命和社会主义建设事业的顺利进行。”①其第3条又将经济关系进一步解释为包括财产所有关系和财产流转关系。以“经济关系”的表述取代“财产关系”更表明其调整对象的财产性。

20世纪60年代的民事立法不仅仍然延续着民法调整对象的财产性特点,而且仍然坚持着民法的公法性。如1964年7月1日的民法(草案)(试拟稿)第三编第64条和全国人大常委会办公厅与1964年11月1日提出的民法(草案)(试拟稿)第73条作出了相同的规定:“财产的流转是根据法律、计划、合同或者口头约定,在单位之间、单位同个人之间意见个人之间所发生的有关财产分配、交换关系,包括:预算关系、税收关系、信贷关系、储蓄关系、结算关系、物资分配关系、商品购销关系、农副产品收购关系、买卖关系、基本建设工程关系、运输关系、租赁关系、劳动报酬福利关系。”②其中,存在原本属于公法调整范围的关系,而对公法关系的调整不仅表明立法者未形成明确的公法和私法的区分认识,而且凸显出民法的公法性质与色彩。

二、“所有制”话语的扩张与主体经济成分区分的严格趋向

20世纪60年代“所有制”话语在中国的民事立法之中不仅占据更为

---

① 何勤华等编:《新中国民法典草案总览》(下卷),法律出版社2003年版,第48页。

② 同上书,第107页。

主导的地位,而且大有扩张之势。

首先,在立法目的上更强调对社会主义公有制和公共财产的保护。在20世纪50年代的民法典草案中,保护所有制已经被纳入民事立法的目的之一,但只是表述为“保护社会主义所有制”,而60年代的民事立法则更加突出与强调对社会主义公有制与公共财产的保护。如1963年北京政法学院民法教研室拟定的民法草案(初稿)第1条开宗明义地规定:“为维护和发展社会主义公有制,保障公共财产不受侵犯,逐步彻底地实现对一切非社会主义经济成分的社会主义改造,正确处理国家、集体与个人的经济关系,增强人民内部团结,调动一切积极因素促进社会主义建设事业胜利进行,特制定本法。”[①]而在1963年4月中国科学院法学研究所的民法(草稿)、1963年6月8日草稿、7月9日草稿,以及1964年7月1日全国人大常委会办公厅的民法草案(试拟稿)第2条中都有类似规定。[②]

其次,所有制与所有权关系在认识上的混同使所有制关系被纳入民事立法的调整。如果20世纪50年代的民法典草案只是将所有制作为所有权的基础来认识,而仍然从权利角度对所有权进行规定与调整,则至20世纪60年代,立法者和民法学者对所有权与所有制的关系认识则进一步走向偏离,并将所有制关系纳入民法来加以规定与调整。如1963年的民法草案(初稿)第二编对“所有制关系和分配关系”进行了专编规定,并分章规定了通则、全民所有制、农村人民公社集体所有制、合作社集体所有制和个人生活资料所有权。[③] 这种将个人生活资料所有权与全民所有制、农村人民公社集体所有制、合作社集体所有制进行并列规定的处理,在一定程度上表明草案制定者在认识上是将所有制等同于所有权的。虽然20世纪60年代的其他民法草案并没有做这样的使用与安排,而仍

① 何勤华等编:《新中国民法典草案总览》(下卷),法律出版社2003年版,第3页。
② 同上书,第15页、第26页、第48页、第99页。
③ 同上书,第5～14页。

然将所有权看作所有制在法律上的表现,[1]或者从财产角度,或者从权利角度来规定所有权,但这种使用与安排却可以代表相当一部分学者的认识。

最后,以所有制为基础的所有权分类和民事主体经济成分的划分更为细致与严格。20 世纪 60 年代中国的生产资料所有制形式分为国家所有制,即全民所有制、劳动群众集体所有制和个体劳动者所有制,前二者属于社会主义公有制形式。其中,劳动群众集体所有制又进一步区分为人民公社集体所有制和合作社集体所有制。与此相应,作为所有制在法律上表现的所有权也分为国家所有权、劳动群众集体所有权(包括人民公社集体所有权和合作社集体所有权)和公民个人所有权。与 50 年代相比,以劳动群众集体所有制替代了合作社所有制,并扩大了集体所有制的范围,涵盖了人民公社集体所有制和合作社集体所有制两种所有制形式,所有权的种类也发生了相应增加。由于所有制形式的变化与扩充,民事主体的经济成分划分也更显细致与严格,并在形式细分为国营企业、人民公社集体、合作社集体和公民个人,从而使各经济成分和出身的主体获得法律上的差别对待。

三、民事主体术语表达的沿用与添加

就民事主体的术语表达和使用而言,来自苏联并在 20 世纪 50 年代中国的民法典草稿中普遍使用的公民、组织、企业等术语表达在 60 年代的民法草案中基本上都获得了沿袭使用,如"凡实行独立经济核算,自负盈亏的国营企业、农村人民公社各级组织和各种合作组织,具有单独预算的国家机关、事业单位和社会团体,以及法定成年公民个人,得依法独立地参加经济活动,并根据法律享有权利和承担义务"。[2] 再如,全国人大

---

① 1963 年 4 月中国社科院法学研究所拟定的中国民法(草稿)第 23 条第 1 款规定:"所有权是所有制在法律上的表现。"参见何勤华等编:《新中国民法典草案总览》(下卷),法律出版社 2003 年版,第 18 页。

② 参见民法草案(初稿)第 12 条第 1 款。参见何勤华等编:《新中国民法典草案总览》(下卷),法律出版社 2003 年版,第 4 页。

常委会办公厅拟定的民法草案(试拟稿)第13条第1款的规定:"参与本法所调整的经济关系的单位和个人,包括:……(二)实行单独预算、独立核算或者其他不能对外独立承担财产责任的单位,包括国家机关、国营企业、事业单位、人民公社各级组织、各种合作组织、人民团体和其他社会组织;(三)中华人民共和国公民。"①

需要注意的是,在中国20世纪60年代的民法草稿中,不仅既有的民事主体术语表达获得沿用,更是添加了另一种新的法人主体术语表达——单位。例如,民法草案(初稿)第12条第2款规定:"本条规定之各种组织、单位或团体的负责人,对外代表其机构负责参见经济往来关系。"②第13条规定:"工商企业、社会团体的单位,必须依法向工商行政管理部门或指定机关进行登记,并依照登记项目从事经济活动。"③1963年4月的民法(草稿)第11条规定:"一切实行独立核算或独立预算的单位,包括国家机关、企业、事业单位、人民公社各级组织、各种合作社和社会团体等,都有权作为一方参见本法所调整的财产关系。"④而且1964年7月和1964年11月的民法草案(试拟稿)中总则第三章标题均为"参与经济关系的单位和个人",其后的第13条规定了参与民法调整的经济关系的单位和个人的范围,第14条、第15条、第16条、第17条、第19条、第20条等都使用了"单位"的主体表达,⑤由此可见,在20世纪60年代中国制定的民法草案中,"单位"一词在相当程度上替代了"组织"而成为法人的另一种主体术语表达。当然,"单位"的主体术语表达并非移植或受苏联法影响而产生,而是中国20世纪60年代实行的单位制度影响的结果,在此只是一并做出总结和描述而已。由于有了这些移植和自创的主体术语表达,传统民事主体的术语表达基本被完全废弃不用了。如在1964年2月12日全国人大常委会办公厅法律室民法组就中国民法(草稿)第一篇、第二篇所汇辑的意见中,对于名称、前言、名词、用语的意见问

① 何勤华等编:《新中国民法典草案总览》(下卷),法律出版社2003年版,第101页。
② 同上书,第4页。
③ 同上。
④ 同上书,第16~17页。
⑤ 同上书,第100~102页、第164~165页。

题,湖北大学明确表明除对外条约外,同意不用“法人”这个名词,[①]这在相当程度上表明了当时的理论共识。

四、国有主体优位的继续巩固

从20世纪60年代我国民法草案的各稿规定和表述来看,其较50年代的民事立法更强调民法的党性,更强调全民所有制经济的领导,也更强调国家计划在经济活动中的重要性,这使国有主体的优势地位在60年代的民事立法中得以继续巩固。

首先,民法党性原则的强化使国有主体和国有财产的保护获得进一步凸显。对于民法党性原则的坚守与强化在20世纪60年代数稿民法草案中都有突出体现,并且基本都规定在总则部分。如民法草案(初稿)第2条明确以党的方针作为立法指导,其规定:中华人民共和国宪法,社会主义建设总路线、“大跃进”、人民公社三面红旗和“以农业为基础,以工业为主导”发展国民经济的总方针是制定本法根本依据。[②] 第4条又进一步规定:“中国共产党是一切工作的领导核心,一切经济部门和契约都必须贯彻执行党的路线方针政策。”[③]此后1963年4月稿的第1条、[④]1963年6月稿、[⑤]1963年7月稿、[⑥]1964年7月稿,[⑦]以及1964年11月稿[⑧]都在第1条规定和指出党的方针路线是制定民法的指导和基础。而党代表和维护国家与人民的利益。因此,在党性原则指导下,必然坚守全民所有制即国家所有制及其领导地位,对国有财产提供神圣保护,使国有主体在财产保护上处于优势地位。可以说,在20世纪60年代拟就的民法草案中,基本上都可以找到对国家财产提供神圣保护的规定,只不过有

---

① 何勤华等编:《新中国民法典草案总览》(下卷),法律出版社2003年版,第64页。
② 同上书,第3页。
③ 同上。
④ 同上书,第15页。
⑤ 同上书,第26页。
⑥ 同上书,第48页。
⑦ 同上书,第98~99页。
⑧ 同上书,第162页。

的草案直接表述为“国家财产神圣不可侵犯”，如1963年4月中国社科院法学研究所的民法草稿第42条、1963年6月8日的民法草稿第33条；有的草案表述为“（社会主义的）公共财产神圣不可侵犯”，如1963年的民法草案（初稿）第22条、1963年7月9日的民法草稿第8条及1964年11月1日的民法草案（试拟稿）第9条。就后者而言，虽然所指的“公共财产”在范围上包括全民所有财产和集体所有财产，但这几个草案在规定“公共财产神圣不可侵犯”的同时，又几乎无一例外地在“国家财产”部分再次规定“国家财产不得侵犯”，而“集体财产”部分却没有“集体财产不得侵犯”的规定或表述，由此表明立法者对国家财产和集体财产的地位认识是有差别的，立法对其保护也是有所区别的。

其次，全民所有制经济的领导地位突出了对国有主体的优势保护。在20世纪50年代末我国完成社会主义改造后，私营经济基本不复存在，全民所有制经济和集体所有制经济成为我国社会主义公有制经济的两种基本形式。但就二者在国家经济中的地位而言，全面所有制经济处于领导地位，是我国经济的领导力量和社会主义改造的物质基础，而集体所有制经济仅仅是作为社会主义经济的重要组成部分而存在。二者的不同地位决定了其法律地位和法律保护的差异。对于全面所有制经济，国家要优先保障其发展，而对集体所有制经济则是鼓励、指导、帮助和支援。全民所有制单位作为国有主体是全面所有制经济的主体形式，对全面所有制经济的优先保障也就意味着立法对全民所有的国有主体的优势保护。对此，1963年的民法草案（初稿）第35条明确规定：“国营企业是社会主义的全民所有制的经济组织，它有按照国家规定独立进行经济核算的权利；它有权使用国家交给的固定资产和流动资金，按照国家计划进行生产或经营；它有权使用国家发给的企业奖金，来改善企业的劳动条件和职工生活；它有权同别的企业订立合同。”①

最后，计划经济的逐步加强和计划目标的实现要求确保国有主体的优势地位。20世纪60年代我国的集中计划管理体制进一步加强，“形成了全国规模的以指令性计划为主的产品经济。国家用包罗万象的计划来

---

① 何勤华等编：《新中国民法典草案总览》（下卷），法律出版社2003年版，第7页。

管理社会经济活动,通过行政命令去实施"。[①] 而民法作为调整主体经济关系和经济活动的规范形式,也要贯彻计划指导,配合和保障国家计划的实现。因此,我国 60 年代的民法草案基本上都确立了计划原则。如民法草案(初稿)第 6 条规定:"国家对国民经济实行计划管理。国民经济计划是一切社会主义经济组织进行经济活动的依据。任何经济活动都不得违反和破坏国民经济计划。"[②]而全民所有制单位作为社会主义公有经济的领导力量也是实现国家计划的主导力量,其必须遵循和服从国家计划,不得修改或者拒不执行国家计划。因此,为确保国家计划的顺利实现,立法必然对国有主体给予特殊地位和特殊保护。

五、国家特殊主体地位与国家机关全面法人化的持续

对于国家的法律地位问题,20 世纪 60 年代的民法草案均没有明确规定,但各草案对国有财产所有权主体的规定已经表明对国家民事主体地位的承认。此外,60 年代的民法草案将税收关系也纳入民法的调整范围,表明国家具有税收关系的主体地位。可见,20 世纪 60 年代的民事立法和民法理论也是承认国家的民事主体地位的,但国家是否是特殊民事主体则不很明确。不过,就各稿草案的规定来看,虽然没有对国家作出专门规定,但也没有在法人部分加以规定,由此可以推断理论上仍然视其为特殊主体。

而就国家机关的法律地位而言,20 世纪 60 年代的中国民事立法实践和民法理论也仍然采取苏联国家机关法人理论,赋予国家机关法人地位。如 1963 年 4 月由中国社科院法学研究所拟定的民法(草稿)中,再次确立了国家机关的法人地位,其第 11 条规定:"一切实行独立核算或独立预算的单位,包括国家机关、企业、事业单位、人民公社各级组织、各种合作社和社会团体等,都有权作为一方参加本法所调整的财产关系。"[③]此

---

① 谢怀栻著:《谢怀栻法学文选》,中国法制出版社 2002 年版,第 186 页。

② 何勤华等编:《新中国民法典草案总览》(下卷),法律出版社 2003 年版,第 3 页。

③ 同上书,第 16 ~ 17 页。

外,1963年6月的民法(草稿)第12条、[①]1963年7月的民法(草稿)第14条、[②]全国人大常委会办公厅于1964年7月和11月拟定的民法草案(试拟稿)第13条[③]都全面确认并赋予了国家机关以法人资格与法人地位。

六、主体性缺失的改观与退化

由于移植了苏联民事主体的制度,在20世纪50年代的民法典草案中,我国的民事主体在整体上呈现出主体性匮乏的状态。而60年代,匮乏的主体性虽然在所有权领域获得改观,但在合同领域却显现出进一步退化的趋势。

就所有权领域而言,曾经20世纪50年代民法典草案所忽视的所有人的收益权能开始获得民法理论与民事立法的认同与规定。如北京政法学院民法教研室在1963年拟定的民法草案(初稿)第26条规定:"财产所有人对自己的财产依法享有占有、支配、使用和收益的权利。"[④]这似乎是20世纪50年代之后"收益"首次成为所有权权能的第一个立法表述。此外,其他各民法草案中的所有权篇基本上都规定了所有人的收益权能。[⑤]虽然这些规定仅仅处于草案状态而未能生效实施,但却一方面表明我国民法学者的理论认识与民事立法的进步;另一方面体现出对人的本性和所有人意志的尊重与承认,凸显了对所有权人主体性的尊重与保护。

与所有权领域尊重与保护主体性的进步相比,合同领域却呈现出进一步否定主体性的相反趋势,并集中体现在以计划法令取代合同意志方面。首先,对于计划与合同之间的关系认识更为清晰与一致。可以说,20

---

① 何勤华等编:《新中国民法典草案总览》(下卷),法律出版社2003年版,第28页。

② 同上书,第51页。

③ 同上书,第100~101页、第164页。

④ 同上书,第6页。

⑤ 同上书,第30页、第53页、第103页、第166页。唯有1963年4月由中国社科院法学研究所拟定的民法(草稿)第29条第1款对所有权的规定与其他草稿或试拟稿中的表述颇有不同,其规定:"财产所有人对于自己的财产有依照法律的使用、经营管理和处理的权利。"此处的"经营管理"是否包括"收益"不很明确,但通常理解的"经营管理"应该包括对财产的占有、使用和收益的权利。

世纪60年代的民法理论较50年代少了许多争议与犹疑,普遍认同计划是订立合同的根据和基础,合同是实现计划的手段与形式,并在立法中获得承认与体现。如全国人大常委会办公厅在1964年7月1日的民法草案(试拟稿)第68条第1款、第2款和1964年11月1日的民法草案(试拟稿)第77条第1款、第2款都规定:“合同是实现经济计划、加强经济协作和便利人民生活的重要手段。”“合同的签订必须符合国家的政策、法律、法令的规定;双方的权利和义务必须明确肯定。合同的修改或者解除,应当按照有关主管部门的规定协商办理。”①其次,对于计划法令作为债的发生根据问题在理论和立法上形成了肯定性共识。“财产的流转是根据法律、计划、合同或者口头约定,在单位之间、单位同个人之间意见个人之间所发生的有关财产分配、交换关系,包括:预算关系、税收关系、信贷关系、储蓄关系……劳动报酬福利关系。”②此处,计划明确地成为财产流转,即债的发生根据。而且在1964年9月25日对7月1日试拟稿第三编提出的修改意见中根本没有谈及第64条的内容,③表明学者对此是没有异议的。最后,以计划取代合同,甚至废弃计划合同的认识与做法获得发展。随着计划经济在全国范围内的建立,计划几乎成为国家管理社会经济活动的唯一手段,行政命令也基本上取代了当事人的自由意志成为人们获取生产资料和生活资料的法律形式,由此形成了这样一种局面:“在生产资料方面,不仅不存在自由的合同制度,就是计划合同的形式也被抛弃了。在生活消费方面,一些重要物品(如粮食、棉花、棉布等),人民只能从计划分配中取得。只有极少数一些不重要的物品,人民可以通过买卖取得。就整个社会经济活动中的情况说,这时已没有合同制度可言。”④随着合同制度被否定和取消,其所表达和保护的主体的自由意志也不复存在,主体性在合同领域彻底失守。

此外,20世纪60年代的民法草案对人身关系调整的彻底失语也是

---

① 何勤华等编:《新中国民法典草案总览》(下卷),法律出版社2003年版,第108页、第174页。

② 同上书,第107页、第173页。

③ 同上书,第172页。

④ 谢怀栻著:《谢怀栻法学文选》,中国法制出版社2002年版,第187页。

主体性彰显与保护退化的表现之一。纵观60年代拟定的数稿民法草案可以发现，就其调整对象而言，其规定甚至较50年代的民法草案还要退步，即基本上将民法的调整对象限于财产关系或经济关系，根本不再提及人身非财产关系的调整了。① 而人身关系调整的立法缺失进一步体现出理论和立法对主体性保护的弱化。

第四节　20世纪70～80年代：中国民事主体制度苏联范式的松动与坚挺

10年的文化内乱造成中国政治、经济、文化、法律等领域全方位的倒退与停滞，直到1978年12月党的十一届三中全会召开才迎来了中国新时代的曙光，也迎来了中国法学理论与法制发展的春天。就民事立法而言，1979年11月全国人大成立了由彭真领导的法制委员会，并成立民法起草小组，启动了新中国第三次民法起草工作。应该说，这次民法起草工作的成就还是比较显著的，形成了4个民法草案和1个民法总则讨论稿。而且从民法草案和总则讨论稿的体例和结构安排、制度设计与内容规定来看，较20世纪50年代和60年代的两次立法水平要提高许多。民事主体制度本身也有了很大发展，如民事主体的范围有所扩大，自然人中增加了个体工商户、农场承包经营户，承认个人企业的主体资格，并对外国主体做出了规定；国营企业和集体企业的财产独立性和自主性扩大；增强了对人格权的保护等。但是，这次民法起草工作仍然以移植他国立法和法律为主，即法律移植仍然是第三次民法起草工作的主要特征。就移植的对象而言，除1978年的《匈牙利民法典》之外，1961年《民事立法纲要》和1964年《苏俄民法典》是主要的移植对象。因而可以说，在这些民法草案中，苏联民法的影响因素仍然是主要和大量的，这也决定了20世纪70年代和80年代中国的民事主体制度仍然是苏联法影响的结晶。

---

① 何勤华等编：《新中国民法典草案总览》（下卷），法律出版社2003年版，第3页、第15页、第26页、第48页、第99页、第162页。

一、人身关系调整的添加与民事主体财产性的弱化

20 世纪 50 年代和 60 年代中国的民事立法和民法理论由于受苏联影响，对民法调整对象的认识倾向于财产关系或者经济关系的调整，人身关系的调整非常有限或者根本排除人身关系的调整，由此使调整对象和民事主体显示出极强的财产性，民法也基本上成为纯粹的财产法。20 世纪七八十年代，民法理论对民法调整对象的认识开始走向清晰和科学，多认为民法调整一定范围的财产关系和一定范围的人身关系，[①]但对其调整的财产关系和人身关系的具体范围仍有争论。对于民法调整的人身关系的范围，有学者将其限定为与财产关系有关系的人身关系，[②]有学者则认为民法既调整与财产关系有关的人身关系，也调整与财产关系无关的人身关系。[③] 与理论上对民法调整对象的争议不同，20 世纪 80 年代的 4 个民法草案和民法总则讨论稿无一例外地规定：民法调整公民、国家机关、经济组织、事业单位、社会团体等主体之间的财产关系和人身关系。[④]

如果将我国这一时期的民法理论和各民法草案的规定与 1964 年《苏俄民法典》及其民法理论进行对比，将会发现二者几乎如出一辙。就民法理论而言，苏联民法学者虽然基本认为“苏联民法规范所调整关系的基本部分，是财产关系”，[⑤]但也认同对人身非财产关系的调整。而且对于与财产关系无关的人身非财产关系是否属于民法的调整对象，苏联学者也

---

① 佟柔等主编：《民法概论》，中国人民大学出版社 1982 年版，第 2 页；法学教材编辑部、《民法原理》编写组编：《民法原理》，法律出版社 1983 年版，第 11 页；中国人民大学法律系民法教研室编：《中华人民共和国民法原理》（上册），校内用书 1980 年版，第 2 ~ 6 页；北京政法学院民法教研室编：《中华人民共和国民法讲义》，校内用书 1983 年版，第 1 页。

② 法学教材编辑部、《民法原理》编写组编：《民法原理》，法律出版社 1983 年版，第 13 页。

③ 北京政法学院民法教研室编：《中华人民共和国民法讲义》，校内用书 1983 年版，第 2 页。

④ 何勤华等编：《新中国民法典草案总览》（下卷），法律出版社 2003 年版，第 371 页、第 438 页、第 495 页、第 562 页、第 623 页。

⑤ ［苏］B. П. 格里巴诺夫、C. M. 科尔涅耶夫主编：《苏联民法》（上册），中国社会科学院法学研究所民法经济法研究室译，法律出版社 1984 年版，第 3 页。

有不同认识。[①] 就立法而言,1961 年《民事立法纲要》和 1964 年《苏俄民法典》都在第 1 条规定民法调整财产关系和人身非财产关系,且表述基本相同。如 1961 年《民事立法纲要》第 1 条第 1 款规定:"苏维埃民事立法调整财产关系,以及与财产关系有关的人身非财产关系,以便建立共产主义的物质技术基础,并日益充分地满足公民的物质和精神需要。在法律规定的情况下,民事立法也调整其他的人身非财产关系。"[②]依此,苏联民法调整的人身非财产关系既包括与财产关系有关的人身非财产关系,也包括与财产关系无关的人身非财产关系。不过,苏联民法调整的人身非财产关系并不是没有限制的,如其《民事立法纲要》第 2 条对家庭关系、劳动关系、土地关系以及集体农庄中根据农庄章程发生的关系是明文排除的。

我国民法调整对象中人身关系的添加,一方面,意味着民事主体可以参加人身法律关系而享有各种人身权利,且其人身权利无论在理论上还是在立法上都应获得尊重和保护;另一方面,财产关系或经济关系的调整不再是民法的全部,弱化民法和民事主体财产性色彩的同时强化了民事主体的人身性。当然,在调整对象问题上,我国 20 世纪 80 年代的民法草案也存在与苏联民法不同之处:其一,没有采用"人身非财产关系"的表述,而是直接谓之"人身关系";其二,对人身关系的调整没有苏联民法中的限定性规定。这些不同虽然可以理解为我国民事立法和民法理论对苏联法的脱离,但整体上仍然是苏联法影响多于自创。

二、所有制话语对法人主体分类的继续控制

20 世纪七八十年代,所有制问题仍然是苏联民法理论中的重要内容。一方面,仍然强调所有权与经济意义上的所有制的区别,认为所有权

① [苏]B. П. 格里巴诺夫、C. M. 科尔涅耶夫主编:《苏联民法》(上册),中国社会科学院法学研究所民法经济法研究室译,法律出版社 1984 年版,第 11 页;[苏]B. T. 斯米尔诺夫等著:《苏联民法》(上),黄良平、丁文琪译,中国人民大学出版社 1987 年版,第 9 页。

② 中国人民大学苏联东欧研究所编译:《苏联和各加盟共和国立法纲要汇编》,法律出版社 1982 年版,第 4 页。

是所有制的法律表现与固定,并根据所有制基础划分所有权类型;①另一方面,仍然以所有制为基础将法人主体分为国营组织法人、合作社集体农庄组织法人、社会团体法人,以及合作社联营组织法人和国家合作社联营组织法人。②《苏俄民法典》第 24 条的规定也坚持和体现了法人分类的所有制标准。

就法人分类而言,我国 20 世纪 80 年代的一些民法教材虽然也介绍了法人的学理分类和一些其他分类,③但大都认同国家法人、合作社等集体法人、社会团体法人的分类,而这些分类恰恰是建立在所有制基础之上的。而从第三次起草的各稿民法草案规定来看,其也是以所有制为标准区分法人的。如 1981 年 7 月 31 日的民法草案(第三稿)第 32 条规定:"法人的种类如下:一、有独立预算的国家机关和事业单位;二、实行独立核算的国营企业;三、享有财产所有权和独立核算的人民公社、生产大队、生产队,以及独立核算的社队企业,独立预算的社队事业单位;四、实行独立核算的城镇集体企业和其他合作社组织;五、有独立经费的社会团体;六、符合法人条件的其他组织。"④由此可见,在我国 20 世纪七八十年代的民法理论和民事立法中,所有制基础仍然控制和决定着法人的分类。

三、国家特殊主体地位的鲜明定位

相较于 1922 年《苏俄民法典》对于国家主体地位的模糊态度,1961 年《民事立法纲要》和 1964 年《苏俄民法典》对于国家的民事主体资格则明确许多。《民事立法纲要》第 11 条和 1964 年《苏俄民法典》第 24 条都

---

① [苏]B. T. 斯米尔诺夫等著:《苏联民法》(上),黄良平、丁文琪译,中国人民大学出版社 1987 年版,第二篇;[苏]B. П. 格里巴诺夫、C. M. 科尔涅耶夫主编:《苏联民法》(上册),中国社会科学院法学研究所民法经济法研究室译,法律出版社 1984 年版,第三编。

② [苏]B. T. 斯米尔诺夫等著:《苏联民法》(上),黄良平、丁文琪译,中国人民大学出版社 1987 年版,第 129 页。

③ 法学教材编辑部、《民法原理》编写组编:《民法原理》,法律出版社 1983 年版,第 57 页;佟柔等主编:《民法概论》,中国人民大学出版社 1982 年版,第 41 页;中国人民大学法律系民法教研室编:《中华人民共和国民法原理》(上册),校内用书 1980 年版,第 40 ~ 41 页。

④ 何勤华等编:《新中国民法典草案总览》(下卷),法律出版社 2003 年版,第 498 页。

规定:由国家预算拨给经费的机关和其他国家组织在苏联和苏俄立法规定的情况下,分别以苏联或者苏俄的名义进行活动。"这意味着,既承认苏联是民事权利主体,也承认每一个加盟共和国是民事权利主体。"①不过,这些规定并没有表明国家主体的性质,但通过民法理论著述仍然可以得出国家是特殊民事主体的结论。如我国 20 世纪 80 年代翻译出版的 B. T. 斯米尔诺夫主编的《苏联民法》(1987 年版)和 B. Π. 格里巴诺夫、C. M. 科尔涅耶夫主编的《苏联民法》(1984 年版)都毫无例外地肯定了国家的民事主体资格,并进行了专章介绍。其中,格里巴诺夫和科尔涅耶夫在其著作中对国家是法人主体的观点进行驳斥后明确指出:"除了公民和法人外,苏维埃国家是参加法律关系的特殊的民事权利主体。"②

如果说苏联立法对于国家的主体地位和性质还比较暧昧,则我国立法者的态度就比较鲜明了。在 20 世纪 80 年代的 4 个民法草案中,有 2 个草案,即 1981 年 7 月 31 日的第三稿和 1982 年 5 月 1 日的第四稿都在第四章对国家主体作出了专章规定,其标题分别为"作为民事主体的国家"和"国家"。而且二者都十分明确地表明了国家特殊民事主体地位。第三稿第 45 条第 1 款规定:"国家是特殊的民事主体,代表全国人民利益进行民事活动。"③第四稿第 46 条规定:"国家代表全国人民利益进行民事活动的时候,是特殊的民事主体。"④

立法者的态度可以在很大程度上反映和代表当时的理论认识。参看当时的民法教材可以发现,虽然有些民法教材没有提及国家主体资格及其性质问题,但也有很多教材明确肯定了国家的民事主体资格及其特殊性。如北京政法学院民法教研室主编的《中华人民共和国民法讲义》(1983 年)在第三章"民事法律关系主体"之下分节介绍了公民、法人和国家。其中,第四节标题为"国家——民事法律关系的特殊主体",并在开篇阐述道:"国家是国家财产的唯一所有人。作为财产所有人,毫无疑问,

---

① [苏]B. Π. 格里巴诺夫、C. M. 科尔涅耶夫主编:《苏联民法》(上册),中国社会科学院法学研究所民法经济法研究室译,法律出版社 1984 年版,第 120 页。

② 同上书,第 124 页。

③ 何勤华等编:《新中国民法典草案总览》(下卷),法律出版社 2003 年版,第 500 页。

④ 同上书,第 567 页。

国家享有民事法律关系主体的资格；但国家的民事主体资格有其特殊性。”①法学教材编辑部、《民法原理》编写组编著的《民法原理》(1983 年)也论述道：“国家以国库名义直接参与民事活动是作为特殊的民事权利主体。”②此外，佟柔作为20世纪80年代我国民法学者的代表和领军人物，也旗帜鲜明地表明了自己的认识与看法，他说：“西方法律学者们主张国家是法人的一种，我们不这样看，国家是一个特殊的主体。”③由此可见，在七八十年代国家特殊主体理论在我国具有的影响力似乎较50年代还要广泛。

四、国家机关全面法人化的坚定贯彻

国家机关的全面法人地位在1961年《民事立法纲要》和1964年《苏俄民法典》继续得到肯定，如《民事立法纲要》第11条规定：“……法人包括：实行经济核算制的，具有国家拨给的固定资金和流动资金的，并有独立的资产负债表的国家企业和其他国家组织；由国家预算拨付经费的，本身有独立的预算的，其领导人有权支配信贷借款的(法律有规定的除外)国家机构和其他国家组织；由其他来源取得经费的，本身有独立的预算和独立的资产负债表的国家组织……”④1964年《苏俄民法典》也作出了类似规定，其第24条规定：“下列组织都是法人：……由国家预算拨给经费、有独立的预算、其领导人有权支配拨款的(法律规定的例外情况除外)国家机关和其他国家组织……”⑤苏联民法理论也认可立法纲要和民法典关于国家机关法人地位的规定。⑥

---

① 北京政法学院民法教研室编：《中华人民共和国民法讲义》，校内用书1983年版，第36页。

② 法学教材编辑部、《民法原理》编写组编：《民法原理》，法律出版社1983年版，第58页。

③ 佟柔著：《佟柔中国民法讲稿》，北京大学出版社2008年版，第130页。

④ 中国人民大学苏联东欧研究所编译：《苏联和各加盟共和国立法纲要汇编》，法律出版社1982年版，第9页。

⑤ 《苏俄民法典》，郑华译，法律出版社1956年版，第12页。

⑥ [苏]В. П. 格里巴诺夫、С. М. 科尔涅耶夫主编：《苏联民法》(上册)，中国社会科学院法学研究所民法经济法研究室译，法律出版社1984年版，第147页、第152页；[苏]В. Т. 斯米尔诺夫等著：《苏联民法》(上)，黄良平、丁文琪译，中国人民大学出版社1987年版，第135~137页。

而在国家机关的法人化问题上，我国20世纪七八十年代的民法理论和民事立法并没有任何改变，仍然十分坚定地贯彻和体现着这一原则。具体而言，在民法理论上，国家机关具有法人地位是毫无疑问的，这可以从80年代的民法教材中获得印证。可以说，当时所有的民法教材都对国家机关的法人地位做出过阐述。如在法人分类中，多数民法教材都介绍了国家法人和集体法人的分类，并将国家机关归入国家法人之中。[①] 其中，《民法原理》教材对此阐述道："国家法人是代表全体人民的国家所创立的全民组织，例如中央和地方机关、国营和地方国营的企业以及事业单位等。各种国家机关在执行本身职责、完成分内任务的工作过程中，广泛地从事民事法律行为，依靠国家拨给的预算资金进行活动，并承担法律后果。"[②]而在立法上，80年代的4个民法草案毫无例外地赋予国家机关以法人地位。如第四稿民法草案第32条规定："法人是具有民事主体资格的企业、事业单位、国家机关、社会团体和其他组织。"[③]由此可见，20世纪七八十年代，我国的民法理论和民事立法仍然坚定地支持着国家机关全面法人化地位。

五、民事主体术语表达的沿用

如果说在1922年《苏俄民法典》中仍然可以偶见"自然人"这一传统主体术语表达，则在1961年《民事立法纲要》和1964年《苏俄民法典》中却难寻其踪。也就是说，在20世纪60年代的苏联民事立法中，公民全面替代了"自然人"成为自然人主体的唯一表达，而"人"作为涵盖公民与法人的上位概念在成为1964年《苏俄民法典》第二章的标题之后就没有出现过。"个人"用语基本上与"公民"相连而使用和出现，标示"公民"的个体身份与国家、集体或合作社的团体身份之区别。

---

① 佟柔等主编：《民法概论》，中国人民大学出版社1982年版，第41页；中国人民大学法律系民法教研室编：《中华人民共和国民法原理》（上册），校内用书1980年版，第40～41页；法学教材编辑部、《民法原理》编写组编：《民法原理》，法律出版社1983年版，第58页。

② 法学教材编辑部、《民法原理》编写组编：《民法原理》，法律出版社1983年版，第58页。

③ 何勤华等编：《新中国民法典草案总览》（下卷），法律出版社2003年版，第565页。

对于法人主体，1961年《民事立法纲要》和1964年《苏俄民法典》一方面，明确将法人界定为"组织"，并在第11条和第23条作了几乎相同的规定：凡拥有独立财产，能够以自己的名义取得财产权利和人身非财产权利并承担义务，可以在法院、仲裁署或公断庭起诉和应诉的组织，都是法人；另一方面，广泛使用"组织"和"企业"指代法人。例如，1961年《民事立法纲要》第11条在列举法人的范围时规定："法人包括：实行经济核算制的，具有国家拨给的固定资金和流动资金的，并有独立的资产负债表的国家企业和其他国际组织……"1964年《苏俄民法典》第34条规定："国家组织对其所属作为法人的企业的债务，不负责任；该企业对其所隶属组织的债务，也不负责任。"而这些术语在苏联理论中也是一统天下。

而在我国20世纪七八十年代的民事立法和民法理论中，传统自然人主体的术语表达和法人主体的术语表达显现出不同的发展趋势。就传统自然人主体的术语表达而言，无论是民法草案中还是民事理论上，"公民"仍然全面替代"自然人"的术语表达而存在和使用。如四稿民法草案都无一例外地在第二章以"公民"为标题进行规定，表述上也一律使用"公民"这一表达。而理论上，除个别民法教材在介绍其他国家对基于自然状态出生而享有民事权利主体资格的人的称谓时而提及"自然人"一词之外，[①]其他民法教材从未使用过"自然人"的术语表达，而是一律使用"公民"表达。

而法人主体的术语表达，则呈现出一种在立法和理论上恢复使用传统术语表达的趋势。就各民事草案的规定而言，虽然仍然将法人界定为"……组织"，并时而加以使用之外，其他规定无论是标题还是条文，基本上都使用"法人"的术语表达，而"企业"的术语表达也在很大程度上减少了使用频率。这样的变化同样出现在民法理论中。当时的各民法教材基本上使用"法人"术语，而"企业"术语表达主要出现在对企业法人的介绍中，"组织"则往往与集体、合作社相连，由此大大缩小了其使用范围与使用频率。

---

① 法学教材编辑部、《民法原理》编写组编：《民法原理》，法律出版社1983年版，第38页。

六、人身权分类上的影响

在民事权利的分类上，我国20世纪七八十年代的民法理论非常明确地在财产权与人身权分类基础上，将人身权进一步区分为人格权与身份权。如法学教材编辑部、《民法原理》编写组编写和出版的《民法原理》在第三章第四节民事权利的分类中，第一个介绍的就是财产权与人身权，其写道："人身权是指与权利主体自身不能分离的美誉财产内容的权利。如人格权（生命、健康、自由、姓名、肖像等权利）、身份权（如亲权、监护权等。著作权、发明权也属于这一类，因为这些权利只有著作人、发明人本人才能享有）。"[①]此外，佟柔、赵中孚、郑立主编的《民法概论》、[②]中国人民大学法律系民法教研室编写的《中华人民共和国民法原理》，[③]以及北京政法学院民法教研室编写的《中华人民共和国民法讲义》[④]都进行了相同的分类与阐述。将人格权与身份权作为人身权的下位概念，或者说将人身权分为人格权与身份权的这种分类也是来源于苏联。

苏联民法在调整对象上，其虽然在相当长时间内一直以财产关系为主要调整内容，但也肯定对人身非财产关系的调整。因而，在民事权利的分类上，苏联民法一直承认财产权和人身非财产权这种分类。如坚金、布都拉西、克依里洛娃等都在其主编的《苏维埃民法》中对财产权与人身非财产权的分类进行过阐述。但是，在20世纪50年代中期之前，苏联民法理论还没有形成对人身权的深入认识，也没有进一步将其区分为人格权与身份权。只有个别学者，如布都拉西在其著作中将人身非财产权进一步区分为与人身密切联系的财产的权利和与人身相联系的人身非财产权。前者如人身不可侵犯权、荣誉与人格、姓名等，后者如作者和发明人

---

① 法学教材编辑部、《民法原理》编写组编：《民法原理》，法律出版社1983年版，第34页。

② 佟柔等编：《民法概论》，中国人民大学出版社1982年版，第26页。

③ 中国人民大学法律系民法教研室编：《中华人民共和国民法原理》（上册），校内用书1980年版，第26页。

④ 北京政法学院民法教研室编：《中华人民共和国民法讲义》，校内用书1983年版，第20页。

的人身权和因家庭关系而产生的人身权。[①] 布都拉西对人身权所做的进一步划分显示了人格权与身份权区分的端倪，只是还没有使用人格权与身份权的称谓。而1961年的《民事立法纲要》第1条明确将民法调整的人身非财产关系分为两类，即与财产关系有关的人身非财产关系和与财产关系无关的人身非财产关系，[②]前者主要是由著作人身份权、科学发现人、发明人身份权等产生的关系，后者主要是和名誉、尊严等有关的关系。《民事立法纲要》的这种区分为身份权和人格权的划分奠定了立法基础。随着理论研究的发展，苏联学者对人身非财产关系和人身非财产权的研究也进一步深入。至20世纪七八十年代，苏联民法调整的人身非财产关系不仅日益广泛，分类也日趋细致。著作、发明等与财产有关的人身非财产关系和与姓名、名誉、尊严等与财产无关的人身非财产关系分野越来越大。而且从民事法律关系客体上看，这两类人身非财产关系逐渐成为不同的客体类型，前者往往是作为创作活动的成果成为民事法律关系的客体，后者则作为人身非财产利益成为民事法律关系的客体。[③] 在对与财产有关的人身非财产关系逐渐进行独立调整的同时，对与财产权利无关的人身非财产权利的分类也明显起来。也就是说，这一时期，苏联民法理论在将人身非财产权利分为与财产权利有关的人身非财产权利和与财产权利无关的人身非财产权利基础上，又将后者进一步分为与人身有关的权利和由社会制度、原则和思想决定的权利，以及由公民或法人取得的权利。[④] 其中，与人身有关的权利包括姓名权、商号权，由社会制度、原则和思想决定的权利包括荣誉权和尊严权，由公民或法人取得的权利包括笔名的权利和对发明创造以姓名命名的权利。[⑤] 由此可见，与人身有关的权利即身份权，由社会制度、原则和思想决定的权利即人格权。至此，人

---

① ［苏］斯·恩·布拉都西等编著：《苏维埃民法》（上），中国人民大学民法教研室译，中国人民大学出版社1954年版，第63页。

② 中国人民大学苏联东欧研究所编译：《苏联和各加盟共和国立法纲要汇编》，法律出版社1982年版，第4～5页。

③ ［苏］B. П. 格里巴诺夫、C. M. 科尔涅耶夫主编：《苏联民法》（上册），中国社会科学院法学研究所民法经济法研究室译，法律出版社1984年版，第177～179页。

④ 同上书，第182页。

⑤ 同上书，第182～183页。

格权与身份权作为人身非财产权利，即人身权的下位概念得以形成。我国学者在翻译和介绍苏联民法这部分理论时，将苏联民事立法和民法理论中与财产权利无关的人身非财产权利简称为“人身权”，进而将与人身有关的权利简称为“身份权”，将有社会制度、原则和思想决定的权利简称为“人格权”，从而形成了我国民法中人身权分为人格权与身份权的理论现状。

七、民事主体的主体性凸显与解放走向上的一致

主体性缺失是苏联民事主体制度的特征之一，但诚如任何事物都有其发展变化一样，20 世纪 70 年代之后，苏联法中的民事主体也开始表现出法律上的主动性和独立性。[①] 第一，虽然由计划法令产生的债在苏联债法中还具有重要意义，但合同法重要组织作用的发挥和优先发展不仅肯定和承认了合同是社会主义计划经济体制下商品货币关系的基本和必需的法律表现，更为民事主体的自由意志表达提供了法律形式。第二，在计划契约之外肯定了非计划契约的存在，而对于非计划契约而言，计划文件不再是订立契约的有法律约束力的前提，[②]企业可以依其自由意志进行订约和决定合同的内容，扩大了企业的独立自主性。如依《苏俄民法典》第 258 条第 2 款规定，双方可以“随意”签订供应不按计划分配的产品的合同。第三，经济核算制作为领导社会主义经济的主导方法之一，[③]要求从事生产产品、完成工作或提供劳务的公司、企业和组织实行经济核算制，确保并增强了法人的相对独立性，以此实现和贯彻《苏联宪法》第 16 条规定的企业、联合企业和其他组织的集中管理与经营上自主性和独立性相结合的原则。而《民事立法纲要》第 11 条根据拨款的来源、资金的计算和使用办法对法人所做的分类正是这一原则的体现。第四，为了区别法人而授予或允许法人使用名称，既使法人得以特定化，又使法人享

① [苏]B.T.斯米尔诺夫等著:《苏联民法》(上)，黄良平、丁文琪译，中国人民大学出版社 1987 年版，第 7 页。

② 同上书，第 171 页。

③ 参见《苏联宪法》第 16 条第 1 款。

有了名称权而凸显出其主体性。这集中体现在 1964 年《苏俄民法典》第 29 条关于从事经济活动的各个组织可以使用商号名称的规定中。应该说,苏联民事主体制度主体性的增加与凸显与苏联经济改革的要求是一致的。苏联在赫鲁晓夫执政时就已经开始进行经济改革,“扩大企业和经济机关领导人的权限”,把“赢利”作为企业主要指标。[①] 勃列日涅夫上台后继续推行经济改革,实行工业管理的“新体制”,采取了如减少国家计划、扩大企业经验独立性、加强对企业的经济刺激和经济核算等一系列措施。[②] 经济改革的要求与措施必然在立法上获得反映与落实,由此使民事主体的自主性与独立性获得解放。

而 20 世纪七八十年代的中国,急需借助于商品经济来恢复和发展因“文化大革命”而几乎陷于瘫痪和停滞的国民经济,但翻版于苏联的僵化的计划经济体制却极度排斥商品经济关系的存在与发展。因此,突破和改变计划经济体制,消除计划经济与商品经济的对立,赋予参与经济活动的主体以更多的自主性和独立性成为必然。1984 年 10 月,党的十二届三中全会通过了《关于经济体制改革的决定》,确认我国为公有制基础上的有计划的商品经济,并从农村开始了我国的经济改革,而民事主体的主体性也在一系列的改革与立法中获得表达与张扬,体现出与苏联民事主体在发展与走向上的一致性。

第一,土地承包合同不仅确立了农户与村集体之间的权利义务关系,而且使农户以缴纳一定数量农产品为代价取得了对土地的自主经营权。在农村进行的经济改革其主要内容是实行承包经营制,农民以户为单位与村集体订立承包经营合同,农民由此获得了对土地的自主经营权。但由于土地承包经营制刚刚实行,20 世纪 80 年代的民法草案无法作出细致规定,不过某些规定仍然体现了立法的回应与规范。如 1981 年 7 月 31 日的民法草案第三稿第 89 条和第 90 条分别规定:“人民公社、生产大队、

---

① 孙尚清、章良猷编:《苏修“经济改革”文集》,生活·读书·新知三联书店 1975 年版,编者序言,第 2 页。

② [苏]A. 柯西金:“关于改进工业管理、完善计划工作和加强工业生产的经济刺激”,何卓译,载《真理报》1965 年 9 月 28 日。参见孙尚清、章良猷编:《苏修“经济改革”文集》,生活·读书·新知三联书店 1975 年版,第 4 ~6 页。

生产队包给社员的耕地和分配给社员使用的自留地(自留山)、宅基地的所有权,仍然属于该集体组织。""包给社员的耕地和分配给社员的自留地(自留山),社员只能用于农业生产,不准擅自用于建房、葬坟,以及开矿等非农业生产。"①第四稿第90条和第91条也作出了相同的规定。②

第二,所有权与经营权的分离使企业成为真正独立自主的民事主体。虽然我国20世纪80年代的各稿民法草案都规定法人应当有一定的独立财产,并应以自己所有或者经营管理的财产履行义务或承担责任。③ 但是,来自苏联的民法理论认为全民所有制企业的财产属于国家,企业没有自己的财产,不能成为独立的法人,④而经济改革又对企业的独立性和自主性提出了要求,放权成为必然。于是,国务院在1979年作出了扩大企业"经营管理自主权"的规定,虽然没有获得贯彻,但在民法草案中还是有所体现的。如草案征求意见稿第36条和第二稿第25条都规定:法人在法律规定或主管机关批准的业务范围内,有权独立自主地开展业务活动,并有义务履行对国家、社会应尽的责任。⑤ 而法人以自己所有或经营管理的财产为限清偿债务的规定中所采用的"经营管理的财产"的表述也体现和落实了所有权与经营权的分离思想。之后,在1984年10月党的十二届三中全会通过了《关于经济体制改革的决定》,其中指出:"所有权与经营权是可以适当分开的。"借助于"所有权与经营权分离理论",企业开始走向真正的自主和独立。

第三,集体所有制企业可以作为独立的商品生产者进入市场,使其获得了真正的自主性。⑥ 在计划经济体制下,各种合作社等城镇集体所有制单位虽然有自己的固定资产和流动资金,但它们必须服从国家计划的

---

① 何勤华等编:《新中国民法典草案总览》(下卷),法律出版社2003年版,第505页。

② 同上书,第572页。

③ 同上书,第375~376页、第440~441页、第498~499页、第565~566页。

④ 谢怀栻著:《谢怀栻法学文选》,中国法制出版社2002年版,第141页。

⑤ 何勤华等编:《新中国民法典草案总览》(下卷),法律出版社2003年版,第375页、第440页。

⑥ 谢怀栻著:《谢怀栻法学文选》,中国法制出版社2002年版,第190页。

指导和管理,按照社章规定的任务、业务范围和财产权限进行经济活动,[1]不能以独立的身份进入市场。而有计划的商品经济的实行不仅要解放全民所有制企业,也要向集体所有制企业放权,使其能够作为独立的核算单位进入市场而获得主体性。这在民法草案中,一方面,体现为集体所有制企业作为独立的法人形式而存在,如民法草案第三稿第 32 条规定:"法人的种类如下:……三、享有财产所有权和独立核算的人民公社、生产大队、生产队,以及独立核算的社队企业、独立核算的社队事业单位;四、实行独立核算的城镇集体企业和其他合作社……"[2]另一方面,体现为对集体所有制企业自主权的保护和农业集体所有制生产单位可以就某些农产品签订议购合同。前者如民法草案征求意见稿第 37 条规定:"全民所有制组织和集体所有制组织依法享有自主权。自主权在职工和社员的监督下行使,用以改善经营管理,提高劳动生产率,增加社会财富。"[3]后者如各稿民法草案都有农业生产单位在完成国家规定的交售任务以后可以进行销售和互易农副产品,社员在完成交售任务以后可以自行处理自有的多余农副产品的规定。[4]

第四,以主体为标准所进行的合同区分中添加了非计划合同,由此使民事主体的自由意志获得彰显。所有制问题在法律上除表现为所有权问题之外,还表现为经济活动的主体问题。[5] 而我国部分学者接受苏联的经济法理论和"两成分法",赞同苏联学者对经济法的主体只能是社会主义组织及其分支机构的认识,[6]认为只有社会主义组织才能订立经济合同。这种认识也获得了新中国成立后的第一个合同法律——1981 年的《经济合同法》的肯定:"经济合同是法人之间为实现一定经济目的,明确相互权利义务关系的协议。"由此,根据订约主体不同形成了经济合同与非经济合同的区分。但是,改革了的计划经济体制也允许个人和社会主

---

① 何勤华等编:《新中国民法典草案总览》(下卷),法律出版社 2003 年版,第 171 页。

② 同上书,第 498 页。

③ 同上书,第 375 页。

④ 同上书,第 395 页、第 460 页、第 519 页、第 586 页。

⑤ 谢怀栻著:《谢怀栻法学文选》,中国法制出版社 2002 年版,第 58 页。

⑥ [苏]B. B. 拉普捷夫主编:《经济法理论问题》,中国人民大学法律系民法教研室译,中国人民大学出版社 1981 年版,第 35 页。

义组织签订非计划性的合同。因此,"经济合同可以是计划合同,也可以是非计划合同"。[①] 而在非计划合同中,无论是个人、集体,还是社会主义组织,都可以自由缔约并决定合同的内容,表现出极大的意志自主。而受苏联经济法学派与民法学派论战[②]影响,我国民法学者和经济法学者从1979 年开始的持续 7 年之久的民法与经济法大论战不仅厘清了民法和经济法的调整范围,而且推进了对公法和私法关系的认识,[③]使主体性获得了进一步的解放。

第五,法人名称权的肯定与保护张扬和解放了法人的主体性。法人作为独立的民事主体,应当有自己的名称,并应以自己的名称进行民事活动,由此才能将权利和义务归属于法人主体。因此,法人拥有自己的名称既是法人的成立条件,也是法人主体性的标志。应该说,从我国 20 世纪50 年代拟定的各稿民法总则草稿对法人的界定来看,其基本肯定法人以自己的名称进行民事活动,取得民事权利和承担民事义务,[④]但只有 1955 年 10 月 5 日的民法总则草稿在第 21 条明确规定"法人应有自己的名称",[⑤]其他各稿均没有再出现过类似规定或表述。而 20 世纪 60 年代的数稿民法草稿或民法草案均以"单位"替代"法人"用语,既没有对法人的概念界定,也没有提及法人以自己的名称享有权利和承担义务,而是强调单位的独立核算特性。由此可见,在 20 世纪五六十年代的民事立法者和民法学者的头脑中,法人名称并不是一个需要立法加以确认和规定的问题,更谈不上赋予和享有法人名称权了。这虽然与当时的立法水平有关,但更体现了由观念认识所造成的法人主体性缺失的现实。而至 20 世纪七八十年代,我国民事立法在法人名称问题上出现了和苏联相同的变化,即不仅在法人的概念中要求法人以自己的名称享有民事权利和承担民事义务,而且明确规定和赋予了法人名称权,肯定和解放了法人的主体性。

---

① 谢怀栻著:《谢怀栻法学文选》,中国法制出版社 2002 年版,第 194 页。

② 陈汉章:"苏联经济法学派与民法学派五十年的争论及其经验教训",载《中国法学》1985 年第 2 期。

③ 陈甦主编:《当代中国法学研究》,中国社会科学出版社 2009 年版,第 150 ~ 151 页。

④ 何勤华等编:《新中国民法典草案总览》(上卷),法律出版社 2003 年版,第 5 页、第 16 页、第 28 页、第 38 页。

⑤ 同上书,第 6 页。

如1980年8月15日的民法草案(征求意见稿)不仅在第32条规定:“凡有一定的组织机构和独立的财产,能够以自己的名义享受民事权利和承担民事义务……都是法人”,[①]而且在第三章“损害责任的特殊规定”中第453条规定:“公民的姓名权、名誉权、肖像权等人身权受到侵犯的时候,受害人有权要求停止侵害或者请求人民法院分别情况责令致害人立即停止侵害,在相应范围内消除影响,对致害人给予通报批评。”“法人的名称、名誉、信用等权利受到侵犯的时候,适用前款规定。”[②]此外,征求意见第二稿第350条、[③]第三稿第474条[④]以及第四稿第431条[⑤]都有类似规定。民法学者的认识与立法者基本是一致的。同时期编写的民法教材几乎都将“以自己的名称享有民事权利、承担民事义务”作为法人的特征来进行介绍。[⑥] 此外,有学者通过对法人制度的研究也认为法人必须具有以自己的名义进行民事活动这一特征。[⑦] 由此可见,法人名称的肯定,以及由法人名称权的赋予与保护所体现的法人主体性在20世纪七八十年代的我国民事立法和民法理论中都获得了肯定,这在相当程度上反映出我国民事立法者和民法研究者在观念上的进步。

---

① 何勤华等编:《新中国民法典草案总览》(下卷),法律出版社2003年版,第375页。

② 同上书,第429页。

③ 同上书,第483页。

④ 同上书,第555页。

⑤ 同上书,第617页。

⑥ 佟柔等主编:《民法概论》,中国人民大学出版社1982年版,第40页;北京政法学院民法教研室编:《中华人民共和国民法讲义》,校内用书1983年版,第30页;法学教材编辑部、《民法原理》编写组编:《民法原理》,法律出版社1983年版,第52页;中国人民大学法律系民法教研室编:《中华人民共和国民法原理》(上册),校内用书1980年版,第40页。

⑦ 杨振山:“论我国的法人制度”,载《北京政法学院学报》1982年第2期。陶希晋主编:《民法文集》,山西人民出版社1985年版,第198页。

第四章　中国现行民事主体制度的苏联法烙印及其消极性

回顾新中国成立后我国各阶段法学发展与法制建设的历史,苏联法及其法学理论的踪迹一直萦绕其中。从 1949 年新中国成立开始,国家在进行政治、经济建设的同时也开始了社会主义中国法律体制的创建历程。但由于政治、经济、社会以及传统文化等因素的综合作用,中国法制建设开始走上了全面移植苏联法的道路,中国法学也进入了受苏联法学全面影响的时期,并尤以 20 世纪 50 年代的立法与法学为典型。因而,说此一时期的中国立法和法学发展是苏联法和苏联法学在中国的全面占领应该是毫不为过的。此后的 60 ~ 70 年代,由于众所周知的原因,中国的法制建设与法学发展几乎停滞,但从为数不多的立法中仍然能够发现苏联法的影子,中国的法学研究也仍然陷于苏联法学的理论模式之中。直至 20 世纪 70 年代末 80 年代初开始改革开放后才迎来了中国社会主义法制建设和法学发展的新春天,也开启了移植和借鉴其他外国法的大门。但事实表明,20 世纪 50 年代以苏联法为范式所建立起来的中国法制与法学并未完全脱离苏联法的影响。中国的民法和民法学不仅也经历了如上的历程，而且诚如学者所言："中国 20 世纪 50 年代移植苏联民法模式的活动虽然是立法者的一种主观行为，但移植的结果却具有客观性，而伴随着移植而造成的对中国民事立法的影响则更具有必然性和持久性，不管人们对此次移植的得失作何评价，中国现行民法躯体中仍然流淌着苏联民法的血液则是一个不争的事实。"①就中国的民事主体制度而言，也依然流淌着苏联民法的血液，印刻着诸多的苏联法之烙印。

第一节　中国现行民事主体制度中苏联法烙印体现

随着中国改革开放进程的深入与市场经济体制的初步确立，以及中国特色社会主义法律体系的建立与完善，我国的民事立法与民法理论也因借鉴与吸收更多元的影响因素和更多样的思想、学说而日臻完善。与此同时，曾经盛极一时的苏联也由于多种原因的综合作用而解体。但是，我们不仅无法抹除苏联曾经存在的历史事实和那段红色记忆，也不能无视中国民事立法和民法理论对苏联民事主体制度及其理论的全面移植与引入。更为关键的是，对苏联法的移植与引入虽然已经是过去式了，但其移植的结果与影响却一直作用到当下。也就是说，在当代中国民事主体立法和民法理论中依然留存着诸多的苏联法印记。

一、民事主体术语表达的印记

苏联民事立法和民法理论的某些民事主体术语表达从 20 世纪 50 年代传入中国，并在中国民事立法和民法理论中获得使用已经半个世纪有余。在这半个多世纪中，中国的民事立法和民法理论获得了很大发展与提升。但是，在民事主体术语表达上，我国的民事立法和民法理论却在相

① 何勤华、李秀清著：《外国法与中国法——20 世纪中国移植外国法的反思》，中国政法大学出版社 2003 年版，第 329 页。

当程度上表现出某种恋旧情结，苏联法中民事主体的术语表达仍然不时出现与被使用。

首先，“公民”的术语表达并未从我国的民事立法和民法理论中真正隐退。众所周知，从20世纪50年代之后，“公民”曾经在相当长的时间内全面替代了“自然人”成为中国民事立法和民法理论中统治性的术语表达，直到1986年颁布《民法通则》，才在第二章标题中首次恢复使用“自然人”的术语表达。不过，此时的“自然人”仍然与“公民”并列，且位列其后，形成“公民（自然人）”的表达形式。对于《民法通则》中将自然人与公民并列使用，学者有两种解释：一种观点认为《民法通则》中原本应当使用“自然人”的传统民法表达与法人相对应，但由于我国从新中国成立后一直使用“公民”，故从尊重传统考虑表达为“公民（自然人）”。[①] 另一种观点认为自然人在范围上广于公民，为将外国人和无国籍人纳入调整范围而便于对外交往和国际贸易，将公民与自然人并列使用。[②] 但无论如何，“自然人”的传统术语表达毕竟在我国的民事基本法中出现了。这种局面的历史性改变和扭转始于1999年《合同法》的颁布，其第2条明确规定：“本法所称合同是平等主体的自然人、法人、其他组织之间设立、变更、终止民事权利义务关系的协议。”在此，“自然人”首次替代“公民”成为民事基本法中民事主体的术语表达。有学者认为这是我国在基本法律中对自然人独立地位的首次确认，由此宣告公民的彻底隐退。[③] 与立法上的这种改变相一致，“自然人”的术语表达也开始更多地出现与使用在民法理论中，如我国20世纪90年代之后出版的民法教材在介绍公民主体时，很多都采取了《民法通则》的表达方式，即将章标题确定为“公民（自然

---

① 江平、张佩霖编著：《民法教程》，中国政法大学出版社1986年版，第25页。佟柔主编：《中国民法学·民法总则》，中国人民公安大学出版社1990年版，第89页。

② 梁慧星著：《民法》，四川人民出版社1988年版，第71页；佟柔主编：《中国民法学·民法总则》，中国人民公安大学出版社1990年版，第88页；李由义主编：《民法学》，北京大学出版社1988年版，第42页；罗玉珍等撰：《民事主体论》，中国政法大学出版社1992年版，第47页。

③ 朱晓喆：“自然人的隐喻——对我国民法中‘自然人’一词的语言研究”，载北京大学法学院编：《北大法律评论》（第4卷·第2辑），法律出版社2002年版。

人)”,[①]还有相当多的教材直接采用“自然人”的表达并展开介绍。[②] 而2000年之后的民法教材更是基本上废弃了“公民”表达而代之以“自然人”。[③] 民事立法和民法理论上的这些变化似乎真的表明“公民”表达已经隐退和退出了历史舞台。但如果追寻我国当代的民事立法,我们将发现“公民”并未真正隐退,其不仅仍然在我国的民事立法中占据一席之地,而且还深深地留存在民法学者的头脑之中。典型如在《民法通则》中,“自然人”的表达只出现过这一次,其余仍然通篇使用“公民”的术语表达。如果《民法通则》颁布得比较早,更多使用“公民”是囿于传统影响,则在我国20世纪90年代之后颁布和实施的诸多民事立法之中,仍然经常和大量使用着“公民”的术语表达。如1995年的《担保法》第7条,1990年通过并经2001年和2010年两次修正的《著作权法》第2条、第9条、第11条、第16条、第19条、第21条和第22条,1994年通过并于2010年修正的《国家赔偿法》第1条、第2条、第3条、第5条、第7条、第17条、第19条、第21条、第33条、第34条、第36条和第40条及《继承法》第1条、第3条、第16条、第31条和第36条中都多次出现和使用了“公民”表达。而且甚至在2000年之后颁布的有关立法中也采用了“公民”的表达。如在2004年5月1日生效实施的《道路交通安全法》中,其第1条、第6条、第85条都使用了“公民”的术语表达,而“自然人”表达却从未曾在这些立法中见过踪影。当然,除《合同法》外,也有非常值得称赞的立法,如1982年通过、1993年和2001年两次修正的《商标法》,其通篇

---

① 佟柔主编:《中国民法》,法律出版社1990年版,第67页;佘能斌、马俊驹主编:《现代民法学》,武汉大学出版社1995年版,第79页;佟柔主编:《中国民法学·民法总则》,中国人民公安大学出版社1990年版,第87页。

② 江平主编:《民法学》,中国政法大学出版社1999年版,第99~110页;张俊浩主编:《民法学原理》,中国政法大学出版社1991年版,第101~163页;彭万林主编:《民法学》,中国政法大学出版社1999年版,第66~84页;马俊驹、余延满著:《民法原论》(上),法律出版社1998年版,第98~135页;刘凯湘主编:《民法学》,中国法制出版社2000年版,第74~92页;张俊浩主编:《民法学原理》(修订第3版),中国政法大学出版社2000年版,第94~136页。

③ 刘凯湘主编:《民法学》,中国法制出版社2000年版,第74~92页;张俊浩主编:《民法学原理》(修订第3版),中国政法大学出版社2000年版,第94~136页;魏振瀛主编:《民法》(第4版),北京大学出版社、高等教育出版社2010年版,第51~73页。

没有出现“公民”字样，而是都表达为“自然人”。[①]《物权法》则以“私人”替代了“公民”表达。[②]

其次，“企业”作为法人的替代术语表达之一仍然在我国当代的民事立法中被广泛使用。1986年的《民法通则》在规定“公民(自然人)”主体的同时，又对法人进行了专章规定，初步建立起了我国的法人制度，体现了我国民事立法的进步和民事法律制度的完善，并可以发挥民事立法对我国经济体制改革的助推作用。在《民法通则》中，依照法人从事的业务活动范围，法人分为企业法人、机关法人、事业单位法人和社会团体法人四种形式。其中，企业法人主要是指以营利为目的、从事经济活动的法人。[③] 既然《民法通则》确立了法人制度，并规定了企业法人等四种形式，就应该使用立法语言表述相应的法人，即在表述以营利为目的，从事生产和经济活动的法人时，就应该使用“企业法人”的表达。但实际上，在我国法人制度建立之后，民事立法和民法理论上仍然习惯性地使用源自苏联的“企业”来替代“企业法人”的表达。如《民法通则》第48条规定：“全民所有制企业法人以国家授予它经营管理的财产承担民事责任。集体所有制企业法人以企业所有的财产承担民事责任。中外合资经营企业法人、中外合作经营企业法人和外资企业法人以企业所有的财产承担民事责任，法律另有规定的除外。”此外，《民法通则》第51条、第52条、第53条、第82条，《担保法》第11条、第36条、第42条、第55条，《合同法》第126条、《道路交通安全法》第6条、第10条、第103条，《国家赔偿法》第40条，《专利法》第10条、第14条、第18条和第19条，《商标法》第17条和第18条，《消费者权益保护法》第36条，《物权法》第55条、第56条、第59条、第67条、第76条、第81条、第82条、第181条、第183条、第189条、第201条和第231条，《食品安全法》第25条、第32条、第33条、第35条、第36条、第37条、第39条、第61条、第65条、第68条、第69条、第70条和第87条，以及《产品质量法》第6条、第11条、第14条和第15条

① 参见《商标法》第4条、第5条、第8条。

② 参见《物权法》第4条、第64条、第65条、第66条和第67条。

③ 江平主编：《法人制度论》，中国政法大学出版社1994年版，第62页。

都使用了“企业”的表达。相较而言,民法理论上的表现要好得多,只是在20世纪90年代初期出版的民法教材中出现以“企业”替代“企业法人”进行表达的情况,[①]此后的民法著作基本上都规范使用“企业法人”的表达。不过,这并不意味着“企业”的术语表达在我国当代的民法理论中没有任何遗留。如魏振瀛主编的《民法》从第1版到第5版,在债的移转部分介绍债的概括承受种类时,就使用了“企业”的表达,即将“企业法人合并”或“企业法人的合并与分立”表述为“企业合并”或“企业的合并与分立”,[②]并多处使用了“企业”用语,如“企业合并,是指两个以上的企业合并为一个企业。企业分立则是指一个企业分立为两个以上的企业”。“企业合并或者分立后,原企业的债权债务的转移,属于法定移转,因而不需取得相对人的同意,依合并或者分立后企业的通知或者公告发生效力。”[③]不过,企业的合并与分立虽然可能导致一个或几个法人主体资格的丧失,但被合并与分立的企业却是作为客体而存在。也就是说,此处的“企业”表达显示了其客体地位。

最后,苏联民法对法人的另一个替代表达——“组织”在我国民事立法中也有遗留。如同1964年《苏联民法典》和1961年《民事立法纲要》一样,我国《民法通则》第36条也将法人界定为“具有民事权利能力和民事行为能力,依法独立享有民事权利和承担民事义务的组织”。也就是说,法人是一种以团体为现实基础的组织体。但是,《民法通则》和我国的其他民事立法在以“组织”界定法人的同时,也将苏联以“组织”和替代“法人”表达的做法移植到我国民事立法和民法理论中,并一直沿用至今。如《民法通则》第5条、第25条、第27条、第36条、第37条、第38

① 如佟柔主编的《中国民法》中写道:“上述法人的分支机构、代理机构,主要是针对企业和其他经济组织而言,国家机关和事业单位的分支机构不包括在内。”参见佟柔主编:《中国民法》,法律出版社1990年版,第118页;而另有学者在阐述法人登记时,直接将法人之外的具有营利目的并从事经济活动的组织表达为“非法人企业”。参见张俊浩主编:《民法学原理》,中国政法大学出版社1991年版,第206页。

② 魏振瀛主编:《民法》,北京大学出版社、高等教育出版社2000年版,第365页;第2版,2006年版,第379~380页;第3版,2007年版,第379~380页;第4版,2010年版,第404~405页;第5版,2013年版,第410~411页。

③ 魏振瀛主编:《民法》(第4版),北京大学出版社、高等教育出版社2010年版,第404页、第405页。

条、第41条、第73条、第74条和第75条,《担保法》第7条和第8条,《国家赔偿法》第7条、第16条和第40条,《食品安全法》第10条、第35条、第55条和第61条等都使用了“组织”一词。此外,《物权法》对于村镇集体都表达为“集体经济组织”。

二、民事主体分类中所有制话语的控制

随着我国计划经济体制向有计划商品经济体制的转向和改革开放进程的开始与深入,所有制话语在我国民事立法和民法理论中的控制地位也开始有所减弱,但是,在我国已经初步建立起市场经济体制的今天,所有制话语仍然在民事立法和民法理论中有所遗留。

就民事立法层面所有制话语的遗留而言,《民法通则》的规定最具有典型性和说服力。首先,在民事主体的分类上,包括普通公民、个体工商户、农村承包经营户和个人合伙在内的公民主体反映和对应着个人所有制,而企业法人、机关、事业单位法人和社会团体法人的分类则基本上与国家所有制和集体所有制形成对应和反映。其中,企业法人、机关法人、事业单位法人则对应着国家所有制,而社会团体法人则对应于体现着集体所有制。此外,就企业法人而言,根据其所有制形式不同,《民法通则》又将其区分为全民所有制企业和集体所有制企业。1984年10月20日十二届三中全会公布了《关于经济体制改革的决定》,突破了我国传统的商品经济与社会主义计划经济相对立的观念,确立有计划商品经济为我国经济体制改革的方向。在法制建设层面,必然需要《民法通则》担负巩固和促进有计划商品经济发展的功能与作用,并需要为我国商品经济的进一步发展奠定基础。因此,《民法通则》将平等主体之间的财产关系和人身关系确定为其调整对象,宣称以“保障公民、法人的合法的民事权益”为立法目的,并在制度规范层面创制了对个体工商户、农村承包经营户、国营企业、企业联营、全民所有制企业经营权等规定。但是,有计划商品经济不仅需要接受计划的指导、调节和行政的管理,也要求和支持所有制的体制区分。因此,以有计划商品经济为背景和体制基础所制定的《民法通则》必然维持既有的以所有制为基础的主体分类。其次,国家所有权、

集体所有权和公民个人所有权的区分在所有权领域支持着所有制话语，并呼应着民事主体分类上的所有制基础。应该说，《民法通则》将民事权利进行专章规定是世界民法史上的一大创造，①也是强化民事主体权利保障的要求与体现。但是，在内容设置与顺序安排上，其仍然是根据民事主体的所有制基础而进行分别规定，从而形成国家所有权、集体所有权和公民个人所有权的区分。最后，全民所有制企业经营权的制度设计与规定本身就是维护和贯彻所有制的结果。为了在有计划商品经济体制下，取消过多的计划安排和行政干预，赋予和调动全民所有制企业的自主性与独立性，推进改革的发展，同时又要确保企业财产归属上的国家所有，维护社会主义国家所有制的根基，创设与提出了全民所有制企业所有权与经营权分离的理论，并在立法上赋予全民所有制企业以经营权，以国家授予其经营管理的财产承担民事责任。对此，《民法通则》第 41 条第 1 款规定："全民所有制企业、集体所有制企业有符合国家规定的资金数额，有组织章程、组织机构和场所，能够独立承担民事责任，经主管机关核准登记，取得法人资格。"之后，第 42 条和第 48 条又规定："企业法人应当在核准登记的经营范围内从事经营。""全民所有制企业法人以国家授予它经营管理的财产承担民事责任。"通过这一系列的规定，既使全民所有制企业拥有了独立的经营权和一定范围内的处分权，成为独立的民事主体，又避免形成企业财产归属上的双重所有，并最终确保了国家所有权和国家所有制的稳定。

随着有计划商品经济向市场经济的过渡和我国社会主义市场经济的初步确立与发展，民事立法领域中的所有制话语逐渐隐退，但却并没有彻底消失，即便在《民法通则》之后的立法中，仍然存在一些以维护所有制的基础与划分为目的的规定，如《担保法》第 8 条关于国家机关不得为保证人的规定，第 36 条关于乡（镇）、村企业的土地使用权不得单独抵押的规定，第 37 条关于土地所有权、耕地、宅基地、自留地、自留山等集体所有的土地使用权不得抵押的规定等。此外，2007 年颁布和实施的《物权法》

---

① 张晋藩主编：《中国法制 60 年（1949 ~ 2009）》，陕西出版集团、陕西人民出版社 2009 年版，第 330 页。

应该是我国进入市场经济之后的重要立法，也是一部以维护和宣扬平等精神和物权平等为价值取向的立法，其第3条第3款和第4条宣称："国家实行社会主义市场经济，保障一切市场主体的平等法律地位和发展权利。""国家、集体、私人的物权和其他权利人的物权受法律保护，任何单位和个人不得侵犯。"但是，所有制仍然在一定程度上成为《物权法》的立法基础，而且各所有制具有不同的地位。其中，公有制仍然占主体地位，非公有制经济则处于被鼓励、支持和引导的辅助地位。对此，《物权法》第3条第1款和第2款规定："国家在社会主义初级阶段，坚持公有制为主体、多种所有制经济共同发展的基本经济制度。""国家巩固和发展公有制经济，鼓励、支持和引导非公有制经济的发展。"由于《物权法》一方面宣扬物权平等和平等保护，另一方面又无法彻底抛弃所有制基础，因而在所有权分类上，其第五章仍然是以所有制为基础分别规定国家所有权、集体所有权和私人所有权，而没有使用传统民法对民事主体的分类而分别规定国家所有权、法人和其他组织所有权、自然人所有权，更没有采用多数国家的做法，从所有权客体角度将所有权分为不动产所有权和动产所有权而分别规定。

就民法理论层面，民事主体分类上的所有制话语也依然留存，并也主要体现在由所有制基础决定的所有权和所有权主体的分类上。浏览20世纪90年代我国学者主编的民法教材可以发现，多数学者在物权编介绍所有权时，国家所有权、集体所有权和公民个人所有权仍然是其重要分类之一，并以此为基础对三种所有权进行专节或专题介绍。如1990年佟柔主编的《中国民法》在第二章第六节"所有权的种类"中就是根据所有权主体的所有制基础不同分别介绍国家所有权、劳动群众集体组织所有权和公民个人所有权的典型。而且佟老先生明确指出："在我国，所有权的形式主要有国家所有权、集体组织所有权和公民个人所有权……尽管这几种所有权都体现了社会主义公有制的特点，但是它们又反映了不同所有制的性质和要求，在法律上也具有不同的特点。"①其他如1999年彭万

① 佟柔主编：《中国民法》，法律出版社1990年版，第249页。

林主编的《民法学》,[1]1998年马俊驹、余延满主编的《民法原论》(上)等。[2]

在2000年及其之后,伴随着所有制话语在立法中影响力和控制力的减弱,由所有权分类所体现出来的民事主体分类上的所有制基础也呈现出同样的走势,但依然没有消失。例如,在2000年刘凯湘主编的《民法学》中,虽然也提到并介绍了动产所有权和不动产所有权,但其对国家所有权、集体所有权、社会团体所有权仍然进行了着重阐述。[3] 魏振瀛主编的《民法》,先后5个版本都在所有权的种类中提到了国家所有权、集体所有权和私人所有权(或自然人财产所有权),并进行了详细介绍。而且这几个版本在介绍国家所有权、集体所有权和私人所有权这种分类时明确指出:"我国存在着三种所有制,即全民所有制、集体所有制和私人所有制,反映在法律上,《物权法》规定了国家所有权、集体所有权和私人所有权。这是以所有制为标准规定的三种类型的所有权。"[4]特别值得一提的是,在该5个版本的《民法》中,第1版、[5]第2版在介绍国家所有权、集体所有权和私人所有权(或自然人财产所有权)这种分类及其内容的同时,又介绍了不动产所有权和动产所有权;而第3版、第4版和第5版却在整体介绍所有权分类之后,重点介绍了国家所有权、集体所有权、私人所有权和法人所有权。由此在一定程度上反映出学者对所有权分类的所有制基础在认识上出现了反复。

综上可见,无论是在我国当代的民事立法中,还是在民法理论中,所有制话语对民事主体的分类仍然具有一定的影响和留存,虽然这种影响和留存主要集中在所有权领域中,但其留存的范围是广泛和普遍的,影响也是深远和根深蒂固的。

---

① 彭万林主编:《民法学》,中国政法大学出版社1999年版,第300~315页。

② 马俊驹、余延满著:《民法原论》(上),法律出版社1998年版,第397~400页。

③ 刘凯湘主编:《民法学》,中国法制出版社2000年版,第320~325页。

④ 魏振瀛主编:《民法》(第3版),北京大学出版社、高等教育出版社2007年版,第236页;第4版,2010年版,第241页;第5版,2013年版,第244页。

⑤ 魏振瀛主编:《民法》,北京大学出版社、高等教育出版社2000年版,第51~73页。

三、国家特殊民事主体地位的隐性持续

对于国家是否具有民事主体地位,以及具有什么样的民事主体地位,我国当代民事立法没有明确规定,或者说回避了这一问题。但实际上,《民法通则》和其他民事立法却赋予国家以一系列权利,从而使国家成为事实上的民事主体。

首先,《民法通则》、《物权法》及相关立法通过对国家所有权的规定承认了国家物权主体,尤其是所有权主体的地位。《民法通则》作为我国的民事基本法,首先规定和赋予国家以所有权,从而承认了国家所有权主体的地位,如其第 73 条规定:“国家财产属于全民所有。国家财产神圣不可侵犯,禁止任何组织或者个人侵占、哄抢、私分、截留、破坏。”据此,国家可以成为很多专属于国家所有的财产和非专属于国家所有的财产的所有权主体。此外,《民法通则》第 79 条第 1 款还规定:“所有人不明的埋藏物、隐藏物,归国家所有。”而《物权法》作为物权基本法,对国家所有权又进行了专门规定,其第 4 条规定:“国家、集体、私人的物权和其他权利人的物权受法律保护,任何单位和个人不得侵犯。”之后,《物权法》第五章又规定和承认了国家的所有权主体地位,第十一章规定和承认了国家用益物权人的地位。此外,依照我国《继承法》的规定,[①]国家还可以通过遗赠取得遗产而成为遗产所有权的主体。同时,依照《继承法》第 32 条规定,在非为集体所有制组织成员的被继承人死亡,其财产无人继承又无人受遗赠时,国家也会成为其遗产的所有权主体。

其次,《合同法》规定和承认了国家合同主体的地位。例如,《合同法》第 196 条将借款合同界定为“借款人向贷款人借款,到期返还借款并支付利息的合同”。而依照我国相关立法,国家在需要时可以发行国债,而国债法律关系实际上就是国家与购买国债的自然人之间形成的借贷合同。

---

① 《继承法》第 16 条第 3 款规定:“公民可以立遗嘱将个人财产赠给国家、集体或者法定继承人以外的人。”

最后,国家还可以依照《著作权法》的规定成为著作权的权利主体。在著作权领域,国家虽然不能通过创作而成为著作权的主体,但却可以通过继受取得而成为著作权的主体。如依照我国《著作权法》第19条的规定,在作为著作权主体的公民死亡后,其著作财产权依照继承法的规定转移。而如果死亡著作权人没有继承人又没有受遗赠人时,著作权人的著作财产权就应当依照《继承法》第32条的规定归属于国家,国家由此成为著作权财产权的主体。而在著作权属于法人或者其他组织,在法人或者其他组织变更、终止又没有承受其权利义务的法人或者其他组织时,著作财产权也由国家享有。同时,《著作权法实施条例》第16条对于国家著作权的享有和行使又规定:"国家享有著作权的作品的使用,由国务院著作权行政管理部门管理。"

由此可见,上述立法规定虽然较为凌乱,缺乏系统性与规范性,但仍然可以看出我国民事立法对国家民事主体地位的事实肯认。与立法上的暧昧态度相比,很多学者态度鲜明地承认国家的民事主体地位。早期如佟柔、马俊驹、余延满等,都承认国家的民事主体地位,并分别在他们主编的《中国民法》和《民法原论》中对国家民事主体地位进行了专章介绍。① 近期如张作华、张泽辉、杨力、张建文等,都对国家的民事主体地位进行过专门研究。② 另有一些学者,如王利明、龙翼飞、王军等,虽然没有专门研究,但在相关研究中都涉及过国家民事主体地位问题,并基本持肯定态度。

在承认国家民事主体地位的基础上,我国民法理论仍然继续支持苏联的特殊民事主体说。如有学者在比较了国家与法人的不同之后,③详

---

① 佟柔主编:《中国民法》,法律出版社1990年版,第156~160页;马俊驹、余延满著:《民法原论》(上),法律出版社1998年版,第227~233页。

② 张泽辉:"论国家的民事主体地位",载《经济体制改革》2002年增刊;杨力:"试论国家作为私法主体的理论依据",载《宁夏党校学报》2003年第5期。

③ 国家作为民事主体与法人的不同主要表现在:(1)国家从事民事活动的范围和条件是由法律专门规定的,国家享有的某些专属权利如发行公债、国库券是自然人和法人所不具有的;(2)法人制度的许多规定,如法人资格的取得、法人的破产、解散和清算、对外国法人的承认等规定不适用于国家;(3)国家及其财产在国家民商活动中可以享受豁免的特权;(4)国家是以国库的财产为基础开展民事活动,具有雄厚的承担财产责任的基础,而法人以自己的独立财产承担责任,其承担责任的能力相对有限。参见马俊驹、余延满著:《民法原论》(上),法律出版社1998年版,第229页。

细地论证了国家作为民事主体的特殊性，从而旗帜鲜明地主张国家具有特殊民事主体地位：(1)国家作为民事主体是代表全体人民利益参加民事活动的；(2)国家作为民事主体是以国库的财产为基础进行民事活动，享有民事权利、承担民事义务，并以国库财产对外承担清偿责任的；(3)国家作为民事主体所享有的民事权利能力和民事行为能力的范围和条件是由国家通过立法程序所决定的；(4)在涉外民事关系中，国家作为民事主体享有财产豁免权。①

与此同时，我国当代民事立法也通过对国家所有权等的特殊规定，隐性地承认与支持国家特殊民事主体理论。首先，国家所有权的神圣地位体现出国家主体的特殊地位。虽然《民法通则》对于国家财产、集体所有财产和公民个人财产都给予保护，但其条文表述与用词的差异可以使我们明显地感受到对国家财产的特殊保护和国家所有权的特殊性，即对于国家财产，其第73条第2款使用了“神圣”二字来表明国家财产的崇高地位，宣扬其不可侵犯性，而对于集体财产和公民个人财产则仅仅平平淡淡地规定“集体所有的财产受法律保护”、“公民的合法财产受法律保护”，由此体现出国家特殊主体的地位。其次，国家所有权取得的特殊方式显示出国家特殊主体的地位。如国家可以依照《物权法》第42条规定征收取得财产所有权，依照《物权法》第113条、第114条和《民法通则》第79条对无人认领的遗失物，以及所有人不明的漂流物、埋藏物、隐藏物进行推定取得，这些都是其他民事主体所不具有的所有权取得方式。再次，对国家所有权的特殊时效保护体现出国家主体的特殊性。对于某些国家财产，我国民事立法还提供了诉讼时效上的特殊保护，进一步体现出国家主体的特殊性。如最高人民法院《关于贯彻执行〈中华人民共和国民法通则〉若干问题的意见(试行)》第170条规定：“未授权给公民、法人经营、管理的国家财产受到侵害的，不受诉讼时效期间的限制。”最后，我国还有一系列以保护国有财产为目的的特殊规定，如《物权法》第67条关于国家作为出资人享有的资产收益、重大决策以及选择经营管理者等权利的规定，第68条关于企业法人对其不动产和动产依照法律、行政法规以及

---

① 马俊驹、余延满著：《民法原论》(上)，法律出版社1998年版，第230~231页。

章程享有占有、使用、收益和处分权利的规定，第184条关于土地所有权不得抵押的规定，以及《民法通则》第82条关于全民所有制企业对国家授予它经营管理的财产享有经营权的规定等，都在相当程度上体现出国家主体的特殊地位。

四、国家机关全面法人化的继续贯彻

对于国家机关的民事主体地位问题，无论是当代中国的民事立法和还是民法理论都承认其具有法人资格，是独立的民事主体。也就是说，当代中国的民事立法和民法理论中仍然毫无疑问地坚持着国家机关的全面法人化地位。

在民事立法层面，1986年的《民法通则》不仅创设和规定了我国的法人制度，也形成了我国对法人的立法分类，即企业法人、机关法人、事业单位法人和社会团体法人，并进行了分别规定。其中，对于机关法人，其第50条第1款规定："有独立经费的机关从成立之日起，具有法人资格。"这样一来，《民法通则》就从民事基本法层面确立和贯彻了国家机关在我国的全面法人化地位。在此基础上，其他民事立法也承认和贯彻了国家机关的法人地位。例如，在物权法领域，《物权法》和《担保法》的某些规定就是以国家机关具有法人地位为基础和前提的。如《物权法》第53条规定："国家机关对其直接支配的不动产和动产，享有占有、使用以及依照法律和国务院的有关规定处分的权利。"《担保法》第8条规定："国家机关不得为保证人，但经国务院批准为使用外国政府或者国际经济组织贷款进行转贷的除外。"此外，在知识产权法领域，国家机关的法人地位也有所体现和贯彻。如《著作权法》第22条第7项规定："国家机关为执行公务在合理范围内使用已经发表的作品。"既然承认国家机关可以对他人作品进行合理使用，也就等于在著作权领域中承认了其民事主体地位。因为合理使用作为对著作权人权利的限制，实际上是赋予非著作权人不经著作权人许可，不用给付报酬而使用作品的权利。

在民法理论层面，国家机关的法人资格与法人地位也无一例外地得到了学界的认可。如各版本的民法教材在介绍法人及其分类时，都介绍了机关法人，并将机关法人界定为“因行使职权的需要而享有相应的民事权利能力和民事行为能力的国家机关”。[①] 此外，还有一些学者在其相关研究中对机关法人进行过详细分析。[②] 由此可见，国家机关的全面法人化地位在我国民法理论界也获得了一致认可。

第二节　中国现行民事主体制度中苏联法烙印的消极性分析

在历史进入21世纪之时，当代中国早已经走过了那段全面移植苏联民事法律制度和民法理论的历史，并已经基本建立起了较为完善的社会主义市场经济法律制度体系，保障与促进着中国市场经济和社会秩序的有序运行与发展。但是，当代中国的民事立法无论是在制度内容上还是从观念认识上都昭示着一种我们不得不承认的事实：我们并未真正从那段历史中走出来。也就是说，在当代中国的民事主体法律制度中仍然留存着诸多苏联法的制度内容与理论，其某些陈旧的观念认识也仍然潜藏在当代中国民法学者和民事立法者的意识之中，支配与指导着他们的行为，阻碍着我国民事主体制度的深度发展。

一、“公民”主体称谓与传统民法的精神疏离

受苏联民事立法和民法理论影响，20世纪50年代之后的我国民事立法和民法理论一直使用“公民”来表达和称谓传统的自然人主体，认为二者含义虽然有所不同，但在民法中是可以做同义使用的。直至《合同法》颁布，“自然人”表达才开始进入我国当代民事立法，民法理论也开始倾向于使用“自然人”表达，但就我国民事立法来看，“公民”表达仍然较“自然人”表达具有更广泛的使用空间与更高的使用频率，即“公民”表达

---

① 魏振瀛主编：《民法》（第4版），北京大学出版社、高等教育出版社2010年版，第78页。

② 崔拴林：“论我国私法人分类理念的缺陷与修正”，载《法律科学》2011年第4期。

仍然广泛留存于我国民事立法之中。而实际上,“公民”和“自然人”之间不仅是语言表达上的不同,更存在精神内涵与价值理念上的巨大差异。

(一)“公民”表达的内涵分析

如果“自然人”表达会很容易让人想到市民社会,则“公民”表达自然而然地令人想到国家。就人类社会而言,国家形态的建立与统治是私有制社会之后的事情。当然,从主权意义上来说,奴隶制和封建制时期的国家与近代民族国家有很大的区别,但此处不做细致区分和研究,都笼统谓之国家。而作为国家,其主权行使要求有一定的领土范围和对象——居民。也就是说,居民对主权国家而言是必不可少的。这种居民在近代之前的国家中的称谓不一,谓之为“臣民”应该比较符合国家与其之间的关系或特性描述。至近代之后,才采用“公民”的表达来称谓和描述某一国家的居民。在国家与公民的关系框架下,“公民”表达具有如下内涵:

第一,公民是一种与国籍相连的身份,具有国家赋予性和区别性。在现代民族国家视域下,有必要确定每个国家主权对人的效力范围,由此产生了区分各国居民的必要,国籍遂成为区分和识别各国公民的标准与依据。一般而言,每个人都具有一个国籍,只有特殊情况才可能出现没有任何国籍的情形。也就是说,通常情况下,每个人都具有某一国国籍,并由此使该公民区别于其他国家的公民。因此,如果身份具有识别性,则公民就是一种以国籍为判定与区分标准的身份。而国家作为一个政治实体和主权拥有者,在任何一个历史阶段,对其国籍和公民身份的授予都必然设定一定的条件与程序。只有符合相应的条件,并履行相应程序的人才能获得该国国籍与公民身份。因此,公民身份不仅表明具有某国国籍的某人区别于另外一个具有其他国家国籍的某人,而且表明了国家的主权色彩和公民身份获得上的国家赋予性。

第二,公民身份具有共同性和认同感。应该说,现代国家倾向于将公民视为私人个体,①并赋予其一系列的基本权利。就理论而言,这些基本

---

① [英]昆廷·斯金纳、博·斯特拉斯主编:《国家与公民——历史·理论·展望》,彭利平译,华东师范大学出版社 2005 年版,第 53 页。

权利应该是每个公民基于其公民地位都可以享有或都应该享受到的。但是,一方面,由于每个个体拥有的政治资源与利益不同,对其公民地位与权利的关注度不同,以致实际享受到的权利与其公民地位之间可能存在很大差异;另一方面,这些基本权利的实现很大程度上需要寻求或依赖于国家的各项制度配合与保障,脱离国家的庇护与保障个体公民可能毫无权利可言。此外,个体公民在享有基本权利的同时还要对国家承担某些义务,如纳税的义务和服兵役的义务。因此,将公民视为个体可能有助于在公民与国家之间形成一种主体之间的权利义务关系,但这种关系本身就不具有平等性,个体公民在国家面前是微不足道的。与将公民视为个体不同,对于国家而言,公民更是一个具有共同国籍特征的整体与集合体。在这个集合体中,个体的公民仅仅是集合体的组成部分,而且集合体中的每一个个体也能够意识到他们的共同国籍特征并认可它,即他们对此具有相同的认同感。与此同时,"国家经常期望她的公民以一种综合性的和持久的社会与文化的独立存在体——国家——来经历他们的认同,比之于他们所建构的大多数共同特征而言,这种认同更加令人激动、具有更加强烈的吸引力,因为他们所从事的活动是他们生存中非政治的方面,如作为婚姻和家庭的成员、作为生意的合伙人、作为教友等等"。① 而这种认同感又可以反过来强化公民身份的共同性和归属感,并使个体的公民更重视其所在集体的利益与荣誉。

第三,公民之间具有平等性,但其与国家之间更具有臣民性。在近现代国家范畴内,由于人性平等的观念认识,也由于个人的平等诉求及其回应,公民也具有了一定的平等内涵,即公民之间也应该是平等的。这也是"革命法国象征性地完全求助于公民的最关键的含义:个人之间相互称呼,并期望得到同样的称呼,犹如拥有同等人的重要性、享有某种基本的应得权利一样"。② 由此,在公民之间,公民身份也具有了平等性。但是,在国家与公民之间,公民相对于国家的臣民性依然是其主要特征,即"个

① [英]昆廷·斯金纳、博·斯特拉斯主编:《国家与公民——历史·理论·展望》,彭利平译,华东师范大学出版社2005年版,第52~53页。

② 同上书,第54页。

人与国家之间的关系的核心力量仍然为他们是国家的臣民”。[①] 这种臣民性一方面源自传统上国家与公民之间关系与认知的延续，另一方面源自政治现代化与福利国家对公民监督与监护的强化。就前者而言，传统的主权国家强调国家机器的拥有和国家权力的行使与保障，即传统国家是以权力为主要特征的。或者说，“国家从根本上讲是一个统治系统、是一整套的安排和实践，在这种系统、安排和实践中，从社会中分割出来的一个部分对社会的另外一个部分实施统治，而不管这个人口之中的个人组成部分是否被赋予公民的特性”。[②] 而作为国家组成部分的居民则以臣民的地位生活在国家权力的统治之下，形成或具有了臣民性的认知。近现代之后，国家的结构模式虽然出现了差异，但一部分对另一部分人的统治关系依然存在，个人的臣民性也将继续存在，只是“他们作为公民的身份至多会使这种臣民性得到升华和获得资格”。[③] 就后者而言，政治在现代化社会的发展也开始尊重、回应与保护被统治对象的合理诉求与正当利益，从而开始重视公民身份的平等性，或者说“政治现代化的一个最重要的组成方面就是统治者不再将个人视为臣民，并试着将他们视为公民”。[④] 但是，在国家统治走向加温与人道的同时，国家也更容易对公民进行监督与强制。同时，福利国家的发展在给公民提供更全面、细致保障的同时，也使公民更多地依赖于国家，处于国家的保护与监护之下，臣民性由此获得了另一种内涵与展现。

第四，公民身份作为一种资格，具有多重性。在现代国家中，其成员获得了公民的身份，也就获得了由其身份所匹配而来的一系列权利与义务。如果没有这种身份，即便能够享受到某些国家所给予的类似于公民的权利与义务，也只能称为国民待遇，却不是公民的权利与义务。因此，公民的身份实际上给其成员提供了一种依法享有权利、承担义务的资格。不过，借助于这种资格，公民能够享有和承担的权利义务范围是十分广泛

---

① [英]昆廷·斯金纳、博·斯特拉斯主编：《国家与公民——历史·理论·展望》，彭利平译，华东师范大学出版社 2005 年版，第 52 页。

② 同上书，第 49 页。

③ 同上。

④ 同上书，第 48 页。

的,既可能涉及政治和经济领域,也可能涉及行政和劳动领域,还可能涉及其他领域。也就是说,公民身份所提供公民的资格具有广泛性和多重性。凭借相应的资格,公民可以在相应的领域享有权利承担义务,成为相应领域的主体。因而,如同罗马法中市民身份是公法人格与私法人格的统一一样,现代国家中的公民身份也是多重资格、多重主体的统一。只不过在现代法治国家的视域下,由于存在法律部门的划分,不同的公民资格、不同的主体及其行为要分别归属不同的法律部门来管辖和调整而已。

(二)"公民"表达与传统民法的精神分裂

传统民法以自治为典型特征,以权利为本位,以对人的关怀与尊重为基本理念,而由"公民"表达的主体不仅无法体现与获得自治和自主行动,无法分享到权利带来的自由与利益,更无法享受到私法的人文关怀,从而与传统民法发生精神上的分裂。

第一,"公民"表达与传统民法人格天赋与人性同一的自然法观念的分裂。公民身份具有国家赋予性和识别性,以"公民"来表达法律上的生物人主体,不可避免地将公民身份的这一特性黏连或者糅合到生物人主体身上,即一方面,此国公民有别于彼国公民,"公民"表达既无法涵盖和包括外国人和无国籍人,带有狭隘的民族主义色彩,又另需解决外国人和无国籍人在本国法上的民事主体资格与法律地位问题。所以,我国《民法通则》在第 10 条规定"公民的民事权利能力一律平等"的同时,又在第 8 条第 2 款规定:"本法关于公民的规定,适用于在中华人民共和国领域内的外国人、无国籍人,法律另有规定的除外。"另一方面,公民身份的国家赋予性也使公民主体资格的取得与国家权力的运作相连,即公民的权利能力是由国家法律授予的。因此,《民法通则》第 9 条虽然规定:"公民从出生时起到死亡时止,具有民事权利能力,依法享有民事权利,承担民事义务。"但并不意味着我国公民的民事权利能力来自先天,其仍然来自国家的实证法规定和赋予。由此可见,公民表达与自然人表达所蕴含的人格先于实证法存在的自然法理念和无国籍性是有很大区别的。

第二,"公民"表达与传统民法个人主义基础的分裂。众所周知,传统民法是建立在个人主义基础之上,现代民法在发展中虽然出现了社会化趋向,但其基调仍然是个人主义的。个人主义的民法强调尊重和保护个体权利与个体自由,强调对个体主体的关怀与尊重。也就是说,"法律对作为社会动物的、在万物的自然秩序中占有自己特定地位的人,远不如对作为单独个体的人更为关切"。[①] 因此,在个人主义的民法中,个体的人仍然是法律的出发点和目的。而"公民"身份的集合性使"公民"表达本身也具有了共同性,即"公民"本身是一个具有共同性范畴的表达。于是,作为集合体的成员,个体公民不仅要服从整体、与整体协同行动,而且要在令人激动的认同感作用下为整体利益进行奉献与牺牲。因此,以"公民"替代"自然人"来表达生物人主体,则一方面可能因个体从属于整体而导致自然人主体的个体性被忽视与吸收,另一方面又可能因公民身份个体性与集合性之间的既存张力与个体对整体的归属与认同而导致牺牲个体利益而服从于整体利益的结果。实际上,我国的民事立法和民法理论所规定与强调的国家利益神圣不可侵犯、个体利益服从于公共利益正是这种思想的体现与验证。

第三,"公民"表达与传统民法自由、平等核心价值的分裂。诚如拉德布鲁赫所言:"法律是人的创造物,只能根据人的理念,也即创造的目的或价值来理解。所以对任何法律现象不可能采取价值盲的观点。法律又是一种文化现象,即与价值有关的事实。"[②]因而,无论是以自然法为精神指导的立法,还是实证主义的立法,都无法离开或者彻底割除立法中的伦理价值因素。而就近现代民法而言,自由与平等不仅一直是其核心价值,也是其民事主体的两大核心价值诉求。[③] 公民身份虽然具有一定的平等性,但却无法抵御与对抗其与国家之间的臣民性和对国家的臣服,即作为臣民的公民要服从于国家的统治、监督与领导,要听命于国家的规划、安排与配置,要寻求国家的帮助、保障与监护,其相对于国家无平等、自由可言。因此,以"公民"表达来替代传统的"自然人"主体表达,不仅无法表达与回应民事主体自由、平等的核心价值诉求,也无法承载与展现民法自

---

① [英]彼得·斯坦、约翰·香德著:《西方社会的法律价值》,王献平译,中国法制出版社2004年版,第167页。

② 沈宗灵著:《现代西方法理学》,北京大学出版社1992年版,第38页。

③ 王春梅著:《民事主体的历史变革与当代建构》,人民出版社2011年版,第145页。

由与平等的核心价值。

第四,“公民”表达与传统民法私法属性与私法人格的分裂。从罗马法学家乌尔比安提出公法与私法的区分开始,关于二者区分的学说、争议与研究就没有间断过。而且随着社会变迁的深刻发展,公法与私法的关系又出现了很多新发展与新趋向。但是,诚如学者所言:“大陆法系国家的公法/私法二元无论是在理论上还是在实践中仍然表现出强大的生命力,私法自治,国家强制一般被排除在私法领域之外仍然是司法实践以及法学论辩中不言而喻的前提。”[①]应该说,无论以哪一种公法、私法区分标准的学说来衡量,民法都属于典型的私法。因为在这个领域中,双方主体处于平等地位,并依其意志而活动,以满足与实现自己的私益。其中,依其自由意志而行动的主体,可能是自然人,也可能是法人或者其他非法人组织,甚至是国家,但他们都以私法人格在进行活动,享有和承担的也仅是私法上的权利与义务。而我国在20世纪50年代继受苏联的民法公法理论之后,不承认任何私的东西,从而否认民法的私法属性。虽然现在这种认识已经改变,无论是理论还是实践都复归了民法的私法属性与私法认识。但是,以“公民”来表达传统的自然人主体,不仅无法表明与彰显民法的私法属性和自然人主体的私法人格,而且可能混淆公法与私法、公法人格与私法人格的界分与识别。因为一方面,“公民”本身属于国家成员在政治、行政领域中的主体称谓,即公民是一个纯粹的公法主体,“公民”表达也是纯粹的公法概念;另一方面,公民身份资格具有多重性,公民主体的权利范围也较为广泛,并以政治性权利为主,而自然人是一个纯粹的私法主体与私法人格,以“公民”指代和表达自然人,既属于以偏概全,又将造成公法与私法的人格错位。佟柔老先生曾经说过这样一段话:一个普遍(“普遍”似乎应当写作“普通”——笔者注)公民,既是民事权利主体,也是政治权利主体、劳动权利主体、行政权利主体等。民法不解决这些问题。民法之研究公民在民事法律关系上的权利能力和行为能力,对法人也是这样。[②] 这段话虽然不是直接针对“公民”表达而言的,但却揭

---

① 金自宁著:《公法/私法二元区分的反思》,北京大学出版社2007年版,第9页。

② 佟柔著:《佟柔中国民法讲稿》,周大伟编,北京大学出版社2008年版,第139页。

示出公民身份资格和其主体地位的多重性,并已经隐含了自然人和法人主体的私法人格属性。因此,在理论上已经能够准确认识与定位民法的私法属性,并在立法中崇尚与贯彻私法自治和权利本位理念的当下,“公民”表达的继续沿用将与此相背离。

二、对法人主体地位与主体性质的掩盖

就苏联法对我国民事主体术语表达的消极影响而言,不仅“公民”术语的遗留使用在观念认识上与传统民法发生着精神上的分离,而且以“企业”、“组织”等替代“法人”术语表达来使用造成了法人客体化和对法人主体性的掩盖。

(一)“企业”表达对“法人”主体性的掩盖

从《民法通则》开始,我国开始使用“法人”术语表达,并初步建立起了法人制度,但直至目前,无论是在民事立法上还是在民事理论中,“企业”用语依然广为存在与使用着,由此削弱和掩盖了法人的主体属性。

第一,作为经济范畴的“企业”具有客体属性,以其表达和替代“法人”术语可能造成法人的客体化。如同“所有制”概念一样,“企业”一词也属于经济范畴中的用语与概念。在经济领域,企业是以营利为目的的组织形式和组织实体,创办企业的目的就是实现和满足其创办者和成员的营利目的与利益需求。因而,对于企业的创办者和其成员而言,企业是实现其营利目的的工具。而在计划经济时期,企业更是附属于政府的行政权力,并成为实现国家计划的工具。因此,苏联学者拉普捷夫认为“企业是最典型的经济机关”。[①] 进入市场经济时期,我国企业虽然逐渐摆脱了对行政权力的依附,享有了更多的自主权与决定权,但企业本身仍然是实现其成员营利目的的组织形式。而且无论在立法上还是在实践中,企业都可以作为客体而被交易、处分或兼并。因此,以具有经济色彩和客体

---

① [苏]B. B. 拉普捷夫主编:《经济法》,中国社会科学院法学研究所民法经济法研究室译,群众出版社 1987 年版,第 43 页。

属性的“企业”来称谓和表达“法人”主体，将在相当程度上造成法人主体与客体的“混同”，甚至使之客体化。

第二，“企业”表达具有单位属性，从而可能弱化法人的主体性。众所周知，我国在20世纪50年代借鉴苏联的经济模式而引入并建立了高度集权的计划经济体制。但在当时的历史条件下，为了在短期内完成国家计划，促进国家经济的迅速发展，必须举全国之力才能实现，由此，我国的单位制度应运而生。在单位制度下，个人不再是社会的单元，而是成为某单位的成员，接受单位的组织、管理和领导，而单位本身则处于政府部门的管控之下。也就是说，单位成为国家的单元和基本组织，成为国家直接控制和管理社会的组织形式，具有政治、经济、社会管理等方面的诸多功能。于是，个人隶属于单位，单位隶属于各政府部门，形成了层级制的管理体制和权力网络。“在纵横交错的国家权力网络中，任何机构都是一个名副其实的‘单位’。‘单位’一方面承担政府管理个人的职能，另一方面按照国家指定的角色，承担生产、销售、运输、教育、医疗等社会职能。”[①]而从生产功能角度划分，单位分为机关单位、事业单位和企业单位，社会团体通常在管理上不被视为独立的一类，而被划归到机关、事业单位管理的范畴。[②] 由此可见，企业是独立的单位形式之一，其不仅承担着生产职能，也辅助国家管控着社会。当下，我国虽然已经走向市场经济，但单位制度并未废弃，企业也并未改变其单位本色，企业和政府主管机关之间的匹配关系仍然存在，即企业仍然要服从相应政府主管部门的管理、指挥和领导。因此，在我国的单位制度保留仍然十分完整的情况下，使用“企业”表达更多地令人联想到其单位属性而非法人的自主性与独立性，从而悖于其独立商品生产者的地位。

第三，“企业”表达不仅无法体现与对应现代企业制度的公司、非公司组合形式，也无法涵盖和容纳非法人类的企业主体。随着我国改革开放进程的开始与加快，各种营利性的企业实体不断增加。但是，由于当时

---

① 方流芳：“试解薛福成和柯比的中国公司之谜——解读1946年和1993年公司法的国企情结”，载梁治平编：《法治在中国：制度、话语与实践》，中国政法大学出版社2002年版，第291页。

② 杨晓民、周翼虎著：《中国单位制度》，中国经济出版社1999年版，第38～39页。

仍然处于所有制话语的严格管控之下，一切新生的企业类型都要纳入原先的所有制范畴，形成了一个复杂无比的“企业法”体系——国有、集体、私营、联营、合作、股份制企业分别立法的局面。[①] 1990 年我国开始制定公司法，并于 1993 年 12 月 29 日获得通过。之后，我国开始进行“现代企业制度”改革，试图以公司法重新打造国营企业，即对国营企业进行公司化改制。应当说，现代企业制度的推行使国有企业进入市场，在一定程度上提高了国有资产的增长率，实现了国有资产的保值和增值，激发了国营企业的活力。在 2005 年《公司法》修订之后，我国公司法更加完善，也更能适应市场经济的发展要求。就法人主体的分类而言，公司法和现代企业制度的影响表现在生成了一种重要分类，即“按企业的组合形式不同，将企业法人分为公司企业法人和非公司企业法人”。[②] 由此可见，在现代企业制度中，公司企业法人和非公司企业法人都是企业法人的下位概念，二者同具法人资格和营利目的，但在内部结构设置及规范与适用的法律上却有很大的区别。但是，在传统范畴和生活实践中，“企业”表达往往指非公司类的营利性主体。因此，以“企业”来表达法人主体，将造成在传统与现代企业制度中范围指代不一的局面。另外，在我国民事主体由二元走向多元已经成为立法和理论现实的情况下，“企业”在范围上还应当包括不具有法人资格的合伙企业、个人独资企业等。在这种情况下，“企业”表达已经不再能够与“法人”对称。也就是说，如果以“企业”来表达和替代传统的“法人”表达，则将在民事主体范围上造成对合伙企业和私人企业等主体的割舍。

（二）“组织”表达对法人主体地位的模糊

受苏联法影响，我国民事立法和民法理论上对法人术语的替代表达除“企业”之外，还有一个虽然不如“企业”表达具有普遍性，但也较为常用的表达——“组织”。就传统民法理论而言，“组织”表达确实可以在相

① 方流芳：“试解薛福成和柯比的中国公司之谜——解读 1946 年和 1993 年公司法的国企情结”，载梁治平编：《法治在中国：制度、话语与实践》，中国政法大学出版社 2002 年版，第 292 页。

② 魏振瀛主编：《民法》（第 4 版），北京大学出版社、高等教育出版社 2010 年版，第 78 页。

当程度上与法人主体具有同一性，以其来替代“法人”术语并不会发生概念与范围上的歧义。因为在传统二元制的民事主体制度下，除自然人与法人之外并无第三民事主体，更无第四或更多民事主体的存在。即便在我国改革开放之后，为了以立法来规范、引导和保障经济体制改革的进行，并将改革的成果之一固定和体现在立法中，《民法通则》规定了个体工商户和农村承包经营户，并赋予他们广泛的权利。但是，对于个体工商户和农村承包经营户的民事主体资格，理论上的分歧比较大，多数学者认为个体工商户是自然人民事主体的特殊形式，即认为“公民在一定条件下成为个体工商户，并没有改变公民的一般民事权利能力和民事行为能力，只是取得了从事某些商品生产和经营活动的特殊民事权利能力和民事行为能力”。[1] 而对于农村承包经营户则倾向于肯定其民事主体资格。[2] 不过，就个体工商户和农村承包经营户在《民法通则》中的位置安排来看，立法者似乎并没有将它们作为具有民事主体资格的独立民事主体来看待。因此，在实行二元制的民事主体制度中，如果将自然人主体与个体的生物人相对应，法人则是唯一一个与团体相对应的由个人或者财产结合而成的组织性主体，使用“组织”来指代法人虽然不很科学，但在内涵与范围上却不会产生太大问题。但是，随着民事主体范围的扩大与类型的多元化发展，我国民事立法和民法理论逐渐确认与赋予合伙企业、个体工商户、农村承包经营户、个人独资企业，以及筹建中的法人等非法人组织以主体资格。这些非法人组织虽然不具有法人资格，但它们与法人一样都是组织体。在这种情势下，“组织”已经不再能够与法人发生直接的关联，还可能包括和指向非法人组织。而法人和非法人组织虽然都具有主体资格，但在法律要求的条件、民事权利能力和民事行为能力的范围，以及能否独立承担民事责任方面有显著的不同。[3] 继续以“组织”作为“法人”同义语来进行使用和指代不仅将在内涵与范围上发生歧义，而且无法明确其所指的主体类型与主体性质。即其是法人主体还是非法人组织，

---

① 佟柔主编:《中国民法》，法律出版社 1990 年版，第 85 页。

② 同上书，第 90 页。

③ 魏振瀛主编:《民法》(第 4 版)，北京大学出版社、高等教育出版社 2010 年版，第 99 ~ 100 页。

其财产的独立性要求与程度如何,是否能够独立承担民事责任等都将发生混淆,从而可能使该主体的责权利处于模糊状态。

三、所有制基础对平等观念的背离

所有制原本属于经济学中的概念术语,经济学学者对其加以关注和研究自是必然,但我国由于受斯大林和苏联学者认识与理论的影响,使所有制与所有权发生错误勾连,进而使所有制进入法律领域,成为我国民法学者关注与研究的内容。应该说,在法律领域中,所有制问题主要集中在所有权规定和企业主体的分类标准方面,或者如谢怀栻先生指出的那样:"所有制问题在法律上表现为所有权问题和经济活动的主体问题。"①而现在看来,所有制在法律领域中的这两方面体现所追求的价值理念与造成的结果是一样的,即追求与支持民事主体地位与权利义务配置上的不平等。

(一)所有制与所有权的勾连抬升了国家主体地位

我国在引入苏联的所有制与所有权关系理论之后,不仅使所有权与所有制产生关联,而且同我国当时公有制主导、多种所有制形式并存的生产资料形式相结合,令一种所有权对应与反映一种所有制形式,从而形成国家所有权——国家所有制(全民所有制)、集体所有权——劳动群众集体所有制(合作社所有制)、个人所有权——个体劳动者所有制的对应结构。而且不同的所有权反映着不同的生产资料的社会化程度与阶段,其所反映的发展阶段顺序依次是国家所有权、集体所有权和个人所有权。因此,由于国家所有制是社会主义所有制的基本形式,"是我国社会主义所有制高级的、主导的和占支配地位的形式",②反映国家所有制的国家所有权也应该得到优先保护。与此认识相一致,我国 1954 年《宪法》第 6

---

① 谢怀栻著:《谢怀栻法学文选》,中国法制出版社 2002 年版,第 58 页。

② [苏]B. T. 斯米尔诺夫等著:《苏联民法》(上),黄良平、丁文琪译,中国人民大学出版社 1987 年版,第 257 页。

条规定："国营经济是全民所有制的社会主义经济，是国民经济中的领导力量和国家实现社会主义改造的物质基础。国家保证优先发展国营经济。"在此基础上，我国学者也进一步抬高与提升了国家所有制的地位，认为"中国社会主义全民所有制是由人民民主专政的国家代表全体人民占有生产资料的所有制。它是现阶段中国生产资料公有制的最高形式，是整个国民经济的领导力量。也是我们建设社会主义的物质基础和不断改善人民物质文化生活的源泉"。[①] 而国家所有权作为社会主义全民所有制在法律上的表现，是巩固和发展全民所有制的有力法律武器，也应该具有与国家所有制相对应的法律地位。最终，1954 年《宪法》第 101 条确立了社会主义公共财产神圣不可侵犯的法律地位，并在《民法通则》中获得了实证化。社会主义公共财产和国家所有权的神圣不可侵犯性抬升了国家所有权地位，却降低与贬抑了集体所有权和个人所有权的地位，对地位上平等主体的权利予以了差别保护。诚如学者所言："这种区别规定的目的在于对于不同类型所有权予以区别对待，即不平等对待。《民法通则》规定国家财产'神圣不可侵犯'，而对集体和个人财产只规定'不可侵犯'，这种规定显然有悖于社会主义市场经济对平等主体权利予以平等保护的要求，不利于其民事主体积极性的提高。"[②]实际上，对所有权的差别待遇不仅造成所有权本身的地位不平等，而且反过来拉开了权利主体之间的差距，使国家、集体和个人在法律上处于不平等的地位，其结果使民事主体法律地位平等的规定陷于虚假，并对民法和民事主体法律地位的平等价值与平等观念构成背离与挑战。

（二）所有制与企业分类的勾连支持了权利义务配置的不平等

所有制除了与所有权产生勾连之外，还在计划经济时期成为我国企业的主要分类标准，即根据企业的所有制基础不同，将企业分为全民所有制企业、集体企业和私营企业。目前，我国虽然已经进入了市场经济时

---

① 法学教材编辑部、《民法原理》编写组编：《民法原理》，法律出版社 1983 年版，第 133 页。

② 马俊驹、余延满著：《民法原论》（上），法律出版社 1998 年版，第 359 页。

期,但由所有制基础决定的企业分类标准却依然沿用,从而造成了不同所有制形式的企业主体之间地位的不平等,并追求和支持了法律上权利义务配置上的不平等。

自由、平等是民事主体的两大核心价值诉求,也是近现代私法的典型特征,但应该说,近代私法的最主要特征在于民事主体法律地位平等原则的确立。或者说,“近代民法的特点首先在于承认所有的人具有完全平等的法律地位”。[①] 因为在自由与平等之间,自由虽然具有目的性与终极性,而平等却具有基础性。民事主体法律地位平等作为观念平等,不仅在立法上回应着人的平等诉求,使所有的人都获得了法律上的同一性与尊重,更在价值上引导着实证法上的权利义务配置。也就是说,民事主体地位平等不仅确立了人在私法上的平等地位,也确立了私法上权利义务配置的基本原则,即平等分配。平等地分配权利义务,使每个人得其应得,这也是与分配正义的基本内涵与要求相一致的。由此可见,法律地位平等是民事主体平等地享有和承担法律上权利义务的前提和基础。如果主体的法律地位失衡,则不可能享有相同的权利义务。私法作为权利法,其权利义务配置是否正当、合理,不仅关系到每个主体的切身利益,也关系到私法秩序获得何种程度的维护与维持。因为,私法不仅是通过一系列的规定建立起一个庞大的权利体系,也是通过权利配置和权利救济来维护私法秩序的。而以所有制为标准的企业分类,将企业进行了级别划分。其中,全民所有制企业是计划经济时期我国国民经济的主要活动主体和主导力量,是完成国家计划的重要工具和经济法的主体。而集体企业和私营企业的法律地位要逊色得多。企业在法律地位上的差序格局造成了权利义务配置上的区别对待,由此形成了企业主体地位不平等、权利义务不平等的结果。因此,有学者总结道:我国计划经济时期财产权利制度的一个极大的弊病就是把以所有权为核心的财产权利按照权利主体的状况划分不同的级别,给予它们不平等的地位。[②] 而这一弊病的根源在于企

① 马骏驹、刘卉:“论法律人格内涵的变迁和人格权的发展——从民法中的人出发”,载《法学评论》2002 年第 1 期。

② 孙宪忠著:《论物权法》,法律出版社 2001 年版,第 251 页。

业主体分类上的所有制基础。

四、国家公私法人格错位之暗含

(一)公法与私法的划分及其人格特质差异

虽然自乌尔比安提出公法与私法的二元划分之后,并不是所有时代、所有学者都承认这种划分,而且对二者的划分标准也一直颇有争议,但近现代的主流法学理论认可公法与私法的二元划分却是毋庸置疑的。既然承认存在公法与私法的领域差异,则必然认可公法与私法存在诸多不同,尤其需要认可公法领域中活动的主体与私法领域中活动的主体存在本质差异。诚如日本学者所指出的那样:"一切法都是社会的规律,是跟着社会而存在的,所有因法所规律的社会之差异,便当然生出法的类别。而所谓法所规律的社会之差异,又不外是那法所规律的权利义务的主体(法主体)之差异。"①由此可以认为,在公法与私法的多种区分标准中,"主体说"具有更大程度上的正当性。或者说,法主体之不同应当是公法与私法区别的根本所在。根据这一学说,私法中活动的主体应当是私人或者私团体,而公法中活动的主体至少一方应当是国家或公团体。如此一来,国家应当属于公法主体,其所参与的法律关系应当属于公法关系。但实际上,国家除可以公法人格进行活动之外,也可能立于准私人地位而进行活动,从而获得私法人格。也就是说,"当国家站在与私人同样的法律地位时,国家被视为准私人,亦为私人相互关系的法所规律。所以在该场合,即规律国家的法亦不属于公法而属于私法"。②

由此可见,公法与私法的划分奠定了国家公法人格与私法人格二元结构的理论基础,或者说,"公法与私法的划分决定了国家主体性的二元

---

① [日]美浓部达吉著:《公法与私法》,黄冯明译,中国政法大学出版社 2003 年版,第 36 页。

② 同上书,第 41 页。

区分的必要性,同时也体现了近现代公私法理论一致的价值追求”。[①] 不过,虽然主体说在很大程度上为公私法的划分提供了正当性基础,但却无法解释具有双重人格的国家如何划分和确定活动领域问题。因此,以法主体是否是国家或公团体为标准的传统主体说虽然可以在大体上区分公法与私法,但其不足以迫使我们在公法与私法的区分标准上转向其主体所参与的法律关系的特质,而不仅仅是主体本身。也就是说,无论其法主体是国家、公团体还是私人和私团体,关键还要看该主体所参与的法律关系性质如何,即看其主体所参与的法律关系是否具有平等性。因为一般而言,私法关系以平等为特点,而公法关系则以命令、服从与隶属为特点。

公法与私法在法律关系特质上的差异要求与决定了公法人格与私法人格在属性上的差异。也就是说,公法关系的命令、服从与隶属特点决定了各公法人格之间权利义务的不平等性,而私法关系的平等性则要求与决定了私法人格之间在法律地位上的平等性,而无论其参加者是私人、私团体还是国家。因此,是否具有平等性是公法人格与私法人格的本质差异。

(二)国家特殊主体地位悖于私法人格的平等特质

在公法与私法二元区分的前提下,在同一法领域中,只要法律关系的属性相同,无论其法主体如何,都应该遵循同样的法律调整,这是法秩序得以维护的必然要求。也就是说,“法的秩序的普遍性,要求一切具有同样性质的法律关系都服从同样的规律”。[②] 反之,同样的规律调整同样性质的法律关系也是符合法秩序的要求的。就国家而言,虽然其同时兼具公法人格与私法人格,既可以参加公法关系,又可以参加私法关系,但公法与私法的二元区分划定了国家公法人格和私法人格的活动领域,也决定了其以某种人格进行活动时的法律关系性质及其适用的法律规范。具体而言,国家以私法人格参与民事法律关系时,应当立于准私人的地位,

---

① 张建文著:《转型时期的国家所有权问题研究:面向公共所有权的思考》,法律出版社2008年版,第146页。

② [日]美浓部达吉著:《公法与私法》,黄冯明译,中国政法大学出版社2003年版,第42页。

并与其他法律关系主体处于平等地位，遵守和适用同样的私法规范；而国家以公法人格进行的活动主要以国家权力的运用与行使为内容，其往往居于支配者的地位，此时应当适用公法规范。当然，这只是通常而言，如果法律关系虽然非以国家权力为内容，或者非由国家依权力而发动，但其所参与的法律关系由私法规范调整将不容于公益时，则应当认为国家是以公法人格进行的活动，并应当由公法规范调整。由此可见，在私法领域中，国家以私法人格进行的活动或者参与的法律关系都应当具有平等性，与其他主体也应当处于平等地位，并同受私法的规范与调整，只有将其作为平等主体而纳入私法调整悖于公益时，才应当纳入公法调整。

但是，源自苏联并遗留至今的国家特殊主体理论在承认国家私法人格的同时，将国家视为不同于私人和私团体的特殊民事主体。这种特殊主体的认识与定位不仅在于使国家在主体资格的内容与范围等方面不同于法人，更主要在于使国家享有不同于其他民事主体的权利义务，以此确保国家在私法领域也享有一定的特权。因此，我国在立法上规定和赋予国家一系列独特的权利义务，从而实际上使国家相对于其他民事主体处于优势地位。这种优势地位使国家与其他主体之间在法律关系的发动、法律关系的内容、法律关系的变更与消灭等方面往往夹入权力内容或权力因素的作用，而不再首先和主要是私主体的意志选择与决定，这与私法和私法关系的特质，以及私法人格的属性是不相符合的。私法关系的特点在于法律关系主体地位平等，法律关系的设立、变更和消灭，以及法律关系的内容等都应当是私法主体意志自决的体现与结果。实际上，苏联的国家特殊主体理论与否认民法的私法属性有着密不可分的关联。因为只有否定民法的私法属性而将其定位为公法，才可能使国家的公法色彩和权力因素顺理成章地进入民法，才能让国家享有特殊的权利义务，享有特殊的法律地位。而我国从整体上属于公法文化发达的国家，历史上也曾经一度否认民法的私法属性，十分暗合国家特殊主体理论的需求。因此，苏联国家特殊主体理论的引入及我国国家优势主体地位的获得实则是公法与私法混同、公法人格与私法人格错位的结果。因为公法的特质是权利主体的不平等。①

五、对公共机构非法人化潮流与现实的逆反

我国受苏联国家机关法人理论②及其民事立法的影响,全面赋予国家机关以法人地位,造成了国家机关全面法人化的立法事实。但是,我国国家机关全面法人化的立法现实不仅与大陆法系国家公共机构非法人化的潮流相逆,而且与我国国家机关非法人化的司法实践相逆,最终错乱了国家与其机关之间的私法人格定位。

(一)国家机关普遍法人化对非法人化潮流的逆反与私法遁入

就目前而言,国内外主流公私法理论都基本认可国家具有公法与私法的双重人格,即认可国家主体性二元结构理论。而国家私法人格的抽象性与非物质性要求承认国家的私法人格,就必须解决其私法人格的实现方式问题,由此就涉及国家与其机关之间的关系问题。

就大陆法系国家而言,传统上认为国家的法律人格具有法人属性,在公法领域中体现为公法人,在私法领域中体现为私法人,即"国库"。德国学者曾明确指出:"'国库'概念的提出主要是为了将领主的主权者地位与作为独立法律主体的被告身份区别开来。"③当然,如同对法人本质的争议一样,国家主体法人理论在内部又存在法人拟制说、法人目的财产说、法人有机体说等认识分歧,④但将国家视为法人主体却是一致的。如凯尔森认为:"国家是国内法律秩序所创造的社团。国家作为法人,是这

---

① [日]美浓部达吉著:《公法与私法》,黄冯明译,中国政法大学出版社 2003 年版,第 82 页。

② Курганова Л. Б. Правосубъектность Российской Федерации вовнешнеэкономических отношениях: гражданско-првовын аспекты. М.: Изд-во МГУК,2002. с. 19.

③ [德]汉斯·J. 沃尔夫、奥托·巴霍夫、罗尔夫·施托贝尔著:《行政法》(第 1 卷),高家伟译,商务印书馆 2007 年版,第 73 页。

④ 张建文著:《转型时期的国家所有权问题研究:面向公共所有权的思考》,法律出版社 2008 年版,第 151~153 页。

个社团的人格化，或是构成这个社团的国家法律秩序的人格化。”[①]而在法人与实现其权利能力与行为能力的法人机关之间的关系上，作为主流的代表说认为：“法人机关是法人的组成部分，法人机关与法人只有一层法律人格。法人机关在其权限范围内所为的一切行为，均为法人本身的行为，其行为后果由法人承担。法人机关不是独立的权利主体，而是法人的有机组成部分。”[②]

依照此理论，如果认同国家的法人资格与法人地位，则应该认同国家机关与国家之间具有一重人格，即国家机关仅应该作为国家的组成部分而存在，其本身不具有独立的法律人格和私法地位，只能辅助国家私法人格的实现。正是基于这样的认识，大陆法系国家的传统法学理论否认国家机关的独立主体地位，认为“国家具有法律上的独立人格，而机关则无法律上的独立人格”。[③] 以此理论为指导和支撑，各大陆法系国家的立法也基本不赋予国家机关以法人资格与地位，形成了公共机构非法人化的立法现实。当然，由于社会经济生活和现代行政的发展，公共服务理念开始出现与发展，要求国家控制和持续提供更多的公共服务，从而扩张了政府职能，并使现代行政不断地转向公共行政。而在警察国时代就已经出现的“行政机关在与公民打交道时，可以采取公法人或者私法人（即国库）的身份”[④]的观念在当代进一步发展为公共行政法律形式的多元化，即公共行政在法律形式上既可以采取公法方式，也可以采取私法方式。而公共行政私法方式的采纳除了国库活动和经营活动之外，就是行政机关借助私法关系执行公共行政任务的行政私法活动。“这种行政活动在形式上与国库活动类似但实质上并不属于‘国库’活动”，因而需要行政机关具备国库之外的独立的私法主体性。正是基于这样的需要，赋予特定行政机关以法人资格与法人地位开始成为现代公法理论的关注点，甚

---

① ［奥］凯尔森著：《法与国家的一般理论》，沈宗灵译，中国大百科全书出版社 1996 年版，第 203 页。

② 魏振瀛主编：《民法》（第 4 版），北京大学出版社、高等教育出版社 2010 年版，第 89 页。

③ 张建文著：《转型时期的国家所有权问题研究：面向公共所有权的思考》，法律出版社 2008 年版，第 159 页。

④ ［德］汉斯·J. 沃尔夫、奥托·巴霍夫、罗尔夫·施托贝尔著：《行政法》（第 1 卷），高家伟译，商务印书馆 2007 年版，第 200 页。

至有一些国家或地区进行了立法探索。例如,日本于1999年7月通过了《独立行政法人通则法》,我国台湾地区也于2005年8月提出了“行政法人草案”,拟推行行政法人制度。[①] 但是,就目前来看,行政法人化并不具有广泛性和普遍性。一方面,行政法人化仅在少数国家获得了立法践行,更多国家则处于理论探讨阶段;另一方面,即便在以立法推行行政法人化的国家,传统的高权行政仍然是公共行政的主导方式,即“执行机构公共行政的核心领域是采取公法形式的高权行政”,[②]故立法必然限制行政法人化的适用范围。

与大陆法系的国家机关法人化为例外、非法人化为原则相反,我国受苏联法影响,实行国家机关全面法人化,在立法上全面赋予国家机关的法人地位,这不仅悖于世界潮流,而且可能造成公法人遁入私法,逃避公法约束和与民争利的恶果。“私法的传统形式日益被行政法吸收,行政私法逐渐成为一般行政法的重要组成部分”,[③]并由此推动了行政法人化的发展。但是,一方面,法人化的行政机关在性质上应属于公法法人,而非私法法人,故其行政私法活动仍然应当受到公法的约束。也就是说,行政法人不同于纯粹的私法人的“特殊性在于行政机关不享有完全的法律行为自治,而是受到大量公法规范的约束”。[④] 另一方面,行政法人化虽然使行政机关拥有了更多的自主权与自由,但行政私法活动仍然属于执行公共任务的行政活动,仍然需要遵守立法为其设定的限制。如在德国,行政私法活动除了存在适用范围的要求外,还必须接受基本权利的约束,即“行政私法活动受基本权利,其中特别是自由权、平等原则、禁止过度原则的约束,因为基本法第1条第3款针对所有的‘执行权’活动,而不论其采取什么样的方式,这也是行政机关自由的限度”。[⑤] 而行政法人的公法人定位与公法约束及限制目的在于避免行政机关借法人化逃向私法,从而

---

① 张建文著:《转型时期的国家所有权问题研究:面向公共所有权的思考》,法律出版社2008年版,第160页。

② [德]汉斯·J.沃尔夫、奥托·巴霍夫、罗尔夫·施托贝尔著:《行政法》(第1卷),高家伟译,商务印书馆2007年版,第235页。

③ 同上书,第198页。

④ 同上书,第233页。

⑤ 同上书,第233~234页。

损害私人和私团体的合法利益。而我国在确立国家机关全面法人地位的同时，并将其定位为私法人，由此使国家机关享有私团体一样的法律人格与法律行为自治，只受私法规范与约束，却可以不受任何公法约束与限制，彻底地遁入了私法。

国家机关遁入私法可能造成的恶果是：第一，全面法人化为国家机关从事私法活动提供资格准入的同时，使其有可能凭借正当身份进行更多的商业活动，为自身谋取更多的经济利益，发生与民争利的现象与结果。第二，国家机关对自身利益的过分追求与对营利性商业活动的热衷必然懈怠、疏忽与轻视其应当履行的公共职能与职责，既影响国家机关的形象，又无法满足公众对公共服务的需求。第三，国家机关遁入私法时必然携权力而入，而私法人格却提供给其逃避公法规范与约束的屏障，失范的权力成为国家机关牟利的工具和损害私主体利益的利器。也就是说，"权力变成了政府机关自身无本取利的法宝，公司成为政府机关将权力变现的中介"。[①] 于是，政府机关经商也一度是我国经济转型和经济发展过程中出现的普遍现象，并引起民众的极大不满，最终迫使中央和国务院有关部门清理整顿公司，明令禁止军队和党政机关从事营利性的商业活动。与此相应，民法理论上虽然认可机关的法人资格，但也认为"机关不得经商办企业"。[②] 不过，直至目前，国家机关全面法人化及其遁入私法的严重后果并未在立法和理论上获得全面而深刻的认识。

（二）国家机关普遍法人化对非法人化现实的逆反

我国在立法层面全面赋予了国家机关以法人资格和独立民事主体的地位，因而，依照我国民法理论和民事立法，国家机关应当以自己的财产独立承担民事责任。但很多时候，国家机关的财产或经费并没有独立，也

---

① 方流芳："试解薛福成和柯比的中国公司之谜——解读1946年和1993年公司法的国企情结"，载梁治平编：《法治在中国：制度、话语与实践》，中国政法大学出版社2002年版，第294页。

② 魏振瀛主编：《民法》（第4版），北京大学出版社、高等教育出版社2010年版，第78页。

没有做到独立承担民事责任,由此在实践中出现了机关非法人化的事实。应该说,这种国家机关全面法人化的立法与非法人化的司法事实的背离是我国民法理论和民事立法将法人人格与独立财产、独立责任相连造成的结果。

就理论而言,我国民法学者通常认为只有具有独立财产,并能够独立承担民事责任的组织才能成为法人。因而,独立的组织、独立的财产和独立的责任是法人组织与非法人组织的根本区别。① 而我国《民法通则》第37条更是明确规定:“法人应当具备下列条件:(一)依法成立;(二)有必要的财产或者经费;(三)有自己的名称、组织机构和场所;(四)能够独立承担民事责任。”而我国民法理论和民事立法的这种认识与规定也来自苏联。1922年《苏俄民法典》虽然对法人的规定比较简单,更谈不上体系化,但却基本确认了法人人格获取上独立财产和独立责任的要求,如其第19条规定:“实行经济核算制并且没有安装预算程序获得财政补助的国营企业和它的联合组织参加民事流转的时候,作为独立的、和国库没有关系的法人。它只以能够自由支配的财产,就是依照本法典第21条和第22条规定没有被禁止流转的财产,对它的债务担负责任。法律另有特别规定的时候,不适用本条的规定。”②而在1964年《苏俄民法典》中,无论是第23条对法人概念的规定,还是第24条对法人种类的规定,都体现出了对法人独立财产的要求,而第32条则对法人的独立责任规定为:“法人以属于它的财产(作为法人的国家组织则以拨给它的财产)负责清偿自己的债务。”③苏联的民法理论也将财产独立和责任独立作为法人的特征来认识,如坚金在其民法著作中将法人的特征概括为:(1)为了保证集体作为一个整体而进行活动所应具备的组织上的统一(法人的内部组织机构、法人的机关的权限、机关活动的方式等);(2)法人财产上的独立性;

① 魏振瀛主编:《民法》(第4版),北京大学出版社、高等教育出版社2010年版,第75页。

② 《苏俄民法典》,郑华译,法律出版社1956年版,第6页。

③ 中国社会科学院法学研究所民法研究室编:《苏俄民法典》,中国社会科学出版社1980年版,第14页。

(3)独立负担财产责任。[①]

由于法人在构成上要求具备独立财产和独立责任的条件,因而,《民法通则》第50条第1款为机关法人设定了独立经费的要求,其规定:“有独立经费的机关从成立之日起,具有法人资格。”同时,由于具有了独立经费,机关法人也就具备了独立承担民事责任的物质基础和保障。但实际上,国家机关既可能经费不独立,也可能责任不独立,甚至成为上级机关的依附而主体不独立,悖于法律上独立主体的地位,并最终造成对交易相对人合法权益的损害。这主要表现在:第一,在我国,国家机关的经费来源于中央或地方的财政拨付,经费是否独立属于国家财政管理上的内部事务,而且立法没有对机关法人资格的获取设置核准登记的程序要求,交易相对人不仅无从获得经费是否独立的信息,也无从查知某机关是否具有法人资格。由此,如果在交易相对人与某机关实施民事行为后才获知该机关不具有独立经费,则交易相对人就将因该机关欠缺主体资格而遭受行为效力否定的损害。[②] 第二,假设机关在财政上具备独立经费的条件,但由于我国国家机关经费普遍不足的现实,此时令机关法人独立承担责任,势必造成交易相对人的利益受损害。如果不令其独立承担责任,而由上级机关或者国家财政进行填补,则又将在事实上否定机关法人的独立主体地位。第三,在我国国家机关的层级制行政管理体系下,上级机关不仅在组织上管理和领导着下级机关,在经费上决定和控制着下级机关,而且经常在具体事务上参与和决策着下级机关的行为与活动,包括下级机关的私法活动,从而使下级机关相对于上级机关丧失了法律上的独立主体地位。

---

① [苏]坚金主编:《苏维埃民法》(第1册),中国人民大学民法教研室译,法律出版社1956年版,第187页。

② 参见最高人民法院研究室《关于被告及其主管部门均已撤销其债务由谁承担问题的电话答复》(1988年10月12日):“关于被告及其主管部门均已撤销,其债务由谁承担的问题,情况很复杂。原则上是应依法保护债权人的合法利益,债务人应依法履行义务,主管单位要负连带责任。但对有一些主管单位已撤销,无法寻找应负连带责任的债务人的,基本上可按你院请示中的第二种意见办理。即:主管部门一般是指企业申请登记表上载明的主管部门(即:直接主管部门),若企业及其主管单位均已撤销、歇业,不能再追诉其他单位的,应依法通知原告不予受理,或裁定终结诉讼。”

第五章　中国民事主体制度“去苏联化”的抉择与应对

回首历史，苏联法曾经那样深刻而全面地影响过中国民事立法与民法理论，使包括民事主体制度在内的我国各项民事法律制度及民法理论呈现出浓郁的苏联法色彩。改革开放之后，我国加快了民事法律制度建设与民法理论更新的进程，并将目光和选择投向世界，而不再局限于苏联和苏联法，由此促生了我国民事法律制度和民法理论的“去苏联化”。但是，时至今日，就民事主体制度而言，笔者的研究表明，苏联法的影响依然存在，并呈现出极强的消极性。而且在作为苏联主要继承国的俄罗斯也已经对其继承于的苏联民事主体制度进行一系列变革的历史情境下，我国的民事主体制度是否也应当做出“去苏联化”的选择与决定？因此，在历史已经进入 21 世纪，并且还将继续前行之时，我国民事立法和民法理论需要面向世界去寻求改变与发展。具体落实到民事主体制度，更需要继续探寻“去苏联化”路径，完成我国民事主体制度的当代变革与重建。

第一节　俄罗斯民事主体制度当代变革的我国启示

1991年年底，存续了70余年的苏联轰然解体。伴随着苏联的解体，苏联的政治、经济、文化、法律等制度或者观念都不可避免地在相当程度上遭到废弃、修改或者变革。但是，一方面，苏联解体只是由一个统一的国家分解为若干个独立的成员国，各成员国与苏联仍然有着无法割断的历史承继关系；另一方面，无论是社会制度的更迭还是观念的变革都非朝夕之事，新旧制度及观念之间的延续传承与更新是相互渗透与夹杂的。因此，苏联的解体并非意味着其各项制度与观念都遭到否定与废弃，其在各成员国之中必然有所承继与留存。当然，国家政权的更迭、意识形态以及经济基础模式的重大改变也必然促动社会制度与观念的修正和革新。

俄罗斯作为苏联的法定继承国，苏联的各项主要社会制度，包括民事法律制度基本上都在俄罗斯获得了传承。同时，我们也不能否认，从苏联到俄罗斯，其政治转型与经济转轨给社会制度和思想观念所造成的触动与冲击又是不可忽视的，从而带来了包括法律制度在内的诸社会制度的变革与观念的更新。而且“法律发展本身是社会发展的一个重要组成部分，甚至在一定意义上是社会文明进程的指示器。法律作为一种社会规范以及价值体系，乃是社会生活本身发展所不可或缺的。法律以其特有的形式，标志着社会文明的发展进程及其阶段”。① 在俄罗斯，这种制度变革与观念更新在私法领域中集中显现为《俄罗斯联邦民法典》对承继于苏联的民事法律制度所作出的一系列修正规定和对私法自治精神的复归。就民事主体制度而言，私法自治和私法理念也成为俄罗斯民事主体制度的基本精神支撑，并由此架构和形成了其对自然人与法人的一系列革新性规定。当然，一方面，由于人类理性固有的局限性，《俄罗斯联邦民法典》对民事主体制度的规定及其所确立的私法观念仍然有其不足之处；另一方面，由于立法永远滞后于社会的发展，由此使诞生于20世纪90年

① 公丕祥著：《法制现代化的理论逻辑》，中国政法大学出版社1999年版，第19页。

代初期的《俄罗斯联邦民法典》中的民事主体制度在市场经济的快速发展中逐渐显现出滞后性,并推动了其民事主体立法与观念的进一步发展与更新。

一、俄罗斯民事主体制度的基本精神架构

如果制度是人类的理性构设,则人在制度构设之前往往已经产生了某种抽象的、观念性的认识或看法,并以此观念认识来指导和支撑制度的构建。因此,拉德布鲁赫说:"法律是人的创造物,只能根据人的理念,也即创造的目的或价值来理解。所以对任何法律现象不可能采取价值盲的观点。法律又是一种文化现象,即与价值有关的事实。"①而由社会现实而推动的社会或者法律制度的进化与变革不仅会在规范的层面获得体现,更会在价值或观念的层面获得体现,而且可能首先发生在观念层面。当然,由于观念认识具有内蕴和隐性的特点,其变革的过程往往较为延缓,但其一旦开始,影响力却将是十分巨大而持久的,并终将获得制度上的体现。由于政权更迭和经济模式转变而引发的俄罗斯民事主体制度的变革也是首先发生在观念领域,并在制度上获得映射与体现的。

(一)私法自治与民法私法性的复归

以 1922 年《苏俄民法典》为基础,1961 年的《民事立法纲要》和 1964 年《苏俄民法典》基本形成了苏联的民事主体制度。如果综观两部《苏俄民法典》及其民事主体制度,我们将发现其最大的特点就是公法性质与公法定位。而苏联解体后,独立的俄罗斯向市场经济迈进需要一系列的制度配套与立法支持。也就是说,俄罗斯向市场经济的过渡,不仅要求对其过去僵化的经济体制进行重大改革,而且要求对与建立文明市场关系有关的民法的内容和调整方法进行根本的变革和更新。② 以此为契机,并

---

① 沈宗灵著:《现代西方法理学》,北京大学出版社 1992 年版,第 38 页。

② 鄢一美:"俄罗斯第三次民法法典化——写在俄联邦新民法典中译本出版之际",载《中外法学》2000 年第 1 期。

在1994年7月7日俄罗斯联邦总体第1474号命令批准的《俄罗斯私法的形成与发展纲要》[①]基础上，1994年国家杜马通过了《俄罗斯联邦民法典》第一部分，并于1995年1月1日生效。之后，民法典第二部分、第三部分和第四部分相继制定与生效，并在世界范围内掀起第三次民法法典化的高潮。

相较于前两部民法典，1994年《俄罗斯联邦民法典》的最大特色与精神实质集中体现为私法自治精神的回归，[②]由此也使俄罗斯民法正式恢复了私法的本质，并在其民法典第1条第1款开宗明义地确立与承认了诸如财产关系参加者一律平等、私有权不受侵犯、合同自由、不允许国家随意干涉私人事务、无障碍地实现民事权利及民事权利司法保护等一系列私法的基本原则，[③]从而在相当程度上改观了苏联和俄罗斯历史上私法传统和私法概念缺失的现实。就民事主体制度而言，一方面，其作为私法制度之一，是整个私法制度运行的基础；另一方面，市场经济关系的建立与形成离不开民事主体的意志与行为，其发展也有赖于民事主体的推动。因此，民事主体制度必然成为俄罗斯私法制度变革与私法观念革新的首要领域，《俄罗斯联邦民法典》所复归的自治精神也必然成为其民事主体制度的精神内蕴与基本精神支撑，从而使民事主体制度成为纯粹的私法制度，并在民法典中获得一系列的规范体现。

（二）个人本位及对现代民法基本原则的吸纳

如果1922年和1964年两部《苏俄民法典》及苏联民法理论否定民法的私法属性，以此为公权力的行使与国家意志的泛滥提供法律依据，抬升

---

① 《俄罗斯联邦立法汇编》1994年第11期，第1191号。转引自［俄］E. A. 苏哈诺夫主编：《俄罗斯民法》（第1册），王志华、李国强译，中国政法大学出版社2011年版，第10页。

② 鄢一美：“俄罗斯第三次民法法典化——写在俄联邦新民法典中译本出版之际”，载《中外法学》2000年第1期；王春梅：“俄联邦新民法典的实质：私法自治精神的回归”，载《俄罗斯中亚东欧研究》2006年第3期；于天娇：“俄罗斯联邦民法典基本精神与特征的解读”，载《吉林省教育学院学报》2008年第3期；付荣：“俄罗斯民事立法原则的改革与借鉴”，载《中国律师》2003年第5期。

③ ［俄］E. A. 苏哈诺夫主编：《俄罗斯民法》（第1册），王志华、李国强译，中国政法大学出版社2011年版，第10页。

了国家和其他公权主体的地位，使其得以公权力肆意地干预和限制民事主体的自治和自主，造成国家本位，则《俄罗斯联邦民法典》及其民事主体制度对私法自治精神的复归奠定了其民法和民事主体制度的个人本位基础。个人主义以个体的人为出发点，强调和凸显个体地位、个体意志及个体权利的优先性，以此实现对个体的人的关注、观照与保护。近代之后的各国私法基本上是以个人主义为其价值基础的。《俄罗斯联邦民法典》对民事主体平等地位和意志自主的规定与保护，以及对国家意志强制的排除等，无疑与个人主义的精神内涵是一致的。因此可以说，在《俄罗斯联邦民法典》及其民事主体制度中，个人本位替代国家本位成为了其法典与制度的价值基础，并设有规范上的保障，如其总则第三章第 22 条第 2 款规定："国家机关或其他机关限制公民行为能力及限制公民从事经营活动或其他活动权利的文件，如不遵守法律规定的作出有关限制的条件和程序，一律无效。"①

众所周知，以个人主义为价值基础的近代私法对个体权利与个体意志的尊重与保护在其发展中出现了极端化的趋势，并造成了忽视与牺牲社会公共利益的恶果，从而促使各国开始不断地在立法上对个体权利保护和个体意志行使进行修正与限制，即学者所谓的现代民法的新发展之一——社会公共利益受到日益的关注与保护，或者说社会本位。实际上，现代民法由个人本位向社会本位的发展表明了一种新认识或者新观念，即私法和私法自治应当尽可能地提供给主体更广泛的可能性，使他们能够依其意志自我设定与调整其相互间的法律关系，并对该自由意志形成的法律关系和民事权利提供司法保护，但并不意味着完全否定与排除国家权力对私法的任何干预，而只是以法定的条件与程序限制国家干预，以达成个体意志与公共意志、个体利益与社会利益的协调。当代俄罗斯学者对此也是认同的，如当代著名民法学者苏哈诺夫认为："对私法的承认在于不是允许或者排除国家对自己公民（国民）私人事务的干预，因为在很多情况下这种干预显而易见简直是必要的，而在于限制这种干预，在于

① 《俄罗斯联邦民法典》，黄道秀译，北京大学出版社 2007 年版，第 42 页。

由民法即私法对它规定严格的范围和形式。”[①]理论上的认识获得了立法的肯定与反映。于是，制定于 20 世纪 90 年代初期的《俄罗斯联邦民法典》在奠定民法的个人主义基础的同时，对现代民法新的发展趋势也予以了关注与考虑。典型体现是该法典在尊重和保护民事主体的个体自由与权利的同时，出于对社会公共利益考量与保护，设计了某些限制个体权利与自由的原则和规范。如总则第二章第 10 条第 1 款规定：“公民和法人不得实施仅以致人损害为目的的行为，也不得以其他形式滥用权利。不准许为了限制竞争的目的而行使民事权利，也不准许滥用在市场上的优势地位。”[②]这实际上确立了禁止权利滥用原则。再如，《俄罗斯联邦民法典》第 18 条、第 22 条、第 49 条等的规定中都涵盖了对公民和法人权利能力、行为能力及民事权利的限制，而设定这些限制的初衷与目的都在于关注与保护他人与社会的利益。因此，这些原则和规范的确立，使民事主体在以其自由意志行使和实现合法权益时关注他人与社会的利益，确保弱势主体不被强势主体所歧视与排挤，以实现个体利益与公共利益的兼顾和真正的自治、平等。

（三）民法调整对象与调整方法的私法性确认

1. 民法调整对象的行政性排除与人身关系调整的扩大

在调整对象问题上，虽然苏联经济法理论与民法理论发生了长久的争论，但其民事立法和民法理论最终承认和实现了对财产关系和人身关系的统一调整，这是值得肯定的。但是，通过前面内容的分析可以看出，苏联民法的调整对象与传统民法相比，还是存在很大不同的，即财产关系在调整对象中占据相当比重，由此形成了其调整对象上财产关系主导，人身关系调整不足之特色。而由于计划经济体制的作用与民法公法性质的定位，又使苏联民事立法对财产关系的调整上带有极强的计划性与行政强制色彩。而俄罗斯向自由市场经济的转型与过渡对民事立法提出的要

---

① ［俄］E. A. 苏哈诺夫主编：《俄罗斯民法》（第 1 册），王志华、李国强译，中国政法大学出版社 2011 年版，第 4 页。

② 《俄罗斯联邦民法典》，黄道秀译，北京大学出版社 2007 年版，第 39 页。

求,一方面是要调动民事主体的积极性与自主性,促进其经济的复苏与发展;另一方面是要扩大主体人身权益的范围与内容,强化对主体人格尊严与各项人格利益的尊重和保护。而民事立法对其予以回应的结果必然要求不断地减少国家权力对经济关系的控制与干预,还民法以私法本性,还主体以自治与自由,并扩大对人身关系的调整与人身权益的保护。因为民法作为私法,其内涵与宗旨就是一方面要给主体提供相当广泛的可能性去自我调整该领域正在形成的私关系,另一方面要维护主体的私人利益免受国家的随意干涉。① 而这些要求《俄罗斯联邦民法典》不仅基本上都做到了,而且还增加了对商事关系的调整。

首先,《俄罗斯联邦民法典》进一步减少和排除了国家权力对财产关系的干预,还私法和主体以本色与自治。实际上,伴随着在苏联解体前即已经开始,而在其解体后更为激烈的计划经济向市场经济的转轨,俄罗斯在颁布民法典之前就已经在相当程度上剔除了民法对财产关系调整上的计划性和行政性,而《俄罗斯联邦民法典》则在此基础上又进行了进一步的排除与立法确认。这在其民法典的总则和各编的规定中都有所体现。如其总则第 1 条第 1 款就明确规定:"民事立法的基本原则是确认民事立法所调整的关系的参加者一律平等,财产不受侵犯,合同自由,不允许任何人随意干涉私事务,必须无阻碍地行使民事权利,保障恢复被侵犯的权利及其司法保护。"②紧随其后,该法典第 2 条第 3 款又在民法调整对象中进一步明确排除了对具有行政从属性或权力从属性性质的财产关系的调整。③ 而在总则之外,第四章法人部分第 49 条对于法人权利能力的规定较为有代表性,其第 1 款和第 2 款规定:"法人能够享有符合其设立文件所规定的活动宗旨的民事权利并承担与该活动有关的义务。商业组织,除单一制企业和法律规定的某几种组织外,可以享有为进行法律不予

---

① [俄]E. A. 苏哈诺夫主编:《俄罗斯民法》(第 1 册),王志华、李国强译,中国政法大学出版社 2011 年版,第 2 页。

② 《俄罗斯联邦民法典》,黄道秀译,北京大学出版社 2007 年版,第 35 页。

③ 《俄罗斯联邦民法典》第 2 条第 3 款规定:"民事立法不适用基于一方对另一方的行政从属关系或权力从属关系而产生的财产关系,其中包括不适用于税收关系及其他财政关系和行政关系,但立法有不同规定的除外。"参见《俄罗斯联邦民法典》,黄道秀译,北京大学出版社 2007 年版,第 36 页。

禁止的任何种类的活动所必需的民事权利并承担民事义务……”“只有在法律规定的情况下和依照法律规定的程序，法人的权利才能受到限制。对限制其权利的决定，法人有权向法院提起申诉。”[①]这一规定实际上是对法人权利能力与行为确立了法律不禁止即为允许的原则，从而使法人在法律的强制性规定之外获得了权利能力的合法性与行为自由，并以此排除其他任何行政性的干涉。正是凭借这些规定，《俄罗斯联邦民法典》不仅在立法上第一次正式承认了民法的私法属性，也表明了其民法典和民事主体制度的自治精神内涵。

其次，《俄罗斯联邦民法典》在相当程度上改变了前两部《苏俄民法典》人身关系调整狭窄与人身权益保护薄弱的特点，极大地扩张与强化了对人身非财产关系的调整与人身权益保护。如前所述，1922 年和 1964 年《苏俄民法典》在调整对象上的特点之一就是财产关系主导，从而使其民事主体也具有了极强的财产性色彩，而人身非财产关系虽然被纳入了民法典的调整，但范围十分狭窄，民事主体的人身非财产权利也十分有限。《俄罗斯联邦民法典》在继续肯定对人身非财产关系调整的同时，极大地扩大了其调整的人身非财产关系范围，民事主体的人身非财产权利也急剧扩张与强化。如就调整对象本身的规定而言，其第 2 条第 1 款第 1 项规定：“民事立法规定民事流转参加者的法律地位，所有权和其他物权、智力活动成果的专属权（知识产权）产生的根据和实现的程序，调整合同债和其他债权债务关系，以及调整基于其参加者平等、意思自治和财产自主而产生的其他财产关系和与之相联系的人身非财产关系。”[②]之后，其第 2 款又对其调整的人身非财产关系进一步明确地作出了扩充规定：“人的不可转让的权利和自由以及其他非物质利益，除非从这些非物质利益的实现中得出不同结论，均受民事立法的保护。”[③]此处所谓的“人的不可转让的权利和自由以及其他非物质利益”主要指民商事主体的各项人身权益及知识产权等。与此相一致，《俄罗斯联邦民法典》在总则第三分编

---

① 《俄罗斯联邦民法典》，黄道秀译，北京大学出版社 2007 年版，第 52～53 页。

② 同上书，第 35 页。

③ 同上书，第 36 页。

民事权利客体之下的第八章详细规定与阐明了非物质利益的范围，具体罗列了公民的生命权、健康权、个人尊严权、人身不受侵犯权、人格与名誉权、商业信誉、私生活不受侵犯权、个人秘密和家庭秘密、自由往来、选择居所和住所的权利、姓名权、著作权等具体权利，并用“其他人身非财产权利和其他非物质利益”的表达来弥补列举方式之不足，并为非物质利益范围的未来发展预留一定的空间，进而规定了对这些非物质利益的保护。应当说，《俄罗斯联邦民法典》对人身非财产关系和物质利益调整的扩大性规定，极大地扩张了民商事主体的人身权益，主体的人格尊严与人格利益获得极大的尊重与保护，主体性获得进一步凸显。而且，正是因为《俄罗斯联邦民法典》将人身非财产关系的调整扩充到著作权等非物质利益之上，形成了其民法典在体例和编章设置上的一大特色——知识产权法被纳入民法典之中，即第七编“智力活动成果和个别化手段的权利”。

最后，《俄罗斯联邦民法典》在调整对象上实现了对民商事关系的统一调整，确立了统一的民事主体制度。在苏联时期，由于计划经济的经济基础，以公司为主体的法律关系无论在数量上还是在范围上都具有相当的局限，商事关系的调整尚未纳入立法者的视野。因而，1964 年《苏俄民法典》虽然建立与规定了法人制度，但却几乎没有对公司和商事关系调整的规定，而民法典在立法体例上是民商合一还是民商分立也是无从考虑的问题。但是，俄罗斯市场经济的发展催生了大量的公司主体和商事法律关系，商事关系是否纳入民法典的调整成为立法者必须面对与解决的问题。最终，《俄罗斯联邦民法典》第 2 条第 1 款第 2 项对其调整关系的参加者的规定囊括了公司法人，其规定：“民事立法所调整关系的参加者是公民和法人。俄罗斯联邦、俄罗斯联邦各主体和地方自治组织也可以参加民事立法所调整的关系。”①因为根据《俄罗斯联邦民法典》第 48 条对法人概念的规定，只要对独立财产享有所有权、经营权或业务管理权并以该财产对自己的债务承担责任，能够以自己的名义取得和实现财产权利和人身非财产权利并承担义务，能够在法院起诉和应诉的组织都是法人。也就是说，《俄罗斯联邦民法典》对法人的界定一方面扩大了法人独

① 《俄罗斯联邦民法典》，黄道秀译，北京大学出版社 2007 年版，第 35 页。

立财产的内涵与范围，另一方面也没有将法人与其成员的有限责任相连。[①] 由此使各种形态的公司，包括无限公司、两合公司等都被纳入了法人范畴，并在其法典第四章法人部分进行了详细规定。而公司作为传统的商主体是商事关系的参加者，《俄罗斯联邦民法典》对公司的详尽规定使商事关系被纳入了其民法典的调整。这不仅在立法体例上实现了民商合一，而且实现了民事主体与商事主体的统一规定与调整。[②]

2. 民法调整方法的私法方式引入

法律的调整方法与其调整对象之间具有密不可分的关联性。或者说，“法律调整方法的内容在很大程度上取决于所调整关系（法律调整对象）的性质”。[③] 因此，在苏联高度集权的计划经济体制下，为了促进与保障国家计划的实现，其民事立法只能将民法定位为公法，并通过否定民法的私法属性而否定对民事生活的私法方式调整，而主要采用强制命令或禁止等方式来规范和调整民事生活，尽量减少主体自主行动的可能，由此形成了强制性民事法律规范在民事立法中占据主导的状态。而俄罗斯向市场经济的过渡与发展不仅要求还民法以私法属性，而且要求引入和采纳私法方式规范和调整民事生活。

在《俄罗斯联邦民法典》中，私法调整方法的采用除平等原则外，主要体现为“法律不禁止即为允许原则”的确立与贯彻。《俄罗斯联邦民法典》第 1 条第 2 款规定：“公民（自然人）和法人以自己的意志和为自己的利益取得和行使其民事权利。他们在根据合同确定自己的权利和义务方面及在规定任何不与立法相抵触的合同条件方面享有自由。”“民事权利可以根据联邦的法律受到限制，但仅以为了维护宪法制度的基本原则、道德、健康、他人的权利和合法利益及保障国防和国家安全之必需为限。”[④] 基于这一规定，俄罗斯公民和各种法人主体在不违反法律强制性规定的

① 王春梅：“俄罗斯法人形态的立法构造及其对中国的启示”，载《俄罗斯中亚东欧研究》2009 年第 2 期。

② 翟羽艳：“传承与创新：俄罗斯开放市场主体制度的生成与借鉴”，载《俄罗斯中亚东欧研究》2007 年第 3 期。

③ ［俄］E. A. 苏哈诺夫主编：《俄罗斯民法》（第 1 册），王志华、李国强译，中国政法大学出版社 2011 年版，第 32 页。

④ 《俄罗斯联邦民法典》，黄道秀译，北京大学出版社 2007 年版，第 35 页。

前提下,得以依照自己的意志设定权利和义务,实现和满足其利益需求。而联邦法律虽然也可以对主体的民事权利施以限制,但须依据宪法基本原则、道德、他人利益,以及国防和国家安全的保护为限的要求,一方面为民事权利的限制设定了严格的条件,另一方面也决定了此类限制主体权利的规范在数量上必定是少量的。由此也就意味着,“法律不禁止即为允许原则”的确立要求绝大多数的民事规范必须采用任意性规范的形式,以此才能为民事主体以其自由意志设定权利义务提供广阔空间与可能。

《俄罗斯联邦民法典》在以基本原则的形式确立“法律不禁止即为允许原则”之后,还在民事主体的规定中获得了具体表达与进一步落实。其中,在公民(自然人)主体中的具体化与落实体现为《俄罗斯联邦民法典》第 18 条对公民权利能力内容的规定中,其规定:“公民可以拥有归其所有的财产;继承财产和设立遗嘱处分财产;从事经营活动和法律不予禁止的任何其他活动;独立地建立法人或与其他公民或法人共同建立法人;实施任何不与法律相抵触的法律行为和参加债权债务关系……”①而在法人主体中则体现为《俄罗斯联邦民法典》第 49 条第 1 款和第 2 款的规定:“法人能够享有符合其设立文件所规定的活动宗旨的民事权利并承担与该活动有关的义务。商业组织,除单一制企业和法律规定的某几种组织外,可以享有为进行法律不予禁止的任何种类的活动所必需的民事权利并承担民事义务……”“只有在法律规定的情况下和依照法律规定的程序,法人的权利才能受到限制。对限制其权利的决定,法人有权向法院提起申诉。”②由此可见,“法律不禁止即为允许原则”在《俄罗斯联邦民法典》中的确立与落实,不仅复归了私法自治的精神,而且使其民事法律规范更多地表现为任意性规范的形式,使自治与自愿成为其民法的基本调整方法。

(四)民事主体地位平等性与独立性的确认与保障

自治固然是私法的本质特征与基本内蕴,但自治的运行与实现必须

---

① 《俄罗斯联邦民法典》,黄道秀译,北京大学出版社 2007 年版,第 41 页。

② 同上书,第 52 ~ 53 页。

以平等为事实基础和规范保障。因此,近代之后的各国民法典在确立私法自治或意思自治原则的同时,都无一例外地肯认与规定了民法的平等原则,即民事主体地位平等,以此保障私法自治的落实与实现。俄罗斯民事主体制度既然以自治为基本精神架构,其落实也需要获得平等的支持与保障。因此,《俄罗斯联邦民法典》在总则第一章第 1 条第 1 款即开宗明义地规定:“民事立法的基本原则是确认民事立法所调整的关系的参加者一律平等,财产不受侵犯,合同自由,不允许任何人随意干涉私人事务,必须无阻碍地行使民事权利,保障恢复被侵犯的权利及其司法保护。”[①] 据此,所有民事主体在俄罗斯获得了平等的法律地位,即同等地享有法律上的权利义务,受到同样的法律保护,由此获得与实现了人格上的平等。

在地位平等的基础上,私法的自治精神更使主体的独立性与自主性获得彰显。因为私法自治在本意上就是在“合法范围内——保障个人具有根据自己的意志,通过法律行为构筑其法律关系的可能性”。[②] 也就是说,私法自治赋予主体以其意志创设、变更或消灭某种法律关系的自由或可能,从而使主体在实现和满足其利益诉求的同时展现了人格独立与意志独立。在苏联时期,由于民法的公法定位与公法的调整方式,容许国家意志或者行政权力对主体意志的干预,从而在两部《苏俄民法典》中,民事主体的自主性与独立性受到很大的制约,甚或剥夺。《俄罗斯联邦民法典》复归私法的自治精神,必然要求去除非正当的国家行政干预,还民事主体以自主性和独立性,其第 1 条第 2 款、[③]第 2 条第 3 款[④]的规定都体现了这一点。同时,为确保民事主体的自治与自主,排除国家权力的干预,

---

① 《俄罗斯联邦民法典》,黄道秀译,北京大学出版社 2007 年版,第 35 页。

② [德]迪特尔·梅迪库斯著:《德国民法总论》,邵建东译,法律出版社 2000 年版,第 8 页。

③ 《俄罗斯联邦民法典》第 1 条第 2 款规定:“公民(自然人)和法人以自己的意志和为自己的利益取得和行使其民事权利。他们在根据合同确定自己的权利和义务方面及在规定任何不与立法相抵触的合同条件方面享有自由。”“民事权利可以根据联邦的法律受到限制,但仅以为了维护宪法制度的基本原则、道德、健康、他人的权利和合法利益及保障国防和国家安全之必需为限。”

④ 《俄罗斯联邦民法典》第 2 条第 3 款规定:“民事立法不适用基于一方对另一方的行政从属关系或权力从属关系而产生的财产关系,其中包括不适用于税收关系及其他财政关系和行政关系,但立法有不同规定的除外。”

《俄罗斯联邦民法典》第3条第3款又进一步规定:俄罗斯联邦总统的命令对民事法律关系所做的调整不得与民法典和其他法律相抵触。[①]

除了这些原则性的规定外,为了确保民事主体地位平等和主体的自治性与自主性,在主体部分还设定了某些具体性规定。如公民部分中第17条关于公民权利能力的规定、第18条关于公民权利能力内容的规定、第19条关于公民姓名的规定等,法人部分中第49条关于法人权利能力的规定、第50条商业组织和非商业组织的规定等。从这些规定中可以看出,《俄罗斯联邦民法典》为实现市场经济和私法自治,确保民事主体自主性与独立性,调动民事主体的积极性所做出的改变与努力。

二、俄罗斯自然人主体制度的当代发展

以私法自治和个人主义精神为支撑和指引,俄罗斯的自然人主体制度在很大程度上脱离了苏联模式而走向现代,这集中体现在"自然人"法律表达的立法采用及其与"公民"表达的界分;公民权利能力平等获得了立法上权利的赋予而呈现出来的充盈与保障;公民行为能力在内涵与内容上的扩展不仅扩大了公民主体的活动形式,也扩大了公民主体所有权的客体范围;民事立法对公民主体的姓名、国籍、年龄、家庭状况、性别进行的个别化规定体现了弥补民事主体地位平等和权利能力平等抽象性不足的努力等。

(一)"自然人"法律表达的立法使用

在苏联时期,民事立法和民法理论对民事权利主体一直采用"公民"的表达,"自然人"表达基本难觅其踪。俄罗斯自然人主体制度在当代发展的第一个体现就是其民事立法和民法理论承认和使用了"自然人"的表达。

就《俄罗斯联邦民法典》而言,其第一编总则之第二分编在"人"的标题下采用"公民(自然人)"作为第三章的标题,从而使"自然人"成为"公

---

① 《俄罗斯联邦民法典》,黄道秀译,北京大学出版社2007年版,第36页。

民”之外的对有生命特征的个体主体的另外一种法律表达。不过,应当注意的是,《俄罗斯联邦民法典》虽然如同我国《民法通则》一样采用“公民(自然人)”的形式将“公民”和“自然人”并列,但并不意味着两种法律表达在《俄罗斯联邦民法典》中具有同一的内涵,也不能进行等同或替换使用。因为就内涵而言,“公民”与国家相连,使用“公民”作为个体主体的法律表达意味着其法律规范所指向的主体只能是俄联邦公民,而“自然人”具有更广的内涵,其规范指向的主体范围未必限于一国之“公民”,还可能包括外国人或无国籍人。

俄罗斯民法学者的认识也是与此一致的。如俄罗斯当代著名民法学家苏哈诺夫认为:“之所以对同一现象使用两重的表示,是因为立法者不希望放弃传统的习惯措辞。同时,在调整财产关系和人身非财产关系时它又可以相当准确地区分以下两个概念:如果法律规范使用‘公民’一词,那就仅指俄罗斯联邦公民;而如果法律使用‘自然人’这一概念,则既包括俄罗斯联邦公民,也包括外国公民和无国籍人。”[①]正因如此,《俄罗斯联邦民法典》除在第三章标题出现和使用了“自然人”的法律表达之外,通章都使用“公民”的法律表达来对个体主体的权利能力、行为能力、监护,以及宣告失踪和宣告死亡等进行规定,而“自然人”法律表达则主要使用在第六编国际私法中的第六十六章一般规定、第六十七章确定法律地位时应适用的法和第六十八章对财产关系和人身非财产关系应适用的法这三章之中,以涵盖对外国人和无国籍人的规定。

(二)公民权利能力平等的充盈与保障

俄罗斯民法的私法属性定位与私法自治精神的复归形成了其民法作为私法的三个特点,即民事法律关系参加者的法律地位平等、意思自治和财产独立。[②] 在俄罗斯民法的这三个特点之中,应该说,法律地位平等既是主体意思自治和财产独立的前提基础,也是意思自治和财产独立得以

---

① [俄]E. A. 苏哈诺夫主编:《俄罗斯民法》(第1册),王志华、李国强译,中国政法大学出版社2011年版,第97页。

② 同上书,第6页。

实现的现实保障,具有更大的基础性。而民事主体制度作为纯粹的私法制度,不仅要规定和解决民事主体的资格、能力及其限制与保护问题,更要预设和解决民事主体的法律地位问题,以此才能为其他私法制度提供运行的基础与根据。对于个体的公民或自然人主体而言,其法律地位在近代之后往往借助于权利能力来体现。也就是说,在德国学者创设出权利能力的概念之后,权利能力的确认与赋予不仅仅表明主体所具有的享有权利和承担义务的一种资格或者能力,更在性质上体现着主体的法律地位。因此,以自治、平等为特征的近现代各国私法将权利能力无一例外地赋予所有的自然人,使其享有法律上的平等地位。

《俄罗斯联邦民法典》既已表明私法属性,并确立了平等原则,对公民权利能力平等的确认就是自然而然之事了。因此,《俄罗斯联邦民法典》第 17 条规定:"所有公民均被承认平等地具有享有民事权利和承担民事义务的能力(民事权利能力)。"①实际上,无论是 1922 年的《苏俄民法典》还是 1964 年的《苏俄民法典》都已经在立法中明确规定了公民的权利能力平等。但是,由于苏联时期否定民法的私法属性,也否定民法的权利本位原则和权利法性质,数量众多的强制性规范无法为公民权利能力平等提供实现的规范基础,而少得可怜的权利规定与赋予也无法为公民权利能力平等提供多少实现的可能与空间。因此可以说,两部《苏俄民法典》虽然与传统民法一样规定与确立了公民权利能力平等的原则,但其权利能力平等既没有规范支撑,也没有多少实际内容,即徒具平等的形式表达,却没有在精神与内涵上真正地落实与实现平等。而在俄罗斯,权利能力不仅被认为是公民的一种社会法律属性,是公民固有的一定品质,②而且获得了任意性规范的支撑和众多权利规定的法律落实与保障。如《俄罗斯联邦民法典》在权利能力平等原则的规定之后,第 18 条就以列举的方式对公民权利能力的范围作出具体规定:"公民可以拥有归其所有的财产;继承财产和设立遗嘱处分财产;从事经营活动和法律不予禁止的

① 《俄罗斯联邦民法典》,黄道秀译,北京大学出版社 2007 年版,第 41 页。

② [俄]E. A. 苏哈诺夫主编:《俄罗斯民法》(第 1 册),王志华、李国强译,中国政法大学出版社 2011 年版,第 102 页。

任何其他活动；独立地建立法人或与其他公民或法人共同建立法人；实施任何不与法律相抵触的法律行为和参加债权债务关系；享有科学、文学和艺术作品、发明和其他受法律保护的智力活动成果的著作者权利；享有其他财产权利和人身非财产权利。”①由此可见，俄罗斯公民主体的权利能力范围不仅是十分广泛的，而且是具体、饱满和有保障的，并不是纯粹的抽象规定。

（三）公民行为能力的规范扩展

众所周知，理性而独立的公民主体应当具备两种资格或能力，即民事权利能力和民事行为能力。前者仅仅给主体提供一种行动的资格或者可能，后者才是主体自主行动的根据。因此，各国民事立法对主体的这两种能力都要作出规定。1922 年和 1964 年的两部《苏俄民法典》也不例外。但是，在苏俄时期，其民事立法和民法理论中所谓的行为能力在内涵上仅仅包括公民能够亲自实施法律行为和对不法行为承担责任两方面的能力，而不包括以自己的行为实现民事权利和履行民事义务能力的内容。如 1922 年《苏俄民法典》第 7 条和 1964 年《苏俄民法典》第 11 条分别规定：“成年人有完全的以自己的行为取得民事权利和承担民事义务的能力。”②“公民自达到成年即年满十八岁之时起，具有以自己的行为取得民事权利和承担民事义务的完全能力（民事行为能力）。”③因此，苏俄时期的民事权利能力一般被界定为“人们以自己的行为取得民事权利并为自己设立民事义务的能力。”④但是，随着民法理论研究的深入，苏联学者对行为能力的内涵形成了一种更为全面的认识，即认为“如果承认公民能够取得民事权利并为自己设立义务，那么就不能不承认他能够以自己的行

① 《俄罗斯联邦民法典》，黄道秀译，北京大学出版社 2007 年版，第 41 页。

② 《苏俄民法典》，郑华译，法律出版社 1956 年版，第 4 页。

③ 中国社会科学院法学研究所民法研究室编：《苏俄民法典》，中国社会科学出版社 1980 年版，第 8 页。

④ ［苏］坚金主编：《苏维埃民法》（第 1 册），中国人民大学民法教研室译，法律出版社 1956 年版，第 171 页。

为实现权利和履行义务”。[①]《俄罗斯联邦民法典》对此理论研究成果予以吸纳的结果是出现了第 21 条第 1 款对公民行为能力的基本规定:“公民自成年起,即年满 18 岁之时起,完全具有以自己的行为取得并行使民事权利,为自己建立义务并履行民事义务的能力(民事行为能力)。”[②]据此,公民行为能力的内涵扩展获得了《俄罗斯联邦民法典》的规范认可。

俄罗斯公民行为能力的扩展不仅体现在内涵上,更体现在行为能力的内容上。在苏俄时期,计划经济体制基本上不允许公民以个体的身份从事经营活动,直到 1987 年《苏联个体劳动活动法》的颁布,才为公民从事生产经营活动提供了可能,但其首先适用于社会生产中的无业人员、退休职工、家庭妇女和部分学生,对在国家所有的生产、经济部门工作的其他劳动者并不具有适用性。[③] 也就是说,《苏联个体劳动活动法》对公民从事生产经营活动的允许在人的适用范围上是十分有限的。而俄罗斯向市场经济的转型不仅允许,而且要支持和促进个体经济的发展。这就需要在立法上对公民以个体身份从事经营活动作出明确规定,为其发展提供规范基础和保障。因此,《俄罗斯联邦民法典》第 23 条第 1 款和第 2 款对公民的经营活动作出了基本规定:“公民有权不组成法人,而自作为个体经营者进行国家注册时起从事经营活动。”“不组成法人而从事经营活动的农场(畜牧场)主(第 257 条),自农场(畜牧场)进行国家注册之时起被认为是经营者。”[④]之后的第 24 条和第 25 条又对从事经营活动的公民的财产责任和破产作出了进一步规定。由此可见,这些规定在具体化第 18 条之公民具有从事经营活动的权利能力的同时,也扩展了其行为能力的内容,使公民真正成为民事法律关系的主体。而且公民有权以个体的身份从事经营活动的行为能力规定也使公民所有权的客体范围从生活资料扩及生产资料,实现了所有权客体范围的扩大。

---

① [苏]B. П. 格里巴诺夫:“民事权利实与和保护的基本问题”(作者的副博士学位论文),莫斯科,1970 年,第 11 页。转引自[俄]E. A. 苏哈诺夫主编:《俄罗斯民法》(第 1 册),王志华、李国强译,中国政法大学出版社 2011 年版,第 109 页。

② 《俄罗斯联邦民法典》,黄道秀译,北京大学出版社 2007 年版,第 42 页。

③ 鄢一美:“俄罗斯所有制关系的变革及其法律形成”,载《中国法学》1997 年第 2 期。

④ 《俄罗斯联邦民法典》,黄道秀译,北京大学出版社 2007 年版,第 42 ~ 43 页。

（四）公民主体的民法个别化

近代民法确立了民事主体法律地位平等原则，实现了对人的平等保护。但是，以权利能力平等所赋予和体现的平等仅仅是起点平等和资格平等，具有抽象化的特点，即形成的是抽象的人格平等。而实际上，每个公民是千差万别、各有不同的，而这些差异通过权利能力平等是无法获得体现与考虑的，也就无法获得民事立法的关注与保护，这也是近代民法对民事主体保护之不足，由此催生了事实平等的现实诉求，而各国民事立法予以回应的结果促成了抽象平等向事实平等之转向。而《俄罗斯联邦民法典》在第1条和第17条确认民事法律关系参加者法律地位一律平等和公民权利能力平等的基础上，又设置了某些个别化公民权利能力的规定，从而使其权利能力平等的抽象性得以在相当程度上获得弥补。

《俄罗斯联邦民法典》对公民主体所进行的个别化规定包括姓名、国籍、年龄、家庭状况和性别。以姓名的规定为例，其具体化的规定体现在第19条之中，其第1款规定：“公民以自己的名义取得权利和义务并行使权利和承担义务。公民的姓名包括姓、名以及父名，但法律或民族习惯有不同规定的除外。”①之后几款又具体规定了公民姓名的变更、公民姓名的冒用禁止以及被非法使用时的保护等。这些规定不仅使公民的姓名被首次纳入俄罗斯民事立法的调整范围，而且使公民获得了对其个人而言最重要的一项非财产权——姓名权。在俄罗斯，公民姓名往往与家族相连，其姓名的确定与变更不仅承载与体现着一个家族血脉的延续与姓氏的传承，更承载与展现着家族繁荣昌盛的历史，故备受家族的珍视。而现在，不仅大家族拥有和珍视自己的姓名，每个公民主体都享有决定和依法变更自己姓名的权利，即姓名权成为世俗化的权利。诚如俄罗斯学者所言：“众所周知，古老的贵族家族是多么珍视自己的姓氏；但是，以前曾经只是贵族财富的东西，正在逐渐成为人类自身意识中树立起来的共

① 《俄罗斯联邦民法典》，黄道秀译，北京大学出版社2007年版，第41页。

同趋势。”①

此外,《俄罗斯联邦民法典》第 1196 条、第 1197 条通过国籍规定了外国人的民事权利能力和民事行为能力;第 21 条、第 26 条和第 28 条规定了成年的岁数和未成年公民的部分行为能力;第 292 条、第 672 条、第 1073 条、第 1088 条、第 1142 条等涉及了对公民家庭状况和家庭关系的规定;而第 1088 条第 2 款涉及了男女性别差异对损害赔偿的影响;第 29 条、第 171 条等规定了公民健康状况对其法律行为效力的影响等。《俄罗斯联邦民法典》对公民进行的这些规定使其公民在《民法典》中不再仅仅是一个抽象的主体,而是获得了具体化与个别化。而且更重要的是,公民的这些个别化影响着公民在法律上的权利义务。或者说,“公民(自然人)作为民事法律关系的参加者,具有一系列社会的和自然的特征与属性,这些特征和属性以一定的方式是公民个别化并影响着他的法律地位”。因此,《俄罗斯联邦民法典》通过个别化规定而对公民法律地位施加的影响体现了对公民主体个体差异的考量,实现了对公民主体的特殊保护,在相当程度上弥补了权利能力平等和民事主体地位平等抽象性之不足。

三、俄罗斯法人制度的当代发展

就内涵而言,“人”是一个类概念,《俄罗斯联邦民法典》第一编中的第二分编使用“人”的立法语言作为标题,统辖和涵盖了所有的民事权利主体。而在《俄罗斯联邦民法典》中,法人的内涵比较广泛,几乎可以涵盖所有组织类的民事主体,即凡是拥有一定数量的独立于设立人或参加人的财产,并能够以该独立财产承担责任的组织体都可以被纳入法人的范畴,无论其责任形式如何。因此,民事主体在《俄罗斯联邦民法典》中只有两类,即公民(自然人)和法人,没有类似于我国的非法人组织。而

① [苏]N. A. 波克罗夫斯基:“民法基本问题(俄罗斯民法经典系列)”,莫斯科,1998 年,第 91 页。转引自[俄]E. A. 苏哈诺夫主编:《俄罗斯民法》(第 1 册),王志华、李国强译,中国政法大学出版社 2011 年版,第 98 页。

如果就两类民事主体在俄罗斯的当代发展变化而言,应该说,法人制度在俄罗斯向市场经济过渡与转型过程中的发展是更为显著与巨大的。而且在1994年《俄罗斯联邦民法典》第一部分已经为顺应和满足俄罗斯向市场经济的过渡的需求对法人作出了很多细致而扩展性规定的基础上,俄罗斯又基于其经济在近10余年所获得的巨大发展,即已经成为市场经济国家的社会现实,①在立法上又对法人制度进行了一系列重大修改。

(一)“企业”表达的限制使用与客体定位

如前所述,对于拥有一定的独立财产并独立承担责任的组织类主体,各国立法和民法理论一般界定为“法人”,并使用“法人”的术语表达,而苏联的民事立法和民法理论经常使用“企业”或“组织”来进行替代表达,从而不仅在相当程度上使“企业”、“组织”获得了与“法人”同一的使用,而且使其获得了与法人同等的主体地位。如果抛开法律语言的规范性要求不谈,则《俄罗斯联邦民法典》对法人内涵的扩大使其能够涵盖和容纳所有的组织类主体,从而使“组织”和“法人”在范围上呈现出基本的一致性,以“组织”作为“法人”的替代表达有其合理之处,则“企业”表达对“法人”的替代就没有内涵与范围上的合理之处了。因为一方面,“企业”原本是一个经济范畴的概念,并不具有法律意义,将其作为法律语言来加以使用本身就存在一定问题;另一方面,当代俄罗斯的民事立法和民法理论对企业的基本定位是一个由一定数量财产构成的综合体和不动产,并没有获得财产上的人格化。而“法人作为民法主体实质上不是别的,而是组织经济活动的特殊方式,那就是财产的独立、人格化,即法律赋予财产‘人’的资格(主体的资格),承认它是特殊的独立的商品占有人”。② 因此,企业既不能与作为主体的法人获得内涵上的一致,也不应该与法人获

---

① 美国商务部在2001年12月10日前就俄罗斯的经济体制和改革成果提出评论,并于2002年6月6日由美国商务部进口管理司向商务部部长提出书面评估报告,建议自2002年4月1日起给予俄罗斯“市场经济国家”地位。同日,美国商务部部长埃文思发表声明,正式给予俄罗斯“市场经济国家”地位,并表示这一决定符合美国法律的规定并反映了俄罗斯过去10年在经济领域的巨大变化。

② [俄]E. A. 苏哈诺夫主编:《俄罗斯民法》(第1册),王志华、李国强译,中国政法大学出版社2011年版,第148页。

得法律属性和地位上的一致。但是,由于对企业内涵与性质的错误认识造成了苏联时期的民事立法将企业作为主体进行规定的结果,并形成了"企业"对"法人"的替代使用。而实际上,在苏联时期,莫斯科大学教授A. E. 卡拉斯就已经对"企业"的内涵与性质提出了不同的认识,认为企业是复杂的财产综合体,仅仅应当作为国家所有权的客体,而不应该作为主体来进行规定和认识。[①] 但是,这种声音不仅遭到了某些学者的强烈抨击,认为企业不仅是财产的综合体,还具有人的因素,即企业的工作人员,因而是生产技术综合体。[②] 而两部《苏俄民法典》赋予企业以法人的主体地位正是以对企业的此种认识作为理论基础的。

应该说,苏联学者对"企业"内涵的错误认识和由此形成的立法上的主体定位不仅在立法语言上形成了对"法人"表达的替代,而且造成了企业一方面为民事活动的主体,另一方面又可以作为国家所有权的客体而处于国家控制之下,其结果是企业作为主体丧失了财产与责任上的独立性。而在俄罗斯向市场经济的过渡发展中,需要还民事主体以自主性和独立性,以促进经济的快速发展。对营利性的企业法人更需要如此。于是,俄罗斯民法首先在理论上将企业作为财产性综合体来认识,排除了企业中的人的因素,由此使其作为生产单位而居于客体地位。因为"在市场经济中,法人首先是商业性质的而不是生产性质的组织,它们是各种商业公司与合伙。属于法人的所有企业(生产技术性的、财产性的综合体)被视为客体,而不是权利主体"。[③] 在企业内涵的理论更新基础上,民事立法进而对企业在法律关系中的地位进行了重新定位,并具体在《俄罗斯联邦民法典》总则第三分编民事权利客体第六章一般规定中在第132条对企业进行了专门规定,其第1款和第2款明确规定:"作为权利客体的企

---

① [苏]A. E. 卡拉斯:"国家社会主义所有权",莫斯科,1954年,第69页。参见[俄]E. A. 苏哈诺夫主编:《俄罗斯民法》(第1册),王志华、李国强译,中国政法大学出版社2011年版,第156页注释〔1〕。

② [苏]B. K. 赖赫尔:"对A. E. 卡拉斯《国家社会主义所有权》一书的评论",载《苏维埃国家与法》1955年第1期。[俄]E. A. 苏哈诺夫主编:《俄罗斯民法》(第1册),王志华、李国强译,中国政法大学出版社2011年版,第156页注释〔1〕。

③ [俄]E. A. 苏哈诺夫主编:《俄罗斯民法》(第1册),王志华、李国强译,中国政法大学出版社2011年版,第156页。

业是用以从事经营活动的财产综合体。作为财产综合体的企业在整体上是不动产。”“企业在整体上以及企业的一部分可以是买卖、抵押、租赁和与设立、变更和终止物权有关的其他法律行为的客体。”①实际上,俄罗斯在颁布民法典之前,在1992年1月29日颁布的《关于国家企业和地方企业私有化拍卖暂行条例》的总统令中就已经将企业作为财产综合体而定位为客体,其规定:“自然人和法人可以从国家和地方苏维埃购买资产变为私人所有。拍卖的对象可以是企业(作为财产综合体的企业)。”②当然,一方面由于《俄罗斯联邦民法典》的过渡性质,另一方面也是由于长期的习惯使然,“企业”术语在《俄罗斯联邦民法典》中仍然有所遗留,并在特定情形下作为主体而存在,这主要体现为《俄罗斯联邦民法典》第四章法人第四节对国有和自治地方所有的单一制企业的规定中。在这一部分,《俄罗斯联邦民法典》不仅仍然使用了“企业”术语表达,而且将单一制企业定位为主体,如其 第48条第2款规定:“……国有或自治地方所有的单一制,以及由财产所有权人拨款的机构,属于其发起人对其财产享有所有权和其他物权的法人。”③但是,诚如学者所指出的那样,即“企业”表达的遗留使用只是“因人们长期形成的习惯,使‘企业’作为主体的概念一时较难完全从法典中取消,新的民法典在国有和市政自治组织所有中保留了企业作为主体的概念并对其冠以新的名称,统称‘单一制企业’”。④ 由此可见,在《俄罗斯联邦民法典》中,“企业”作为“法人”术语的立法替代表达仅存在于单一制企业的规定中,不仅其使用范围和使用频率被大大地限制与缩小了。而且对于作为财产综合体和不动产的企业,基本上将其规定在客体之中,即只有在国家所有权和市政自治组织所有权中保留了“企业”这种非财产所有者的组织作为权利主体的概念,而在其他情况下,企业只作为权利客体对待。⑤

① 《俄罗斯联邦民法典》,黄道秀译,北京大学出版社2007年版,第87页。

② 张力:“俄罗斯民法中单一制企业的主体地位及其过渡性——转型社会中‘商业公营造物’的实证分析”,载《法律科学》2010年第5期。

③ 《俄罗斯联邦民法典》,黄道秀译,北京大学出版社2007年版,第52页。

④ 鄢一美:“俄罗斯所有制关系的变革及其法律形成”,载《中国法学》1997年第2期。

⑤ 同上。

(二)法人概念与法人分类上所有制基础的隐退与消失

所有制是苏联民法的研究中回避不了的问题,它奠定了苏联民法中所有权和民事主体分类及其保护的基础,甚至可以说所有制基础是苏联民法及其民事主体制度的最大特点之一。但诚如任何事物都处在发展变化之中,都应该用发展的眼光看待问题一样,所有制基础及其对苏联民法和民事主体制度影响和决定作用也并不是一成不变的。学者的研究表明,苏联和俄罗斯的所有制关系的变革早在 1985 年时就开始了,并以 1990 年《苏联财产所有权法》的颁布为界限分为前后两个阶段,但前一阶段的改革并没有触及所有制改革的根本关系,而 1990 年 3 月《苏联财产所有权法》的公布与生效才促成了苏联所有权理论研究的重大方向性转折。[①] 俄罗斯民法学者将《苏联财产所有权法》的通过评价为“是一个历史事件,它标志着我们的社会在社会经济和国家法律的变革中进入了重大的、具有划时代意义的阶段”。[②] 这种重大变革在内容上具体表现为:改变了所有权的概念表述,增加了“按自己的意愿”实现占有、使用和处分财产的三项权能和“所有人对属于自己的财产有权实施不与法律相违背的任何行为”的规定;将社会中存在的财产所有分为公民、集体、国家所有,承认混合所有和国家所有的多级性质;转变了对私有制的态度,在革命后的立法中第一次承认了雇佣劳动的合法化;第一次提出了恢复物权的概念和建立物权体系的设想;提出了通过“改建和扩增集体所有制”实现财产所有制“非国有化”的法律措施。[③] 由此可见,这一系列的规定与变化已经在很大程度上松动了苏联民法和民事主体制度中的所有制基础。

就俄罗斯的所有制关系改革而言,其于 1990 年 12 月 24 日颁布了《俄罗斯苏维埃联邦社会主义共和国财产所有权法》(简称《俄联邦财产

---

① 鄢一美:“俄罗斯所有制关系的变革及其法律形成”,载《中国法学》1997 年第 2 期。

② [俄]Ю. К. 托尔斯泰:“在改革条件下的所有制和所有权”,载《法学》(列宁格勒大学学报)1990 年第 4 期。转引自鄢一美:“俄罗斯所有制关系的变革及其法律形成”,载《中国法学》1997 年第 2 期。

③ 鄢一美:“俄罗斯所有制关系的变革及其法律形成”,载《中国法学》1997 年第 2 期。

所有权法》)，其在《苏联财产所有权法》的基础上做出了进一步规定与改革：一方面，其没有采用“所有制形式”来划分和规定所有权，而直接规定了“公有”和“私有”两种所有权的形式；另一方面，以“私有”替代“非国有化”的术语，出现了某些“私有化”的规范。① 而在1991年5月31日由原苏联最高苏维埃通过并于1992年1月1日生效的《苏联和各加盟共和国民事立法纲要》在俄罗斯继续适用的结果是在立法上最终取消了“所有制形式”这一政治经济学的范畴，在所有权部分直接规定“财产可由公民、法人、国家所有”。② 在此基础上，《俄罗斯联邦民法典》第212条第1款和第2款规定：“在俄罗斯联邦，承认私有、国有、自治地方所有和其他形式的所有。”“财产可以归公民和法人所有，也可以归俄罗斯联邦、俄罗斯联邦各主体、地方自治组织所有。”当代俄罗斯学者据此将所有权分为公共所有权和私人所有权，而这种区分“并不是要根据权利主体身份的不同而划分不同权利的等级，而是旨在识别是否存在客体的特殊性，及对特殊客体的权利行使方式的特殊性要求”。③ 正因如此，《俄罗斯联邦民法典》第212条第4款又规定：“一切财产所有权人的权利均受到同等的保护。”在法人分类上，《民事立法纲要》“首次规定了拥有自己独立财产的民事主体——法人，根据活动目的，法人分为商业组织和非商业组织”。④ 由此可见，历经10年的改革，俄罗斯的所有制关系早已经在立法与观念上发生了很大变化。而制定于向市场经济过渡中的《俄罗斯联邦民法典》必定对10年的所有制关系改革进行立法上的总结与推进，在法人制度上主要体现为法人概念表述和法人分类上所有制基础的隐退和消失。

就法人概念表述而言，其应该涵盖和体现法人的全部基本特征，而独立财产作为法人构成中必不可少的要素，也应该是其概念中必须有的表述。而随着苏联时期就已经开始和日益深入的所有制关系改革，国家所

---

① 鄢一美：“俄罗斯所有制关系的变革及其法律形成”，载《中国法学》1997年第2期。

② 参见《苏联和各加盟共和国民事立法纲要》第44条第1款。

③ ражданскоеправо：В2Т. Том2：учебник/от в. ред. проф. Суханов. Е. А. -3-еизд. перераб. идоп，М.：БЕК，2007. 91－92.

④ 王志华：“俄罗斯公司立法综论——兼与中国公司立法比较”，载《北方法学》2008年第6期。

有权实现方式的变化促成了所有权与经营权的分离,而所有权表述的变化和所有制形式划分的最终废弃使法人独立财产的性质发生了根本改变和扩充,即法人独立财产的基础既可以是所有权,也可以是其享有经营权或者业务管理权的财产,并可以以此财产承担责任。这就形成了《俄罗斯联邦民法典》第48条第1款对法人的概念表述:“凡对独立财产享有所有权、经营权或业务管理权并以此财产对自己的债务承担责任,能够以自己的名义取得和实现财产权利和人身非财产权利并承担义务,能够在法院起诉和应诉的组织,都是法人。”①

就法人分类而言,苏联和俄罗斯所有制关系改革成果的另一个体现就是在民事立法上基本弃用了法人分类上的所有制基础,而代之以法人活动的性质。具体而言,《俄罗斯联邦民法典》基本上继受了1991年《民事立法纲要》对法人的分类,即根据法人的活动性质,将法人分为商业组织和非商业组织。如其第50条第1款规定:“法人可以是以获取利润为其活动基本宗旨的组织(商业组织),或者是不以营利为基本目的,也不在其参加者中分配所获利润的组织(非商业组织)。”②而根据其第2款和第3款规定,以营利为目的的商业组织包括商合伙和商业公司、生产合作社、国有和自治地方所有的单一制企业,非商业组织则包括消费合作社、社会团体和宗教团体(联合组织)、由财产所有权人拨款的机构、慈善基金会和其他基金会。而且对于商业组织,除单一制企业外,立法赋予它们的是一般的权利能力,而非专门权利能力,从而使它们获得了广泛地参加民事活动的可能。而非商业组织以完成社会文化任务及类似的非财产性质的任务为目的和宗旨,并不以参加民事流转为必要。因此,虽然非商业组织被允许从事经营活动,但却具有辅助性。③ 而且《俄罗斯联邦民法典》第50条第3款对非商业组织参加经营活动设有严格的条件限制,即“仅以为达到其成立宗旨而服务并以符合该宗旨为限”。④ 由此可见,其

① 《俄罗斯联邦民法典》,黄道秀译,北京大学出版社2007年版,第52页。

② 同上书,第53页。

③ [俄]E. A. 苏哈诺夫主编:《俄罗斯民法》(第1册),王志华、李国强译,中国政法大学出版社2011年版,第157~158页。

④ 《俄罗斯联邦民法典》,黄道秀译,北京大学出版社2007年版,第53页。

第50条对法人的分类完全建立在法人活动的商业性与非商业性的区分之上,已经没有任何所有制的踪影了,这与其市场经济的发展取向是完全一致的。“法人的出现、运作和发展取决于经济生活占统治地位的经营机制类型,即经济活动调节器的通常体制——这就是市场体制、计划集中体制和混合体制。法人网络的扩大或缩小,它们这些或那些种类的出现或消失也正是取决于这一点。”①

当然,由于俄罗斯过渡性市场经济的特点,还保留着某些计划经济的产物,如单一制企业和机构,并由此决定了1994年颁布的《俄罗斯联邦民法典》中还存在法人分类上的一些特殊标准,即根据法人对其财产是否有所有权分为对财产享有所有权的法人和对财产非享有所有权的法人。②如其第48条第2款和第3款规定:“法人的发起人(参加人)由于参与创立法人财产,能够对该法人享有债权或对其财产享有物权。商合伙和商业公司、生产合作社和消费合作社,属于其参加人对其财产享有债权的法人。国有或自治地方所有的单一制企业,以及由财产所有权人拨款的机构,属于其发起人对其财产享有所有权和其他物权的法人。”③“社会团体和宗教团体(联合组织)、慈善基金会和其他基金会、法人的联合组织(协会和联合会),属于发起人(参加人)对之不享有财产权利的法人。”④由此可见,虽然《俄罗斯联邦民法典》对法人主要以活动性质作为分类标准,但所有权标准的采用仍然使其保留了某些所有制基础的影响,由此也验证了法律具有自身的相对独立性,并永远落后于社会发展的至理名言。或者说,法律发展具有自身明显的相对独立性,它与社会发展之间存在某种不平衡的关系。这就是说,在特定社会条件下,法律并不是紧随着社会经济条件的变革而发生相应的变革,它有时会落后于社会生活并与其发展要求相矛盾,因而它的发展绝不是同社会经济条件的一般发展成比

---

① [俄]E. A. 苏哈诺夫主编:《俄罗斯民法》(第1册),王志华、李国强译,中国政法大学出版社2011年版,第156页。

② 同上书,第156~157页。

③ 1991年《俄罗斯联邦民法典》第48条的规定是:“……国有或自治地方所有的单一制企业,其中包括它们的子企业以及由财产所有权人拨款的机构,属于其发起人对其财产享有所有权和其他物权的法人。”2002年11月14日第161号联邦法律修订为现在的规定。

④ 《俄罗斯联邦民法典》,黄道秀译,北京大学出版社2007年版,第52页。

例的。[①]

（三）法人权利能力的一般化发展

在苏联计划经济体制下，对社会主义经济计划组织原则的强调与贯彻要求一切社会组织都必须为建设共产主义社会的同一目的而努力和行动，而法人成立上的国家权力因素又决定了法人权利能力的获得及其范围必须由法律规定，具体由各法人的章程或法人条例确定。因而，每个法人各有自己的权利能力范围，即"法人的权利能力是一种特殊的权利能力"。[②] 而且只有严格地执行与贯彻法人特殊权利能力的原则才能确保其权利能力符合成立法人时所希望达到的目的。也就是说，苏联民事立法必须确认法人只能在法律、章程或法人条例规定的权利能力范围内进行活动，一旦逾越即应被认定为无效。因此，苏联学者通常认为法人违反它的特殊权利能力的行为，即违反章程的法律行为也应当受到《苏俄民法典》第30条规定的调整，而应当认定为无效。[③] 1964年《苏俄民法典》第50条也明确规定："法人所实施的法律行为，如果违反其章程、条例或同类组织的一般条例所规定的目的，则一律无效。"[④]由此可见，两部《苏俄民法典》都确认了法人的特殊权利能力，并严格遵循越权行为无效原则。

应该说，相较于自然人而言，法人主体在近现代社会中都具有更大的影响力。因为一方面，法人不仅是重要的经济活动的主体，而且"构建法人是组织经济活动相当有效的方式"；[⑤]另一方面，法人的设立与消灭、法人的种类、法人的财产与责任等对社会秩序的影响也是巨大的。因而，任何国家都不可能完全放弃对法人的权力干预。而法人的权利能力决定了

---

① 公丕祥著：《法制现代化的理论逻辑》，中国政法大学出版社1999年版，第18页。

② ［苏］坚金主编：《苏维埃民法》（第1册），中国人民大学民法教研室译，法律出版社1956年版，第198页。

③ 1922年《苏俄民法典》第30条规定："违反法律目的或者规避法律的法律行为，和显然对国家有损害的法律行为一律无效。"参见《苏俄民法典》，郑华译，法律出版社1956年版，第9页。

④ 中国社会科学院法学研究所民法研究室编：《苏俄民法典》，中国社会科学出版社1980年版，第19页。

⑤ ［俄］E. A. 苏哈诺夫主编：《俄罗斯民法》（第1册），王志华、李国强译，中国政法大学出版社2011年版，第155页。

法人行动的范围与领域，更需要国家权力的确认和授予。同时，发起人设立法人各有其目的，而法人只有在其目的范围内活动才能实现和满足发起人设立法人制目的。因此，各国立法基本都对法人的权利能力作出限制性的规定，并要求法人在法律规定的范围内进行活动。《俄罗斯联邦民法典》也在第49条第1款第1项作出了类似规定：“法人能够享有符合其设立文件所规定的活动宗旨的民事权利并承担与该活动有关的义务。”①由此可见，通过这一规定，《俄罗斯联邦民法典》对法人的权利能力设定了目的性限制，使“法人的权利能力被推定为有限的”。②

与此同时，考虑到市场经济发展及法人活动的需求，《俄罗斯联邦民法典》第49条第1款第2项又对法人的权利能力作出了扩张性规定：“商业组织，除单一制企业和法律规定的某几种组织外，可以享有为进行法律不予禁止的任何种类的活动所必需的民事权利并承担民事义务。”③据此，除了单一制企业和法律规定的某些组织外，商业组织获得了从事任何不与法律相抵触的活动所必要的民事权利和承担民事义务的能力，即一般权利能力。商业组织一般权利能力的获得意味着即便该类法人实施了超越其设立文件规定的活动宗旨的行为也未必发生无效的效果，并由此与《俄罗斯联邦民法典》第173条的规定形成了对应，其规定：“法人违背其设立文件对其活动宗旨的一定限制而实施的法律行为，或者法人不具有从事有关活动的执照而实施的法律行为，如果已经证明该法律行为的另一方知道或显然应该知道法律行为非法，则可以依照该法人、法人的发起人（参加人）或对法人活动实行国家监督的国家机关的请求由法院确认为无效。”④不过应当注意的是，即便《俄罗斯联邦民法典》赋予了商业组织一般权利能力，但对于诸如保险、金融等经营活动，仍然需要以国家的专门许可为前提，故其第49条第1款第3项规定：“对法律明文列出的

---

① 《俄罗斯联邦民法典》，黄道秀译，北京大学出版社2007年版，第52页。

② ［俄］E. A. 苏哈诺夫主编：《俄罗斯民法》（第1册），王志华、李国强译，中国政法大学出版社2011年版，第165页。

③ 《俄罗斯联邦民法典》，黄道秀译，北京大学出版社2007年版，第52页。

④ 同上书，第100页。

某些种类的活动,法人必须取得专门许可(执照)方能从事。"[①]之后,该条第3款第2项又规定:"法人进行须领取执照方能从事的活动的权利,如果法律或其他法律文件未作不同规定,则自取得该执照之时产生或在执照规定的期限内产生,并在执照有效期届满时终止。"[②]

(四)法人类型的多样性扩张

俄罗斯法人立法及其理论在当代发展的一个十分明显的特色就是法人种类的繁多。如前所述,虽然由于俄罗斯市场经济的过渡性质,在《俄罗斯联邦民法典》中仍然留有法人分类上的所有制基础残余,但法人的活动性质仍然是其民法典对法人分类的主要标准,《俄罗斯联邦民法典》第50条并据此将法人分为商业组织与非商业组织两类。其中,作为商业组织的法人包括商合伙和商业公司、生产合作社、国有和自治地方所有单一企业,而非商业组织则包括消费合作社、社会团体和宗教团体(联合组织)、由财产所有权人拨款的机构、慈善基金会和其他基金会等。

就具有商业组织人格的法人而言,根据《俄罗斯联邦民法典》第66条第2款和第3款的规定,商合伙只能采取无限公司和两合公司的形式,商业公司则可以股份公司、有限公司或补充责任公司的形式设立。[③] 因而,在俄罗斯,商合伙包括无限公司和两合公司两类,商业公司则包括有限责任公司、补充责任公司、股份公司、子公司和附属公司。其中,补充责任公司比较有特色是指"由一人或几人成立,其注册资本按其设立文件规定的数额分成若干股份,公司的股东按公司设立文件规定的所有权人相同的投资价值倍比数额以自己的财产对公司的债务连带地承担补充责任"的公司。[④] 由此可见,补充责任公司只是在公司财产不能清偿到期债务,股东承担责任方面与有限责任公司不同,其他方面基本同于有限责任公司,故《俄罗斯联邦民法典》第95条第3款规定对其适用有限责任公司

---

① 《俄罗斯联邦民法典》,黄道秀译,北京大学出版社2007年版,第53页。

② 同上书,第53页。

③ 同上书,第60页。

④ 《俄联邦民法典》第95条第1款。参见《俄罗斯联邦民法典》,黄道秀译,北京大学出版社2007年版,第70页。

的规定。除上述商业公司外，俄罗斯实际上还有一种比较特殊的公司，即雇员股份公司（人民企业）。虽然《俄罗斯联邦民法典》第 50 条第 2 款没有规定这种商业公司，但 1998 年 7 月 19 日第 115 – Ф3 号《雇员股份公司法律地位特征法（人民企业法）》[①]确立了雇员股份公司这种新的商业组织类型。雇员股份公司在俄罗斯的出现主要是为了保护作为国有企业股份公司小股东的受雇人员的利益，并为维持《俄罗斯联邦民法典》的稳定性而通过特别法的形式规定的。[②] 但是，有俄罗斯学者认为，雇员股份公司根本不是股份公司的一个类型，而是股份公司的变种，或者说是法人的某种混合形式，以最奇特的形式包含着商业公司和生产合作社的元素。[③]

就非商业组织人格的法人而言，特别值得一提的则是机构和国家社团。根据《俄罗斯联邦民法典》第 120 条第 1 款和《俄罗斯非商业组织法》第 9 条第 1 款规定，所谓机构是指财产所有权人为行使管理职能、社会文化职能或其他非商业性职能而成立的并由财产所有权人完全或部分拨款的组织。机构可以是公共机构，也可以是私人机构，具体包括国家和地方自治组织的权力机关和管理机关，以及教育、科研、卫生、文化和体育运动等组织，如中小学和高等学校、科研所、医院、博物馆、图书馆等。[④]机构作为法人，不同于其他法人的最大特点，一方面在于机构的财产来源于所有权人全额或部分拨款，并仍由所有权人对拨款享有所有权，而机构对这部分财产并不享有所有权，其只能依据《俄罗斯联邦民法典》第 296 条规定对划拨给它的财产，在法律规定的限度内，根据自己活动的宗旨、财产所有权人提出的任务和财产的用途，行使占有、使用和处分的权利。而所有权人则有权收缴多余的、未得到使用的或未按用途使用的财产，并按照自己的意志进行处分。另一方面在于机构仅以归其处分的资金对其

---

① 1998 年 7 月 19 日第 115 – Ф3 号《雇员股份公司法律地位特征法（人民企业法）》，《俄罗斯联邦法律汇编》1998.3，第 3611 号；第 2002.12，第 1093 号。

② ［俄］E. A. 苏哈诺夫主编：《俄罗斯民法》（第 1 册），王志华、李国强译，中国政法大学出版社 2011 年版，第 209 页。

③ ［俄］A. П. 谢尔盖耶夫、Ю. К. 托尔斯泰：《民法》（第 6 版第 1 卷），莫斯科，2002 年，第 188 页。

④ ［俄］E. A. 苏哈诺夫主编：《俄罗斯民法》（第 1 册），王志华、李国强译，中国政法大学出版社 2011 年版，第 254 页。

债务承担责任。而在资金不足时,则由所有权人承担补充责任。因此,在《俄罗斯联邦民法典》中,机构属于唯一一个对其财产不享有所有权而享有业务管理权的非商业组织,其权利能力具有狭窄的专门性。因此,俄罗斯学者认为,"与单一制企业一样,机构不是发达的商业流转的特性,它们是社会主义制度的残余。但是,它们参加流转对第三人的危险性由于其作为发起人的所有权人对其债务的无限补充责任而大为降低。所以,法律不仅对公共所有权人,而且对私人所有权人都保留了这一结构"。[①]

国家社团是由《俄罗斯非商业组织法》规定的非商业组织法人的一种特殊形式,具体是指由"俄联邦利用财产捐赠、为实现社会职能、管理职能或其他社会有益职能而建立的、不实行成员制的非商业组织"。[②] 与机构相比较,国家社团的权利能力也具有专门性,但不同之处在于为设立国家社团而捐赠给它的财产归国家社团所有,并由国家社团以自己财产对其债务承担责任,而俄联邦对国家社团的债务不承担任何责任。

四、俄联邦和联邦各主体的特殊民事主体地位肯认

在俄罗斯的民事主体制度中,还有一个值得一提的就是俄罗斯联邦、各联邦主体和自治地方,即公权组织在民事立法和民事法律关系中的地位了。对此,《俄罗斯联邦民法典》第 124 条第 1 款明确规定:"俄罗斯联邦、俄罗斯联邦各主体:各共和国、各边疆区、各州、各联邦直辖市、自治州、自治专区,以及各城市、农村居民点和其他地方自治组织与民事立法所调整关系的其他参加者——公民和法人,依照平等原则参加民事立法所调整的社会关系。"[③]据此,俄联邦、联邦各主体和地方自治组织等公权组织可以与俄联邦公民和法人一样参加各种民事法律关系,具有同样的民事主体身份,并与其他主体处于平等地位。在俄罗斯学者看来,"国家和其他公法组织在民事流转中按照平等原则与流转的其他参加人发生关

---

① [俄]E. A. 苏哈诺夫主编:《俄罗斯民法》(第 1 册),王志华、李国强译,中国政法大学出版社 2011 年版,第 253 页。

② 同上书,第 256 页。

③ 《俄罗斯联邦民法典》,黄道秀译,北京大学出版社 2007 年版,第 84 页。

系，这出于民法的一般原则，也是民法（私法）性质本身的要求”。[①] 但是国家等公权组织的平等地位却由此产生了另一个问题，即俄联邦、联邦各主体和地方自治组织等公权组织属于什么性质的民事主体？这一问题的回答与前面所谈国家主体地位问题有异曲同工之妙。

应该说，俄联邦、联邦各主体和地方自治组织等公权组织原本是以公权力的享有与行使为目的与职能的组织，即应当属于公法之主体。而《俄罗斯联邦民法典》的规定却赋予他们以民事权利能力与民事行为能力，从而使其成为私法之主体。那么，俄联邦、联邦各主体和地方自治组织等公权组织是否为公法人呢？对于公法人与私法人的区分在民法中是否具有意义，俄罗斯学者曾经存在很大的争议，但当代俄罗斯学者基本接受了德国关于公法人与私法人的区分及其分类标准，即认为私法人是依设立合同、捐助行为等私法上的设立行为而产生的，而公法人是依国家的公权力行为而产生的，尤其是通过法律或行政行为而设立的，并基本认可公法人在设立程序上的国家命令、权利能力的公共目的限制、责任能力上的非完整性，以及破产能力上的有限性等特点。[②] 但是，却并不能据此得出俄联邦、联邦各主体和地方自治组织等公权组织属于公法人的结论。因为一方面，从该项规定在《俄罗斯联邦民法典》中所处的位置来看，立法者虽然将其与公民、法人同列于第二分编“人”之下，但三者各自独占一章，即其并没有将俄联邦、联邦各主体和地方自治组织等公权组织规定在第四章法人之中。因此，仅就体例安排与编制而言，俄联邦、联邦各主体和地方自治组织等公权组织应当不属于法人，自然也谈不上属于公法人了。另一方面，与俄联邦、联邦各主体并处规定的其他主体，即地方自治组织，如各边疆区、各州、各联邦直辖市、自治州、自治专区，以及各城市、农村居民点和其他地方自治组织，并非均以公权力的行使为目的与职能，即并非均为公权力主体。因而，就此而言，如果将俄联邦、联邦各主体以公权力行使为内容与职能的组织体定性为公法人尚且勉为其难，则将所有的地

---

① ［俄］E. A. 苏哈诺夫主编：《俄罗斯民法》（第 1 册），王志华、李国强译，中国政法大学出版社 2011 年版，第 259 页。

② 张力：“俄罗斯民法中单一制企业的主体地位及其过渡性”，载《法律科学》2010 年第 5 期。

方自治组织一并作为公法人来看待则是有问题的。综上所述，就《俄罗斯联邦民法典》的规定而言，俄联邦、联邦各主体和地方自治组织等公权组织既不属于法人，也不属于公法人，如果采用我国学者的表述可以将其为公民和法人之外的第三民事主体。不过，这些主体毕竟与法人主体具有很大程度上的相似性，即它们都是依照法律或有关规定设立的组织形式的主体、都有一定的组织机构、都有自己的独立财产，并以其财产承担责任等。因此，《俄罗斯联邦民法典》在将俄联邦、联邦各主体和地方自治组织等公权组织作为第三民事主体进行规定的同时，又在第 124 条第 2 款规定对其"适用规定法人参加民事立法所调整关系的规范"，以此避免立法上的重复规定。但是，俄联邦、联邦各主体和地方自治组织等公权组织作为第三民事主体又具有不同于法人的某些特点，完全适用法人的调整规范一方面可能造成对其自身特点的忽视，另一方面也可能影响其目的和宗旨的实现。因此，《俄罗斯联邦民法典》第 124 条第 2 款在规定对俄联邦、联邦各主体和地方自治组织等公权组织适用法人规范进行调整的同时，又设置了但书的规定，即"从法律上或上述主体的特点得出不同结论的除外"。也就是说，如果对俄联邦、联邦各主体和地方自治组织等公权组织参加的民事法律关系适用法人规范加以调整将产生与法律或其自身特点不相符的结果时，则应该排除法人规范的适用，转而适用法律的特殊规定。因此，如果从对俄联邦、联邦各主体和地方自治组织等公权组织参加的民事法律关系可以适用法律的特殊规定，而不是一概适用法人的规定而言，也可以将俄联邦、联邦各主体和地方自治组织等公权组织谓为公民和法人之外的"特殊民事主体"，即"现行俄罗斯立法认为国家、国家和地方自治组织(公权组织)是与法人和自然人并存的、独立的、特殊的民法主体，对它们的民事法律地位适用关于法人参与民事流转的规范，但法律有不同规范或者该主体法律地位的特点有不同要求的除外"。[①] 实际上，对俄联邦、联邦各主体和地方自治组织等公权组织作为特殊民事主体的定位与俄罗斯学者的认识也是一致的，如俄罗斯学者认为自治地

---

① [俄]E. A. 苏哈诺夫主编:《俄罗斯民法》(第 1 册)，王志华、李国强译，中国政法大学出版社 2011 年版，第 260 页。

方不是公法人，而是特殊民事主体。① 而《俄罗斯联邦民法典》关于俄联邦、联邦各主体和地方自治组织等公权组织的规定，以及俄罗斯学者对其特殊民事主体地位的认识完全可以看作苏联特殊民事主体理论在当代俄罗斯民事立法和民法理论中的继承与延续。而且在俄罗斯学者看来，《俄罗斯联邦民法典》赋予国家和地方自治组织等公权组织以特殊民事主体地位，正是源于其与法人在功能目的上的差异，即俄联邦、联邦各主体和地方自治组织等公权组织的建立“不是为了参加民事法律关系，参与民事法律关系对于它们相对于主要活动则具有被迫的、辅助的性质。应该认同这样的论断：国家（和其他公权组织）的民事权利能力虽然就其内容而言是相当广泛的，但整体上具有专门性质，而不是普遍性质”。②

在明确俄联邦、联邦各主体和地方自治组织等公权组织在《俄罗斯联邦民法典》中的特殊民事主体地位之后，需要解决的另一个问题就是国家和其他公权组织与其机关之间的关系，或者说是机关的法律地位问题。因为俄联邦、联邦各主体和地方自治组织等公权组织虽然是不同于自然人与法人的特殊主体，但毕竟是与法人一样的组织体，其权利能力与行为能力必须借助于其机关来实现。因此，《俄罗斯联邦民法典》第125条第1款和第2款规定：“国家权力机关在规定这些机关法律地位的文件所确定的权限范围内，能够以俄罗斯联邦和俄罗斯联邦各主体的名义通过自己的行为取得和行使财产权利和人身非财产权利，产生并履行财产义务和人身非财产义务，在法院起诉和应诉。”“地方自治机关在规定这些机关法律地位的文件所确定的权限范围内，能够以地方自治组织的名义通过自己的行为取得和行使本条第1款所规定的权利，产生并承担本条第1款所规定的义务。”③由此可见，国家权力机关和地方自治机关在法律所规定权限范围内的行为就是俄联邦、联邦各主体和地方自治组织等公权组织的行为。这些公权组织才是民事法律关系的参加者，并以其未转移

① леонова. г. ъ. ,унит арное предприят ие как субъект гражданского правзаконодат ельст во, 2001. No8 ,c23.

② ［俄］E. A. 苏哈诺夫主编：《俄罗斯民法》（第1册），王志华、李国强译，中国政法大学出版社2011年版，第260～261页。

③ 《俄罗斯联邦民法典》，黄道秀译，北京大学出版社2007年版，第84页。

给国家法人而归自己所有的那部分财产对自己的债务承担责任。[①] 而这些机关本身并不是民事法律关系的参加者,也不是独立的民事主体。

第二节 中国民事主体制度“去苏联化”的路径探寻

俄罗斯作为苏联的法定继承国,其民事立法和民法理论也不可避免地继承与沿袭了很多苏联法的诸多内容,但如今再将目光投向俄罗斯,我们将发现其已经在相当程度上废弃或者修改了苏联法的很多内容与理论,并且仍然在继续努力之中,以适应和满足其不断发展的市场经济需求。这不仅表现在《俄罗斯联邦民法典》的制定与通过上,更表现在对该民法典所进行的频繁修订上。就民事主体部分的修订看,立法者对法人部分的修改更是频繁而量大,由此显示出法人作为交易人格与经济现实联系之密切,其类型、制度内容与国家管理也自然成为立法者关注之重点。仔细审视我国的民事主体立法及其理论,苏联法的印记不仅仍然十分明显,而且已经在很大程度上制约了我国民事主体制度的发展。因而,此时面对俄罗斯民事主体制度在立法和理论上的修订与更新,我们必须做出“去苏联化”的选择,并尽快探寻出“去苏联化”之路径,以最终走出苏联范式之影响,促进我国民事主体制度和民事立法之发展。

一、以“自然人”表达彰显传统民法之精神

在人类社会中,语言作为一种符号是如此的重要,海德格尔曾对此概述道:“语言是存在之家。”[②]确实如此,语言不仅是表达世界图像的工具,

---

① 参见《俄联邦民法典》第126条第1款规定:“俄罗斯联邦、俄罗斯联邦各主体、地方自治组织以归它们所有的财产对自己的债务承担责任,但它们划拨给它们所成立的法人并归其经营或业务管理的财产以及只能归国家或地方自治组织所有的财产除外。”“只有在法律规定的情况下才允许对归国家和地方自治组织所有的土地和其他自然资源进行追索。”参见《俄罗斯联邦民法典》,黄道秀译,北京大学出版社2007年版,第85页。

② [德]海德格尔著:《在通向语言的途中》,孙周兴译,商务印书馆1997年版,第134页。

是反映一定意义体系的符号，更是一定秩序观念和世界观的反映。[①] 法律语言也同样如此。就“公民”与“自然人”称谓而言，虽然二者都是以生物人为基础的个人主体的法律表达，都可以以其为工具进行语言与学术交流，但二者反映的价值观念与精神却迥然相异。我国民事主体制度的“去苏联化”与现代转向不仅仅需要在法律表达上与世界同步，更需要在法律语言的表达上弃用“公民”而复归“自然人”，实现价值理念的转向、更新与培育。

（一）“自然人”表达的自然法精神展现

在法律思想的发展史中，自然法存在古典自然法与现代自然法的流派差异，其共同的核心思想在于认为在某一特定时期不仅仅存在适用于某一特定国家的实证法，还存在一种更深层次的法，即自然法。[②] 但由于二者虽然保留了“自然法”的同一称谓，而在内涵上却早已分道扬镳，故实际上现代自然法[③]更能迎合与满足资产阶级学者的价值诉求并成为近代民法的精神源泉。一般认为，现代自然法理论以格劳秀斯为创始人。[④] 他一方面摆脱了神启对于永恒秩序与自然法的发现与引导，从而使现代自然法走向世俗化；另一方面致力于探究人的本性，认为通过一系列严格的逻辑演绎完全能够发现和提取出自然法的规则与准则。虽然格劳秀斯并没有承认人的理性是自然法的唯一渊源，但其对人类本性的探究与强调使其成为一位唯理主义者，从而认为在自然法之外还存在一种意愿的法，其约束力来自人民的允诺，[⑤]这一方面体现出某些社会契约论的思想，另一方面使理性与自然法相连。因此可以说，格劳秀斯“标志着从形

---

① 朱晓喆：“自然人的隐喻——对我国民法中‘自然人’的语言研究”，载《北大法律评论》（第4卷第2辑），北京大学出版社2001年版，第499页。

② [法]雅克·盖斯旦、吉勒·古博著：《法国民法总论》，陈鹏等译，法律出版社2004年版，第8页。

③ 现代自然法中的“现代”是历史含义上的，指16～18世纪这一时段的自然法流派与思想。

④ [德]弗朗茨·维亚克尔著：《近代私法史》，陈爱娥、黄建辉译，上海三联书店2006年版，第291页。

⑤ [法]雅克·盖斯旦、吉勒·古博著：《法国民法总论》，陈鹏等译，法律出版社2004年版，第13页。

而上学的自然法到唯理主义的自然法的转型”。[①] 而格劳秀斯的学说经过普芬道夫的阐释后，理性成为自然法的唯一源泉。从而，“法律就在理性之中，思辨性推理能够从其自身中、从对于其自身抽象性质的沉思中，推导出表现为公理形态的一切法律，一切道德，一切正当”。[②] 自然法从此成为理性的规律和理性的法。

理性的自然法与个人主义紧密相连，或者说具有个人主义的特点。这始于笛卡尔，他的天使认识论[③]使个人的智力和理性成为自足，并由此成为个人主义的人性观之父。[④] 之后，理性自然法与启蒙运动结盟，成为启蒙思想家们实现革命理想的有力工具与精神旗帜。而在洛克那里，他预设了一种由自由、平等、孤立的个体存在组成的自然状态，在自然状态中，“有一种为人人所应遵守的自然法对它起着支配作用；而理性，也就是自然法，教导着有意遵从理性的全人类：人们既然都是平等和独立的，任何人就不得侵害他人的生命、健康、自由或财产”。[⑤] 由此，个人的权利成为先验，任何既存的秩序都发源于个人权利，法律也不再是客观的规范秩序，自然法成为一类或一束个人权利的一种唯名论象征。[⑥] 个体的孤立存在和个体权利体现出洛克自然法的浓郁个人主义色彩。与此同时，现代自然法的唯理主义特征又在启蒙运动中促成了现代法典化的潮流，以期透过体系性地穷尽安排所有的法律素材来达成广泛的社会规划。[⑦] 而这些法典也不可避免地张扬着自然法精神，成为自然法的法典。

---

① [德]海因里希·罗门著:《自然法的观念史和哲学》，姚中秋译，上海三联书店2007年版，第65页。

② 同上书，第70页。

③ 笛卡尔认为人在对存在于其理性中的东西，即天生的理念进行建构性地开发后，完全有能力依据其天生的理念，借助于数学的逻辑推理构造出整个世界。于是，无须社会性的精神根源，个人的智力和理性成为自足。

④ Jacques Maritain, Three Reformers: *Luther-Descartes-Rousseau*, New York: Charles Scribner's Sons, 1929, pp. 54ff. 转引自[德]海因里希·罗门著:《自然法的观念史和哲学》，姚中秋译，上海三联书店2007年版，第80页。

⑤ [英]洛克:《政府论》(下篇)，叶启芳、瞿菊农译，商务印书馆2008年版，第4页。

⑥ [德]海因里希·罗门著:《自然法的观念史和哲学》，姚中秋译，上海三联书店2007年版，第82页。

⑦ [德]弗朗茨·维亚克尔著:《近代私法史》，陈爱娥、黄建辉译，上海三联书店2006年版，第321页。

《法国民法典》是自然法法典的典型，该法典在最终草案的序编中开宗明义地阐明：“存在着一种普遍的永恒的法，它是一切实在法的渊源：它不过是统治着全人类的自然理性。”①在《法国民法典》中，人与自然人在内涵与范围上的一致是自然法理性精神的集中体现。在《法国民法典》之前的历史上，外在于人的身份、财产是人获得民事法律上主体资格的依据，自然意义上的生物人不可能全部成为法律上的主体，而《法国民法典》开编在“人”的标题下直接展开对自然人，即法国人和外国人的规定，使自然状态中有意遵循理性指导的所有人都可以因为权利的享有而成为法律上的主体，这即其第 8 条“所有法国人都享有民事权利”的历史性规定。虽然此处“法国人”的表达带有某种狭隘的民族主义色彩，但其因人的理性而将所有有生命的人纳入实证法的调整范围，既完成了自然状态中的人向文明社会中的人的转化，也使原本意义上的人，即作为生命存在体的人因其自然属性而全部获得了法律上的主体资格，实现了生物人与法律人的同一；既体现了对理性的尊崇，也与伦理价值判断获得了一致。也就是说，理性成为连接生物人与法律人的伦理依据。而且为了贯彻对理性的绝对尊崇，《法国民法典》确立了一元化的主体结构，只承认自然人为唯一民事主体，从而使人与自然人在内涵与范围上获得一致。与此同时，这种一元化的主体结构也是现代自然法的个人主义特征和绝对个人主义思想的典型体现。“因为在个人主义观念看来，团体的存在，将可能侵害个人的意思自由及其直接存在范围。”②于是，“个人主义的自然法在使个体的人直接站立在上帝面前的同时，也使个人直接与国家相连，其间没有任何中间存在”。③

至《德国民法典》时代，不仅社会政治经济条件发生了显著变化，自然法理论也开始备受批判，并尤以德国历史法学派对自然法的批判显为

① ［法］阿·布瓦斯泰尔：“法国民法典与法哲学”，钟继军译，载徐国栋主编：《罗马法与现代民法》（第 2 卷），中国法制出版社 2001 年版，第 290 页。

② 龙卫球著：《民法总论》（第 2 版），中国法制出版社 2002 年版，第 182 页。

③ 王春梅著：《民事主体的历史变革与当代建构》，人民出版社 2011 年版，第 62 页。

激烈。他们认为自然法是不确切的,也是无用的,[①]并最终使实证主义在《德国民法典》中战胜了自然法。但是,自然法的理性精神和个人主义仍然留存于《德国民法典》之中。在这一点上,拉德布鲁赫对《德国民法典》的评价是十分精准的,他说:"与其说是20世纪的序曲毋宁说是19世纪的尾声。"[②]

《德国民法典》第一编第一章同样以"人"为标题,其对人的规定同样始于自然人,并且超越了狭隘的民族主义而承认所有生物人具有主体资格与地位。即"《德国民法典》承认一切生物人无条件地当然为权利主体,甚至不问国籍,并第一次创造专门术语'自然人'表达,以区别民法上的另一类权利主体'法人'"。[③] 但是,恰恰由于增加了组织类的法人主体,一方面导致人在内涵与范围上不再能够与自然人同一;另一方面与基于伦理价值观念考量,即基于人的本性,以及对人的尊严、自由和平等的尊重而承认所有生物人具有主体资格不同,法人主体资格的赋予完全是社会经济生活的客观要求与结果,即"法人制度的出现纯粹是经济发展的需求导致法律技术进步的结果,是一种经济生活的客观现实与法律技术运用相结合的产物"。[④] 或者说,"法人纯粹基于法律技术上的需要而被赋予法律关系主体的性质,其非为满足人的本质与尊严之需要而设"。[⑤] 因此,为了使"自然人"和"法人"能够统一于"人",必须剔除和抛开主体资格获得上的伦理因素而另辟其他。于是,权利能力的法技术工具被创造出来,并使自然人和法人统一于"人"这一法律关系主体之下。诚如德国学者所言:"《德国民法典》中使用的'人',是一个形式上的概念。构成这一概念的必要条件只有权利能力,而不包括行为能力和过错能力。因此,这个形式上的'人'的内涵,没有它的基础——伦理学上的'人'那样丰富。在伦理学上的'人'所具有的所有特性中,它只具有唯一的一个:

① [法]雅克·盖斯旦、吉勒·古博著:《法国民法总论》,陈鹏等译,法律出版社2004年版,第14~16页。

② [德]K.茨威格特、H.克茨著:《比较法总论》,潘汉典等译,法律出版社2003年版,第225页。

③ 龙卫球著:《民法总论》(第2版),中国法制出版社2002年版,第193页。

④ 尹田:"论自然人的法律人格与权利能力",载《法制与社会发展》2002年第1期。

⑤ 同上。

权利能力。对人的概念的形式化,使法律制度可以将人的概念适用于一些形成物。它们虽然不是伦理学意义上的人,但法律制度赋予它们‘权利能力’。这些形成物就是‘法人’。”[①]而这一法技术工具的创设纯粹是德国潘德克吞学派理性思辨的结果。而且就《德国民法典》中人或民事主体的典型形象——抽象的理性人而言,也是理性思维的产物,其必须通过一系列的手术切断实存之人的情感、纯化其意志才能使其符合理性标准,之后再通过“经验的”与“思维的”区分,使其灵魂出壳后才能成为真正的理性人。[②]

至19世纪末《德国民法典》制定之时,虽然社会经济形式的变化已经提出社会化面向的要求,而且可以说《德国民法典》也已经做出了一些适应与努力,如规定了如诚信原则、善良风俗、交易伦理、重大事由和不合比例等一系列概括条款来应对社会发展变化给法律带来的冲击与变动,以此来确保立法具有一定的持续性,但就“整体来说,立法者并没有赋予私法真正的社会任务”。[③] 因而,《德国民法典》从基调上仍然是个人主义的,或者说“以德国为代表的现代国家并没有动摇近代个人主体思想和个人平等原则,其主要目标仍然是追求人人有资格享有权利和自由。个人主体制度和个人权利体现,在我们的法律世界并不是可被视为或有或无的技术,它们已经被公认为法律的价值标准,也是社会的价值标准”。[④] 一方面,《德国民法典》虽然增加和规定了法人主体,即在形式上确立了自然人与法人的二元主体结构,但其当时民事主体的主导形象仍然具有个体性,即“其主导形象是个人营业者,而非人合性团体,更谈不上资合性团体了”。[⑤] 另一方面,就现在看来应当属于对个人主义和自由主义限制

---

① [德]卡尔·拉伦茨著:《德国民法通论》(上册),王晓晔等译,法律出版社2003年版,第57页。

② 李永军:“民法上的人及其理性基础”,载《法学研究》2005年第5期。

③ [德]弗朗茨·维亚克尔著:《近代私法史》,陈爱娥、黄建辉译,上海三联书店2006年版,第462页。

④ [德]K. 茨威格特、H. 克茨著:《比较法总论》,潘汉典等译,法律出版社2003年版,第184页。

⑤ [德]弗朗茨·维亚克尔著:《近代私法史》,陈爱娥、黄建辉译,上海三联书店2006年版,第463页。

的某些规定,如对滥用契约自由的限制、暴利行为的禁止等,也并非出于对社会法趋势的考量,而是古典的、伦理性证立的自由主义致虑于法律行为伦理性游戏规则纯粹性的结果。[①] 因此,无论是《法国民法典》中与"人"同一的"自然人",还是《德国民法典》中借助于权利能力的法技术工具而与"法人"统一于"人"之下的"自然人",都蕴含与体现着现代自然法的理性精神与个人主义。

(二)"自然人"表达的人文主义精神关照

人文主义是一个在法学领域广泛使用,但又很难准确界定其内涵的名词。诚如英国学者阿伦·布洛克所指出的那样,人文主义、人文主义者等这些名词,意义多变,不同的人有不同的理解,很难有人成功做出令别人满意的定义。[②]故此处也不试图做此努力,仅在价值意义上来使用这一称谓。或者说"人文主义……是一个主题,或者更是一组超越时间,在欧洲社会的一些场合重复出现的主题;这主题总是与价值判断连接在一起的"。[③] 这种与价值判断相连接的人文主义形成于文艺复兴时期,其在世界观上否定以神为中心,而是强调以人和自我理解为中心,从而使人走出神的统治而拥有了无可置疑的、至高无上的优越地位和中心地位,人成为目的。也就是说,"人是价值世界和现实世界的自由中介,人提供目的"。[④] 既然人是目的与万物的尺度,则人性、人格、人的尊严与价值等就应该获得最大限度的发现与尊重。因此,发现和尊重人性、重视人的价值、注重人格的完整和充分的自我发展、崇尚和尊重人的尊严就成为人文主义的价值规定性。[⑤]

---

① [德]弗朗茨·维亚克尔著:《近代私法史》,陈爱娥、黄建辉译,上海三联书店2006年版,第461页。

② [英]布洛克著:《西方人文主义传统》,生活·读书·新知三联书店1997年版,绪论,第2页。

③ Michell Foucault, *What is Enlightenment*? The Foucault Reader. Ed. Paul Rabinow. Ny: Pantheon Books, 1984, p. 44. 转引自杜宴林著:《法律的人文主义解释》,人民法院出版社2005年版,第14页。

④ [俄]别尔嘉耶夫著:《论人的使命》,张百春译,学林出版社2000年版,第62页、第69页。

⑤ 杜宴林著:《法律的人文主义解释》,人民法院出版社2005年版,第22~52页。

人性是很多人文学科的研究内容，更是人文主义的价值主题。诚如休谟所言：“一切科学总是或多或少地和人性有些联系，任何科学不论似乎与人性离得多远，它们总是会通过这样或那样的途径回到人性。”[①]而在人文主义学者看来，理性是人区别于动物的特性，也是人之为人所独具的本质规定性，即将人性等同于理性。人的理性特质同时使人具有了趋于文明的特性和建构社会制度的能力。而人在以理性建构社会制度和法律制度时，以人为中心的人文主义世界观必然要求将人类自己立于主体地位，由此才能确保和实现人的优越地位与中心地位，确保和实现人的目的性。因为“人对人们不只是一个最高和最根本的价值目标，而且是最根本的价值尺度……人的价值不是手段性价值，而是属于自身关系的目的性价值”。[②]

人性具有平等性，或者说“人性平等地属于所有的人”。[③] 因此，不仅应该尊重某些人的人性与尊严，而且应该尊重所有人的人性与尊严，即“每个人都承认他人与自己一样具有价值，并且视之天然与自己是平等的，或者一视同仁地将他当作一个平等的人”。[④] 这虽然是普芬道夫所论证的人在自然法上所应当承担的责任，但理性建构的正义的实证法也应当以此为原则和价值指引，故黑格尔说：“法的命令是：成为一个人，并尊敬他人为人。”[⑤]而以《法国民法典》和《德国民法典》为代表的近代资产阶级民法典承认和赋予所有的人以民事权利和民事主体资格，并谓之“自然人”，恰恰是尊重每个人的人性与价值，尊重每个人的尊严与人格的结果。因此，“自然人”表达蕴含着尊重人性，尊重人的价值与尊严的人文主义取向。

---

① [英]休谟著：《人性论》（上篇），关文运译，商务印书馆1991年版，第6页。

② 高清海著：《高清海哲学文存》（第2卷），吉林人民出版社2007年版，第329页。转引自杜宴林著：《法律的人文主义解释》，人民法院出版社2005年版，第39页。

③ [德]萨缪尔·普芬道夫著：《论人与公民在自然法上的责任》，[英]詹姆斯·利编，[英]迈克尔·西尔弗索恩英译、支振锋译，北京大学出版社2010年版，第71页。

④ 同上。

⑤ [德]黑格尔著：《法哲学原理》，范扬、张企泰译，商务印书馆1961年版，第46页。

（三）“自然人”表达的权利内涵

“自然人”虽然是个体的生物人在私法上的术语表达与称谓，但无论是在《法国民法典》中，还是在《德国民法典》中，它都是与权利相连，并具有权利内涵的。如前所述，《法国民法典》第一编并没有直接以“自然人”来表达和称谓这类主体，而是通过“所有法国人都享有民事权利”的规定而使“自然人”与“人”获得同一的。在这里，能够享有民事权利就意味着获得和具有了法律上的主体资格与地位。因为对人的本性的关注与尊重不仅要求重视和尊重人的价值，而且形成了人的价值与本性独立于人所生存与依赖的物质与环境的认识，即认为“世间永恒的价值乃是与人本身相关的价值，它们独立于人的物质、经济和社会环境。由此，主观权利的概念得到了飞跃的发展。个体的权利并非由客观规则作为寻求公平的手段而赋予的；它是直接从人的本质中归结出来的，是自然的权利”。[①] 既然权利是先天的，也是神圣不可侵犯的，即天赋人权，则原先的“臣民们现在成为具有先天的主体性权利的法律主体”。[②] 正义的客观法也应该尊重和确认人的这些先天主观权利，尊重和确认人的法律主体地位。以自然法为指引的《法国民法典》曾经鲜明地表达着这样的思想，其首卷第1条曾经被构想为：“世间存在普遍、永恒的权利，它是所有实体法律的源泉；只有自然理性主宰人类。”[③]虽然此条在民法典的最终版本中被删除，但正是秉持着这种思想才出现了《法国民法典》第8条“所有法国人都享有民事权利”的规定。也就是说，就《法国民法典》而言，我们可以这样理解：人享有先天的权利，人因享有权利而成为法律主体。

《德国民法典》则通过其所创设的权利能力的概念将自然人主体与权利相连的，即其第1条规定：“人的权利能力始于出生完成之时。”[④]而

---

① ［法］雅克·盖斯旦、吉勒·古博著：《法国民法总论》，陈鹏等译，法律出版社2004年版，第13页。

② ［德］海因里希·罗门著：《自然法的观念史和哲学》，姚中秋译，上海三联书店2007年版，第72页。

③ ［法］雅克·盖斯旦、吉勒·古博著：《法国民法总论》，陈鹏等译，法律出版社2004年版，第14页注释2。

④ 《德国民法典》，陈卫佐译注，法律出版社2010年版，第5页。

权利能力作为民事主体享有民事权利承担民事义务的资格，是民事主体享有具体民事权利的前提和基础。因此，通过这一规定既宣示了自然人只因出生完成而获得权利能力，排除了任何其他差异与因素的影响，从而确立了权利能力平等这一近代法的重要原则与价值取向，又使抽象的权利能力获得了具体化，即自然人得以通过自己的意志与行为创设权利与义务。而在权利义务这一对基本矛盾中，近现代的主流学术传统更尊崇权利概念，并形成了近现代私法的权利本位观念，权利也由此成为实证法中主体实现与满足自己利益诉求的有力工具。

由此可见，虽然《法国民法典》基于人格与权利先于实证法存在的自然法观念规定人因享有权利而成为法律上的主体，而《德国民法典》的权利能力概念更符合实证主义和形式理性的要求，但二者对自然人的规定都直接或间接地与权利关联。而权利一方面给主体提供了一种法律手段，并形成对法律的信仰，因为它“给予公民这样的信心，即法律值得享有特别的权威，正是这一点把法律同其他强制性规则和命令区别开来，使其更有效力”。① 另一方面，权利也是衡量主体的标志，即“衡量一个人或一个组织是不是法律主体，首先是看他（它）们是不是权利的主体，权利的主体才是真正意义上的法律和法律关系的主体”。②因此，以权利或权利能力来规定自然人就使其成为了私法上的真正主体，或者说“自然人这个概念的本质属性是指权利主体”，③自然人表达也由此具有了权利内涵，并进而凸显了自然人的主体性。

二、以“法人”表达明晰主体地位与主体属性

（一）限缩“企业”表达的使用凸显法人主体地位

“企业”作为“法人”的替代表达源自于苏联，但如果现在我们再将目光投向苏联民法的主要承继者的俄罗斯民事立法，尤其是对《俄罗斯联邦

---

① ［美］罗纳德·德沃金著：《认真对待权利》，信春鹰、吴玉章译，中国大百科全书出版社1998年版，中文版序言，第21页。

② 张文显著：《法哲学范畴研究》，中国政法大学出版社2001年版，第343页。

③ 佟柔著，周大伟编：《佟柔中国民法讲稿》，北京大学出版社2008年版，第139页。

民法典》加以考察和研究时将会发现，虽然俄罗斯仍然保留着一些苏联法的基本制度与规定，但已经在很大程度上去除与脱离了苏联法的公法色彩与权力属性而复归了私法自治精神，[①]民事主体术语表达也尽量恢复传统民法用语。就“企业”表达而言，《俄罗斯联邦民法典》已经在立法上缩小和限制了“企业”用语的使用范围与使用频率，只是由于人们多年来习惯的需要才在国家所有权和市政自治组织所有权中保留了“企业”这种非财产所有者的组织被作为权利主体的概念。在其他情况下，企业只被作为权利客体对待。[②] 由此可见，不仅我国在极力走出苏联法的消极影响而寻求制度与理论的更新及当代发展，俄罗斯也在努力，甚至已经走到我们前面。因此，我国也应当在民事主体立法与理论上减少甚至废弃“企业”表达，使用传统民法的规范法律表达——“法人”。这样，既排除了“企业”带来的经济色彩，使法律语言和法律表达更加规范、统一，又可以明确法人的主体地位与主体性质。当然，由于法人主体欠缺自然人主体的伦理基础，只是作为工具性主体而存在，因此，其又可以作为实现和满足主体利益需求的客体而存在。如果对作为主体和作为客体的法人使用同一表达，既可能造成主客体在识别与理解上的混淆，又可能掩盖法人的主体属性，故建议将“法人”作为主体表达使用，同时保留“企业”作为客体的表达，兼顾了主体与客体的区分、规范与习惯的使用。

由于“法人”表达泛指所有具有民事权利能力和民事行为能力，并能够独立承担民事责任的组织类主体，其涵盖范围比较广泛，而民事立法和民法理论不可避免地要针对不同类型的法人进行分别规定和表述，这就需要对法人进行分类表达。但是，鉴于我国“企业法人”与“企业单位”的对应与关联，其单位属性可能贬抑法人主体的自主性与独立性。因此，在弃用“企业”表达的同时，对法人的分类也应当重新进行立法与理论的选择与定位。对此，可以借鉴国外立法和学理关于营利法人和公益法人的分类，将我国原来的“企业法人”纳入营利法人范畴，并改称“非公司法

---

① 王春梅：“俄联邦新民法典的实质：私法自治精神的回归”，载《俄罗斯中亚东欧研究》2006年第3期。

② 鄢一美：“俄罗斯所有制关系的变革及其法律形成”，载《中国法学》1997年第2期。

人”,形成营利法人内部“公司法人”与“非公司法人”的下位对称。因为在我国民事立法和民法理论中,营利法人主要为企业法人与公司,此外别无其他,而二者最主要的区别就是在调整和适用法律规范方面存在差异,即是否适用《公司法》调整。因此,在以“非公司法人”取代“企业法人”称谓后,将营利法人区分为公司法人和非公司法人不仅具有涵盖性与周延性,而且与我国《公司法》调整范围与法人的组合形式相一致。

(二)具体化“组织”表达所指及其属性

如前所述,在当代民事主体结构已经由二元走向多元,并且要求保持某种程度的开放性的趋势下,组织性的主体既可以包括和指向法人,又可以涵盖和指向非法人组织。因此,以“组织”替代“法人”表达既不规范和科学,又将发生范围与指代上的不周延与不明确,同样需要限制或废弃其使用。当然,对于弃用“组织”表达出现的空白,应当以其他更为规范和准确的表达加以填补,并明确其主体的法人属性还是非法人属性。

具体而言,由于在我国民事立法与民法理论中,“组织”主要是作为“法人”的替代表达出现。如我国《民法通则》第 5 条规定:“公民、法人的合法的民事权益受法律保护,任何组织和个人不得侵犯。”此处的“组织”应当指法人组织,因为《民法通则》确立的是二元主体结构,其法律上权利主体和义务主体只应当是自然人和法人。因此,在“组织”所指为“法人”时,应当以相应的法人来进行表达,如此处可以考虑表述为“民事主体的合法的民事权益受到保护,任何法人和自然人不得侵犯”。

当然,在多元制的民事主体结构下,“组织”可能既包括法人组织,也可能包括非法人组织,还可能仅仅指向非法人组织,因为它们都是法律上的权利义务主体。如我国《合同法》第 2 条规定:“本法所称合同是平等主体的自然人、法人、其他组织之间设立、变更、终止民事权利义务关系的协议。婚姻、收养、监护等有关身份关系的协议,适用其他法律的规定。”此处的“组织”就仅仅指向非法人组织。而如果抛开《民法通则》的二元主体结构来理解其第 5 条规定,则“任何组织”所指就应当既包括法人组织,也应当包括非法人组织。在多元制的民事主体结构中,所有民事主体都应当承担不得侵犯他人合法权益的义务。所以,此处就应当将“任何组织”具体化为“法人组织和非法人组织”,即应当将该条表述为:“……任何自然人、法人和非法人组织不得侵犯。”

另外,在具体化“组织”表达所指时,还要统一法律语言与法律表达的使用。在我国民法理论还没有正式引入和承认多元制的民事主体结构之前,某些民事立法就已经使用“其他组织”作为立法语言表达了,如除上述《合同法》第2条之外,《著作权法》第2条第1款规定:“中国公民、法人或者其他组织的作品,不论是否发表,依照本法享有著作权。”由此可见,无论在当时是否承认第三主体,“其他组织”都已经在事实上作为主体的立法表达与指代进入了我国民事立法。而在引入和承认多元制的主体结构之后,理论上却基本将第三主体称为“非法人组织”,这就形成了我国民事立法与民法理论在法律语言表达与使用上的不一致。而比较“其他组织”和“非法人组织”两个表达,应当说,“非法人组织”更为规范,范围所指也更加明确和具体。一方面,即便我国民法理论与民事立法已经肯定和认可民事主体的多元结构,并认可民事主体在范围上应当保持一定的开放性,但也不可能承认所有的组织体具有主体资格;另一方面,就目前而言,民法理论上对非法人组织的范围已经基本形成共识,而其他组织的范围则很不明确。因此,我国民事立法和民法理论应当统一规范使用“非法人组织”作为第三主体的法律表达。

三、消除所有制勾连建构平等多元民事主体

原本为经济范畴的所有制概念进入民法领域后,一方面与所有权发生勾连与对应,抬升了国家所有权而贬抑了私人所有权,从而造成了所有权在不同主体之间的差别地位与差别待遇;另一方面与民事主体发生勾连,形成了主体分类上的所有制标准,并据此成为法律上权利义务配置的基础。这既与人类的平等诉求相悖,又远离民事主体法律地位平等原则的要求。因此,贯彻与落实民事主体地位平等原则,满足与实现人类的平等价值诉求,要求消除所有制与所有权、所有制与民事主体分类的勾连,以平等支撑我国多元民事主体制度的建构。

(一)割断所有制与所有权勾连保护私有财产权

所有制作为一定社会中生产力发展水平上的生产关系的总和,属于客观经济关系范畴,即属于经济基础范畴。而基于经济基础与上层建筑之间的关系,所有制与所有权制度必然具有某种关联,但这种关联仅仅应当体现为经济基础与上层建筑之间的关系,即经济基础影响、决定与制约上层建筑,而上层建筑实现和反作用于经济基础,却不应当使作为经济基础的所有制与作为财产权利的所有权产生直接关联与影响,更不能将所有制等同于所有权。因为作为民事权利的所有权是民事主体在法律范围内以自己意志直接支配权利客体并排斥他人干涉的权利,其本质上属于和体现为民事主体之间的意志关系。而所有制则表现在生产关系的全过程,是渗透在社会生产、分配、交换和消费等领域中起主导作用的经济基础。① 由此可见,所有制与所有权之间的区别是十分明显的,我国欲建立完善的物权法律制度,贯彻民法的平等原则,必须斩断二者之间的错误勾连。如果研读当代俄罗斯的民事立法,我们将发现,其已经基本将政治经济范畴的所有制排除在民事立法之外,消除了所有制与所有权之间的对应与关联。如俄罗斯在1990年12月24日颁布了《俄罗斯苏维埃联邦社会主义共和国财产所有权法》(简称《苏俄财产所有权法》)。这部立法就已经抛弃了所有权关系上的“所有制形式”标准,而是直接规定了所有权的形式,并具体将财产所有关系分为“公有”和“私有”。其中,属于“公有”的是国家、市政自治组织和社会联合体(组织)所有权,属于“私有”的是公民和法人所有权。② 之后,原苏联最高苏维埃又在1991年5月31日通过了《民事立法纲要》,并宣布于1992年1月1日起生效。虽然该纲要因苏联解体而停止实施,但却在俄罗斯联邦范围内获得适用。该纲要同样取消了所有制形式对所有权的分类影响。而在俄罗斯学者看来,取消所有制形式的目的就是避免由此而产生的所有人法律地位不平等,并符

---

① 孙宪忠:“中国的财产权利制度的几个问题”,载孙宪忠著:《论物权法》,法律出版社2001年版,第237页。

② 鄢一美:“俄罗斯所有制关系的变革及其法律形成”,载《中国法学》1997年第2期。

合民法的平等原则。[①] 而随着 1995 年 1 月 1 日新《俄罗斯联邦民法典》第一部分的生效，《苏俄财产所有权法》随即失效，《民事立法纲要》第二编“所有权和其他物权”也不再适用，但所有制形式不再对所有权分类产生影响的规定与做法却在新《俄罗斯联邦民法典》中得以继续保持。如该法典第 212 条第 1 款和第 2 款在规定和承认私有、国有、自治地方所有和其他形式所有及所有权主体的同时，第 3 款和第 4 款又明确规定：“财产所有权即财产的占有权、使用权和处分权的取得和终止的特点，只能由法律根据财产是属于公民或法人所有，还是属于俄罗斯联邦、俄罗斯联邦各主体或地方自治组织所有来决定。”“一切财产所有权人的权利均受到同等的保护。”[②]而当代俄罗斯民法理论也改变了对所有制与所有权对应关系的传统认识，认为：“各种不同所有制形式的存在（即占有物质权益的经济形式）并没有要求产生完全对应的不同所有权形式。”“在法律上只存在着一个所有权，统一的，对所有的所有人都完全相同的权能（内容），其所有人可以是各种不同的主体（公民、法人、国家和其他公共组织）。”[③]

在斩断所有制与所有权的勾连之后，所有权成为纯粹的法律制度与法学概念，并应当以立法文件对所有权制度作出详细规定，包括所有权的概念、所有权的主体和客体范围、所有权的种类、所有权的取得、终止和保护等。与此同时，由于所有权主体不同，所有权在客体范围和种类等方面必然存在差异，立法也不可避免地会根据主体而对所有权进行分别规定。但是，在立法上只应当存在一种统一和相同的财产所有权，这种所有权只可能主体各异，而内容与保护却不应当存在差异。也就是说，“对于任何所有人来说，所有权的内容是同一的，在内容同一的所有权上可以有不同的主体，而不同主体（公民、法人或国家）财产法律制度的特性可由法律

---

① ［俄］Б. И. 布金斯基、Д. Н. 萨非乌林：《法的经济：形成的问题》，莫斯科出版社 1991 年版，第 117 页。转引自鄢一美：“俄罗斯所有制关系的变革及其法律形成”，载《中国法学》1997 年第 2 期。

② 《俄罗斯联邦民法典》，黄道秀译，北京大学出版社 2007 年版，第 113 页。

③ ［俄］Е. А. 苏哈诺夫主编：《俄罗斯民法》（第 2 册），王志华、李国强译，中国政法大学出版社 2011 年版，第 457 页。

规定,并且这些特点并不影响权利本身的性质"。[①] 就我国所有权立法而言,结合我国民事主体结构的多元发展趋势,可以在统一规定所有权的内容或权能的基础上,进一步对自然人所有权、法人和非法人组织所有权,以及国家所有权加以规定。同时,为了确保所有权性质与内容同一,贯彻与坚持民事主体地位平等和所有权平等保护原则,应当确认和赋予各类所有权具有相同的内容与效力。而且考虑到所有权的私权性质和对私主体的利益保护,应当将自然人所有权、法人和非法人组织所有权置于国家所有权之前,避免对国家所有权提供特殊保护及由此造成的国家优位,从而落实平等原则。当然,国家所有权毕竟有一些特殊性,也应当容许甚至必须对其设置一些不同于纯粹私主体所有权的内容,从而实现其公共利益目的。

(二)破除所有制基础落实民事主体地位平等理念

民事主体地位平等被我国《民法通则》确定为民法的基本原则之后,主体地位平等原则遂与所有制形式发生制度交遇。而依照平等原则的要求,不同所有制类型的主体在法律上都应当处于平等地位,并有权去追求与享有平等地位所应当享有的同等权利。也就是说,主体地位平等原则为主体提供了享有平等权利的合法性依据。但实际上,主体地位平等原则并未填平主体的所有制差别而带来的不同制度境遇,即不同所有制下的主体并未因此享有法律上的同等待遇与平等权利。当然,主体地位平等并不意味权利平等,不同权利之间以及权利内部都存在不平等的可能,传统民法也承认权利在内容、效力以及保护等方面具有不平等的性质。但是,在主体地位平等的基础上对不同主体的权利给予不同的保护方法与保护手段要么是基于权利本身的特性,要么是基于特殊目的考虑而为的立法安排,却绝对不能因为主体的出身差异而给予立法上的区别对待,而这恰恰是民事主体分类的所有制基础所积极追求的。因此,为了贯彻与落实民事主体地位平等原则,满足民事主体的平等价值诉求,必须割除法人民事主体分类与所有制的勾连,破解国家(全民)所有制、集体所有

① 鄢一美:"俄罗斯所有制关系的变革及其法律形成",载《中国法学》1997年第2期。

制、私人所有制与全民所有制企业法人、集体所有制企业法人和私人企业之间的对应关联。对此,可以借鉴传统民法理论关于公法人与私法人、社团法人与财团法人、营利法人与公益法人等分类,对各类法人进行准确定性后作出相应规定。对于原来的各种企业法人,无论其所有制基础如何,都应当统一归入社团法人下的营利法人之中,作为非公司法人与公司法人并列进行统一规范和调整。其他各类法人也各有位置和规定,但都处于平等地位,并平等地享有权利并承担义务。

四、我国国家私法人格的平等定位与培育

(一)我国国家私法人格的定性与定位

在承认和尊重公法与私法划分的基础上,必须承认国家主体性具有二元结构,即必须承认国家具有公法人格与私法人格双重内涵,这应该是基本没有争议的,但问题的关键在于如何定性与定位国家在我国民事立法中的民事主体资格与法律地位,即如何在传统的法人说与苏联的特殊民事主体说之间进行取舍。

传统大陆法系国家的法人说认为国家私法人格与法人人格具有同一性,将国家作为法人来看待与规定。应该说,如果立足于传统民事主体的二元结构理论,法人说有其合理之处。因为在某种理论已经定型与成熟,甚至已经形成某种稳定的立法框架体系之后,人类思维往往习惯于依照既有理论对新生事物进行界定并尽量为其寻找相应位置,从而将其纳入既有的理论框架体系之中。所以,在民法理论和民事立法已经形成与确立自然人和法人二元化的主体结构之后,必然将新出现的国家私法人格在自然人与法人两类主体之中进行比较,其结果自然是将国家纳入法人范畴。

但是,国家作为私法主体毕竟有不同于法人之处,将其作为法人看待确实有不能自圆其说之处。就此而言,苏联的特殊民事主体理论有其合理性,故当代俄罗斯民法理论及现行民事立法依然坚持这一学说理论。如苏联当代著名民法学家苏哈诺夫认为:“在很多情况下,整体的国家被

视为国库这一特殊的民法主体。”[①]而《俄罗斯联邦民法典》第一部分第二分编在“人”的标题下设置了公民(自然人)、法人和俄罗斯联邦、俄罗斯联邦各主体、地方自治组织参加民事立法所调整的关系三章,这样的编排正是将国家视为不同于法人的特殊民事主体的结果与体现,即“现行的俄罗斯立法认为国家、国家和地方自治组织(公权组织)是与法人和自然人并存的、独立的、特殊的民法主体”。[②]

比较国家私法人格的两种理论,如果特殊民事主体理论中的“特殊”意指国家不同于法人之处而有别于自然人和法人主体,则特殊民事主体理论更适合于支撑国家私法人格的定性,即应当将国家确定为自然人、法人之外的独立民事主体。但如果认为国家作为私法主体不仅在其主体资格的取得与消灭、主体资格的范围与内容等方面“特殊”于自然人和法人,而且在权利义务的享有与承担上也可以因其拥有公权力而“特殊”于自然人和法人,则特殊民事主体理论也应当被放弃作为国家私法人格的定性依据。因为国家虽然可以因其不同于自然人和法人而作为独立主体存在,并可以在编章设置与内容安排上获得立法上的单独规定,但根据平等原则,其应当与自然人、法人及其他民事主体处于同等的法律地位。也就是说,“国家和其他公法组织在民事流转中按照平等原则与流转的其他参加人发生关系,这出于民法的一般原则,也是民法(私法)性质本身的要求”。[③] 实际上,承继苏联特殊民事主体理论的当代俄罗斯民事立法是否定国家权力在民事法律关系中的运用而坚持与确认国家与其他民事主体享有平等法律地位的,这集中体现为《俄罗斯联邦民法典》第124条的规定:“俄罗斯联邦、俄罗斯联邦各主体……与民事立法所调整关系的其他参加者——公民和法人,依照平等原则参加民事立法所调整的关系。”“对本条第1款所指出的民法主体,适用规定法人参加民事立法所调整关系的规范,但从法律或上述主体的特点得出不同结论的除外。”[④]由此可

① [俄]E. A. 苏哈诺夫主编:《俄罗斯民法》(第1册),王志华、李国强译,中国政法大学出版社2011年版,第260页。

② 同上,第260页。

③ 同上书,第259页。

④ 《俄罗斯联邦民法典》,黄道秀译,北京大学出版社2007年版,第84页。

见，当代俄罗斯民事立法虽然继承了特殊民事主体理论，但仍然在国家与其他民事主体的关系上遵循平等原则，并没有对国家的私法人格给予特殊的法律地位。同时，考虑到国家虽然是特殊民事主体，但毕竟与法人具有某些共通性，故立法规定除特殊情况外，国家参与的民事法律关系准用法人的规范。因此，我国继续坚持以特殊民事主体理论来定性国家的私法人格，即将国家作为自然人、法人和非法人组织之外独立的民事主体来规定固无不可，但应当明确其"特殊"不在于使国家享有不同于其他民事主体的法律地位，而是仍然要坚持和贯彻平等原则，即一般情况下，国家与其他民事主体应当处于平等地位。当然，国家作为私法主体毕竟有其特殊性，即其私法人格的目的不在于参与民事法律关系，而在于实现与满足社会公共利益的目的与需求。因而，为了确保国家私法人格公共职能的实现，可以允许对国家参与的某些法律关系在内容上作出特殊规定，从而可能使国家相对于法律关系的相对人享有某些不符合私法规则的特权，但整体上国家仍然要与自然人、法人和非法人组织处于平等地位。这样，既贯彻与遵守了平等原则，又平衡了国家私法人格公共职能的要求。

（二）我国国家私法人格的技术性与工具性

就伦理学而言，只有理性的意志主体才是目的性存在，才能成为法的目的。康德说："没有理性的东西只具有一种相对的价值，只能作为手段，因此叫做物；而有理性的生灵叫做'人'，因为人依其本质即为目的本身，而不能仅仅作为手段来使用。"①因而，伦理学上"人"的内涵就是："人依其本质属性，有能力在给定的各种可能性的范围内，自主地和负责地决定他的存在和关系、为自己设定目标并对自己的行为加以限制。"②黑格尔也认同意志对人的决定性，甚至使意志与人实现同一，他说："这一最初的无限规定性本身是一个规定性。无限规定性是指意志和它的内容之间还没有任何差别而言。但是当它本身跟被规定了的东西对立时，它就获得

① ［德］卡尔·拉伦茨著：《德国民法通论》（上），王晓晔等译，法律出版社2003年版，第46页。

② 同上书，第45～46页。

了被规定了的东西这一规定。这里抽象的同一性构成了这种规定性。因此,意志就成为单一的意志——人。”①或者说,“自为地存在的意志即抽象的意志就是人”。② 同时,由于自为地自由的意志的普遍性就是形式的普遍性,就此意义而言,黑格尔又将主体与人进行了等同,即“主体就是人。人格的要义在于,我作为这个人,在一切方面(在内部任性、冲动和情欲方面,以及在直接外部的定在方面)都完全是被规定了的和有限的,毕竟我全然是纯自我相关系;因此我是在有限性中知道自己是某种无限的、普遍的、自由的东西”。③ 但实际上,就本质而言,黑格尔认为人与主体是有差别的,他说:“人实质上不同于主体,因为主体只是人格的可能性,所有的生物一般说来都是主体。所以人是意识到这种主体性的主体,因为在人里面我完全意识到我自己,人就是意识到他的纯自为存在的那种自由的单一性。”④

实际上,如果从作为目的的人与手段的区分、伦理学上的人与制度建构中的人的区分角度来理解康德和黑格尔的上述观点可能更为简单。也就是说,如果将理性的意志的人作为目的,则意志之外的任何存在,包括各种社会制度和法律制度在内的所有制度建构都是实现和满足人的目的的手段。因此,民事主体制度也具有手段性,是实现与满足人的利益与价值诉求的制度设计。同时,如果说伦理学上的人是理性的意志,则在人的理性建构中,即在各种法律制度中,法律主体是人为自己寻找和确证的位置,是制度建构中的人,其与人本身既相关联,又相区别。因此,民事主体作为民事法律制度建构的人,不仅是抽象的存在,而且是满足人的需求的手段性存在。也就是说,“法律主体也已经不再是作为目的的人本身,而是成为了目的人实现自己需求的手段,即成为了手段性的人,法律主体被赋予工具性意义”。⑤ 不过,在近现代的法律制度中,人与法律主体并不是对应的,这也是实现和满足人的需求的结果,故人与民事主体在范围上

① [德]黑格尔著:《法哲学原理》,范扬、张企泰译,商务印书馆 1961 年版,第 45 页。
② 同上书,第 46 页。
③ 同上书,第 45 页。
④ 同上书,第 46 页。
⑤ 王春梅著:《民事主体的历史变革与当代建构》,人民出版社 2011 年版,第 151 页。

也不是对应的。伦理学上的人和生物人只对应自然人主体,民事主体尚有其他。因此,如果相对于伦理学上的人而言,民事主体作为制度上的人具有技术性与工具性,则在民事主体内部,也可能因各主体是否具有伦理人的基础与内涵而在目的性与工具性上存在差别。具体而言,自然人主体以生物人为基础,是伦理学上的人在法律上的定位与呈现,直接承载与实现着伦理人的目的性需求,由此具有了伦理学上的人的基础与某些内涵,相对于其他民事主体也就具有了目的性。而法人主体以团体为现实基础,欠缺伦理人的内涵与价值基础,纯粹是自然人实现和满足其利益需求的制度创设,更具技术性与工具性。但是,如果相对于国家而言,则法人主体的技术性与工具性可能将逊色得多。因为即便就法人而言,其仍然是纯粹的私权主体,其制度建构的目的仍然在于使其参加民事法律关系,享有权利和承担义务,并通过权利义务的享有与承担来实现和满足人的利益需求。因此,自然人、法人以及非法人组织的人格都具有基础性,即其私法人格是其本质人格。而近现代各国立法虽然基本承认和赋予国家以私法人格,但是相对于公法人格而言,国家在私法领域中的人格与行为不具有本源性与目的性,更主要地体现为手段性与工具性,即为了实现和满足其在公法中的目的与职能而赋予私法人格。也就是说,“在国家主体性的二元结构中,公法人格为基本人格,私法人格为附属人格”。[①] 因而,各国立法赋予国家附属性私法人格的目的不在于使其享有和承担私法上的权利与义务,而主要在于为其公共职能的实现和公共利益的满足提供私法方式的制度供给与选择。因此,国家私法人格的非本源意义使其人格属性更呈现出技术性与工具性,国家主体也因之具有了不同于自然人、法人和非法人组织的特殊性,这也从另一角度证成了国家私法人格属性认识的特殊民事主体理论。同时,由于国家私法人格的附属性、技术性与工具性,决定了国家不能作为真正的私法主体与私权主体,故私法不能以其为价值目标提供目的性与宗旨性保护。也就是说,自然人、法人等民事主体才是私法的基本主体,对其进行权利配置与保护才是私法的目

---

① 张建文著:《转型时期的国家所有权问题研究:面向公共所有权的思考》,法律出版社2008年版,第148页。

标与根本。

五、我国机关法人与事业单位法人的定位与重构

(一)公私法界分下机关法人与事业单位法人的定位

如果公法与私法的区分在现代应当被认为是十分必要和有益的,则公法人与私法人的区分就应当是顺理成章之事了。因为公法人与私法人不过是公法与私法在法律关系的主体形式上的表现。[①] 因而,虽然对于公法人与私法人的分类标准学者之间至今仍然存在很大的争议,如德国学者梅迪库斯提出了公法人与私法人划分的三个标准,即法人的设立行为、法人的任务和法人的身份。[②] 但诚如江平先生所指出的一样,关于公法人与私法人的"各种划分标准的实质内容又是一致的,归根结底还是社会利益和公共利益的问题……因此在私法人与公法人划分标准上存在的差异是形式上的差异,而不是实质上的差异,在确定某个社会组织是公法人或私法人时,这些不同标准的结论又是大致相同的"。[③] 而公法与私法的区分无疑是公法人与私法人区分的前提基础与基本标准。因为正是公法与私法为公法人与私法人提供了设立上的准据法,由此限定了其各自的活动目的与宗旨,决定了其各自参与的法律关系的不同特点,并最终确定了行为规范与诉讼管辖上的差异。

就区分公法人与私法人的必要性而言,西方传统法律概念一直重视公法人与私法人之区分,并对其有关立法产生实际影响,而我国却很多学者倾向于否定公法人与私法人区分的理论或实践意义。[④] 但是,就机关法人和事业单位法人而言,无论是公法与私法的区分,还是公法人与私法人的区分都是十分必要,而且颇具理论与实践意义的。在我国,无论是机

---

① 江平主编:《法人制度论》,中国政法大学出版社 1994 年版,第 43 页。

② [德]迪特尔·梅迪库斯著:《德国民法总论》,邵建东译,法律出版社 2000 年版,第 816 ~ 817 页。

③ 江平主编:《法人制度论》,中国政法大学出版社 1994 年版,第 42 页。

④ 李永军著:《民法总论》,法律出版社 2006 年版,第 307 页;江平主编:《法人制度论》,中国政法大学出版社 1994 年版,第 43 页;王利明等编著:《民法新论》,中国政法大学出版社 1988 年版,第 234 页。

关法人还是(传统的)事业单位法人,都是依据国家法律或有关机关的行政命令而设立,即依公法规范而设立的,都是公权力的产物,①其本身都以享有与行使公权力、实现国家职能为内容与目的。如果与我国的单位制度相连,它们都是作为"单位"而处于纵横交错的国家权力网络之中,并通过享有和行使公权力而辅助国家管控着社会。因此,机关法人在概念上往往被定义为依法享有国家赋予的行政权力,并因行使职权的需要而享有相应的民事权利能力和民事行为能力的国家机关。而事业单位法人则被认为是以社会公益事业为目的,从事文化、教育、卫生、体育、新闻等公益事业的单位。② 由此可见,就本质而言,机关法人和事业单位法人都应当属于公法人,依照相应的公法规范设立、规范和调整,并应当以公共服务的提供和公共利益的实现与满足为目的。

就公法人与私法人区分的理论与实践意义而言,将机关法人和事业单位法人定位为公法人一则可以在理论上支撑与对应公法和私法、公法人和私法人二元区分的传统理论,使我国民法理论进一步回归与贴近传统大陆法;二则可以准确定位国家机关和事业单位法人的宗旨与目的,为我国法人制度的重构与发展提供理论基础;三则可以在实践中有效地防止和避免国家机关和事业单位法人借助于私法人格过多地从事商业性行为与民争利,以此确保其公共职能和公益目的的实现;四则可以有效地以公法规范和约束国家机关和事业单位法人行使国家权力的行为,防止其遁入私法而逃避公法约束及对私主体的合法权益造成损害;五则可以明确国家机关和事业单位法人损害赔偿责任的性质与依据,从而使行为相对人或受害人准确选择相应的诉讼救济方式。

(二)我国机关法人的制度重构

在完成我国机关法人与事业单位法人的定性与定位之后,应当对其

---

① 姜朋:"从与机关法人的关系视角看事业单位改革",载《北方法学》2011 年第 5 期。

② 魏振瀛主编:《民法》(第 4 版),北京大学出版社、高等教育出版社 2010 年版,第 78 ~ 79 页。但依照 1998 年 10 月 25 日国务院颁布的《事业单位登记管理暂行条例》第 2 条的规定,传统的事业单位法人应当是由国家机关或其他组织依法律规定或行政命令并由国家财政拨款而设立。

重新进行制度构设，推进我国民事主体制度和民事立法的完善，最终摆脱苏联法的消极影响。

就机关法人而言，苏联法消极影响留存的集中体现就是国家机关法人地位的全面赋予和确立。因而，我国机关法人制度的重构与完善也应该以其为突破口而展开。首先，应当在理论上厘清国家与其机关之间的关系，为二者的法律地位安排提供理论说明与支撑；其次，应当在民事立法上规定和赋予国家私法主体的地位，明确其有别于法人的特殊民事主体性质，并进行具体的制度构设；最后，原则上否定国家机关独立的法人地位，明确其仅能作为国家主体的构成部分而以国家名义从事民事行为，辅助国家私法人格与公共职能的实现。同时，在满足和实现公共利益与公共职能为必要的前提下，例外地承认和赋予国家机关以独立法人地位，并具体规定国家机关享有独立法人地位的特定情形、公共利益的目的限制、公法规范的约束及其法律责任等。

如果我国民事立法原则上否定国家机关的法人地位，仅例外地承认其独立法人地位，则不仅可以使我国民事主体制度走出苏联国家机关全面法人化立法与理论的影响，与传统大陆民法保持理论统一，还可以解决和摆脱我国实践中出现的与国家机关全面法人化相逆的事实困境——国家机关的非法人化。因为这种与国家机关法人化相逆的事实困境恰恰是混淆国家与其机关之间的关系和定位的结果。当然，造成此种事实困境的另一个不可缺少的理论“帮凶”就是我国法人人格或团体人格构成上的独立财产与独立责任理论。在团体人格的构成上，我国民法理论一般认为应当具备四个“独立”，即独立名称、独立意思、独立财产和独立责任。江平先生的概括很精准地表述了这一理论，他说：“独立名称、独立意思、独立财产、独立责任是团体独立人格的四大要素。其中，独立财产为本，独立名义为表，独立意思为其动力，独立责任为其一切民事活动的最终归宿。从这个意义上也可以说，独立财产与独立责任是法人独立人格的两根基本支柱，而独立责任是独立财产的最终体现。”①

就独立财产而言，其与人格的关系区分自然人主体与法人主体而有

① 江平主编：《法人制度论》，中国政法大学出版社1994年版，第32页。

着本质差异。近代之后,各国民事立法以人格平等为价值指引,确立了民事主体地位平等原则,由此使自然人主体资格的获得只仰赖于出生事实的完成,即自然人人格在构成上没有任何财产要素。而法人作为工具性和技术性主体,其人格获得与构成却必须以财产为要素。也就是说,"个人人格与财产的关系大不同于团体人格与财产的关系。个人具有人格并不以财产为要件,没有任何财产的自然人仍然是独立的民事主体;而团体具有人格则是要以拥有财产为绝对要件,没有财产的团体不可能具有独立人格,是以财产为法人人格的不可或缺的要素"。[①] 就此而言,我们可以说,法人人格在构成上无财产无人格。而对财产的独立性判断,我国民法理论和民事立法一直隐含着所有权的依据基础,但由于在国有企业、国有独资公司,以及其他存在国家出资的主体中又面临着双重所有权和国有资产流失的问题,故立法和理论上一直回避着法人财产所有权的表述,而是谓为法人财产权。对于国有主体,则谓为法人经营管理权。因此,"法人的独立财产,是指法人所有或者经营管理的全部财产"。[②] 机关法人的独立财产来源于中央或地方的财政拨款,而且按照法人人格财产独立的要求,机关法人对于国家划拨的经费有权根据自己的需要独立进行支配,但实际上,作为单位之一的下级机关不仅要隶属于上级机关,而且在经费的使用与支配上也要受上级机关的管理、监督与审计,即机关法人对国家划拨的经费在使用与处分上根本就不可能独立。

就独立责任而言,我国民法理论和民事立法一方面将其与独立财产相连,认为法人应当以其财产独立承担责任;另一方面将其与有限责任相连,认为出资者履行出资义务后对法人债务就不再承担任何责任。从而导致我国在相当长的时期内既否定合伙企业、非法人组织以及筹建中的法人等组织具有主体资格与主体地位,又否定一人公司具有法人主体资格,而无限公司与两合公司更是不可能获得立法的承认。当然,是否承认和赋予无限公司与两合公司以法人资格不仅仅是独立责任与有限责任的关系问题,还涉及团体成员利益与债权人利益保护问题,因而各国立法对

---

① 江平主编:《法人制度论》,中国政法大学出版社 1994 年版,第 32 页。

② 魏振瀛主编:《民法》(第 5 版),北京大学出版社、高等教育出版社 2013 年版,第 75 页。

于公司类型进行强制更多是价值选择与价值判断的体现与结果，在此不做探讨。但是，法人在人格构成上是否以独立责任为必要以及独立责任是否一定与有限责任相连，则是破解机关法人现实困境的关键，也是必须要加以厘清的问题。

团体人格既然有财产的要求，则财产就不仅是其人格活动的物质基础，也是其行为的责任担保与保障。而就责任财产的目的与宗旨而言，无外乎在于维护和保障行为相对人及社会大众的利益，维护交易安全与社会秩序的稳定。就此而言，将法人独立责任的财产范围限定于法人所有或者经营管理的财产，并以有限责任排除法人设立人或出资人对法人债务继续承担责任的认识似乎与责任财产的立法目的明显相悖。当然，我们也不能就此否定独立财产与独立责任的意义，因为财产独立和责任独立毕竟是一个主体是否独立与自主的标志与体现。因此，在团体人格的构成上，我们既要确保主体的财产与责任具有相当程度的独立性，又要实现责任财产对债权人利益与交易安全的保障作用。就机关法人而言，在有限承认和赋予国家机关以法人资格的前提下所进行的制度设计，应当既要考虑国家机关与国家之间的关系而实现其人格独立，又要考虑与面对我国国家机关经费的不充裕和法人人格的不完全独立对债权人利益与交易安全造成损害的可能与现实。因此，在责任承担上可以一方面规定机关法人应当以其财产对其债务承担责任；另一方面规定在国家机关的财产不足以清偿全部债务时，由该机关的上级机关或者其设立人承担补充责任，以此寻求和实现国家机关人格独立与债权人利益保护之兼顾与均衡。当然，由此也就意味着否定了法人独立责任与其设立人或成员有限责任的对应与关联。实际上，无论是就法人产生发展的历史而言，还是就各国关于法人的立法规定而言，法人独立责任并未与有限责任之间形成对应关系，只是责任独立型的法人在立法与数量上占优势而已。也就是说，法人的责任可以独立，也可以不独立或者半独立，甚或是补充责任，[①]据此可以将法人分为责任独立型法人、责任半独立型或责任补充型法人及责任不独立型法人。其中，“责任独立型的法人对应法人设立人的

① 虞政平：“法人独立责任质疑”，载《中国法学》2001 年第 1 期。

有限责任，这是法人的典型形态，但在责任不独立型、半独立型或补充型法人中，在法人以自己财产对法人债务承担责任的同时，法人设立人还可能要承担无限连带责任或补充连带责任”。[①] 而完善后的机关法人则应当属于责任补充型法人。由此，就团体人格而言，独立财产应当仅仅意味着其财产与其设立人或出资人的其他财产在法律上形成能够认定的客观状态，独立责任也仅仅意味着该团体人格应当以其全部财产对其债务承担责任，至于出资人或者设立人是否承担有限责任既不应当影响法人人格的获得，也不应当影响法人责任的独立性。也就是说，法人与其设立人或出资人之间对法人债务如何进行责任配置与承担完全应当是立法价值判断与价值考量的结果。

（三）我国事业单位法人的制度重构

应该说，我国事业单位法人的出现与制度设立有其特定的历史背景与目的需求，即其一方面与我国计划经济体制下的单位制度相结合，是单位制度的产物之一；另一方面又承担与实现着教育、科技、文化、卫生等公共服务的提供与公益需求的满足，具有典型的公益目的。但是，由于我国法人制度本身的不完善与不成熟，以及对事业单位法人的性质认识与功能定位偏差，导致各级政府或有关机关随意设立事业单位法人，而且缺乏有效的规范与管理，从而在实践中形成了各事业单位法人职能不清、职责不明、缺乏作为法人主体应有的独立性等局面与结果。我国自 1978 年以来本着“政事分开、政企分开”的原则对事业单位所进行的改革虽然取得了一些成绩，但这些问题依然存在，事业单位法人也依然没有以真正独立法人主体的身份获得肯定与存在。鉴于此，我国事业单位法人的改革应该从以下几方面入手。

1. 准确定位与界分事业单位法人与机关法人的职能

在单位体制下，我国的事业单位处于政府的管理体制之中，依照行政命令而设立，在一定范围内行使和分担着政府的某些公权力与公共职能，

---

① 王春梅：“俄罗斯法人形态的立法构造及其对中国的启示”，载《俄罗斯中亚东欧研究》2009 年第 2 期。

因而，事业单位法人也具有了公法人的属性与职能，应当将其定性为公法人。由此，在我国，事业单位法人与机关法人都具有独立的法人人格，都以享有和行使国家的公权力与监管职能为目的所在，都应当属于公法人，故二者在功能或职能上必然具有一定的相似性，即都以提供公共服务、实现与满足公共利益为目的与宗旨。由此产生的问题是，同样的职能是否有必要分别由两个独立人格者承担与完成，这不仅决定着事业单位法人与机关法人的职能界分，也在一定程度上决定着事业单位法人的存废。

对于事业单位法人的存废问题，我国法学界存在“保留说”与“放弃说”两种不同声音。① 而主张放弃说的学者主要通过对事业单位法人进行概念分析而得出放弃的结论，②却没有对事业单位法人进行功能考量，从而使其结论颇显轻率。虽然在人类由蒙昧走向理性的过程中，概念具有并发挥着重要的意义与作用，甚至可以说“概念是人从蒙昧走向理性的重要元素”。③ 而且在立法与学术研究中，概念也具有重要作用，其不仅是学术研究、理解与交流的工具，更是作为立法与学术的基本单位而揭示与展现着某一制度的基本内涵与本质特征。因此，通过对概念进行分析而得出某种结论具有一定的合理性与科学性，概念分析也由此成为学术研究的一种重要方法。但是，就一项社会制度或法律制度而言，决定该制度是否具有存在必要及其制度价值的不是概念本身，而是该制度的功能与价值，完全脱离或抛开功能或价值而单纯地进行概念分析必然失其偏颇。就事业单位法人而言，其与机关法人虽然都以提供公共服务，实现与满足公共需求为目的，但在功能定位上仍然具有差异性。

首先，事业单位法人应当以承担和满足教育、科学、文化、体育、卫生、新闻等领域的公共职能与公共需求为目的。从我国政府和民事立法设置事业单位法人的初衷来看，其目的在于使其辅助政府或机关法人分担和行使教育、科学、文化、体育、卫生、新闻等领域的公权力与公共职能。也就是说，国家权力与公共职能原本应当由政府或机关法人来行使与承担，

---

① 任中秀：“‘事业单位法人’概念存废论”，载《法学杂志》2011 年第 7 期。

② 同上。

③ 刘颖著：《法概念的跨语际实践——苏联法在中国(1949～1958)》，法律出版社 2011 年版，第 16 页。

但由于某些公权力或公共职能不宜或不便由政府和机关法人行使，故设立事业单位法人并交由其完成。对此，有学者曾通过分析指出："事业单位可以充当政府部门的预备队，在政府部门缩编、精简的时候，事业单位可以在不占用公务员编制的情况下承担起相关的管理职能和吸纳人员的功能。"①这样，在不影响机关法人的地位与职能，也不占用公务员编制的情况下，使政府的公共职能与公共服务获得了更为便利的行使与提供。应该说，由政府或机关法人再设立事业单位法人完成和履行公共职能与现代行政主体及其理论发展也是一致的。因为随着现代国家职能的不得扩张，由国家行使所有的权力和完成所有的公共职能，即直接的国家行政已经几近不可能，不得不由国家派生或设立更多的行政主体完成公共任务。而且新的行政主体也可以基于特定公共任务的需要而再设立其他行政主体，此即间接的国家行政，并已经成为现代行政的主导方式。我国的事业单位法人实际上就是由政府或有关机关设立的，辅助其承担和履行某些公共职能，主要是教育、科学、文化、体育、卫生、新闻等公共职能，但又无法纳入机关法人范围的组织机构。由此可见，由事业单位法人承担和履行的公共职能主要限于教育、科学、文化、体育、卫生、新闻等领域。应该说，这些领域不仅事关国家的发展和公民素质的培养与提高，而且面向社会大众，与市民社会培育和发展紧密相连，具有相当的重要性。如果这些领域的公共职能由政府或国家机关直接履行和完成，则公权力的动用与行使就不可避免，其结果一方面可能造成国家机关的膨胀，另一方面可能使公权力更多地介入市民社会，而交由事业单位法人完成则可以在相当程度上避免此种结果的出现。机关法人作为国家科层体系的组成部分，直接代表国家行使和完成除教育、科学、文化、体育、卫生等领域之外的其他各方面公共职能。而且国家机关运用国家权力行使和实现公共职能的行为属于国家直接行政的范围，有别于事业单位法人的间接国家行政。由此可见，事业单位法人与机关法人就在功能上实现了界分，教育、科学、文化、体育、卫生、新闻等领域的公共职能由事业单位法人完成，其他领域的公共职能仍然由政府或机关法人承担与履行。也可以说，"我国

① 姜朋："从与机关法人的关系视角看事业单位改革"，载《北方法学》2011年第5期。

的事业单位法人制度的功能在于，做民间不能或不愿做而政府又不便亲自去做的公共服务或独立监督管理事业”。[①]

其次，事业单位法人公共职能的履行和完成应当由国家提供财政支持。传统的或典型意义上的事业单位法人应该是由政府财政加以支持而完成公益目的的法人组织，即其资金来源于政府或有关机关的国家财政投入。[②] 但是，在我国事业单位法人发展过程中，出现了某些非由国家财政支持，但因其行使国家在教育、科学、文化、体育、卫生等领域的公共事务管理职能，与事业单位法人在职能上具有极大的相似性，故将其纳入了事业单位法人范畴，这即“民办非企业单位”或“捐助类事业单位法人”。此外，还有一些原本属于应当由国家财政支持的事业单位法人，但却在发展过程中因采用了市场化的经营模式而具有了企业法人特点的事业单位法人，即“企业化经营的事业单位法人”。至此，我国的事业单位法人就出现了三种并存模型，即传统公益类的事业单位法人、民办非企业类的事业单位法人和企业化经营类的事业单位法人。针对事业单位法人的三种模型，多数学者提出的改革方案是对其进行分类整合，即将领取企业法人营业执照的事业单位法人和实行企业化经营的事业单位法人整合到企业法人之中，而将具备法人条件的民办非企业类单位纳入事业单位法人范畴，从而将事业单位法人界定为以社会公益为目的，从事文化、教育、卫生、体育、新闻等公益事业的单位。[③] 由此，似乎一方面将我国的事业单位法人与传统民法中的公益法人形成对应与一致，另一方面又引入民间资本助成国家公共职能的实现和完成，可以有效推动我国公益事业的发展。但实际上，这样的改革方向不仅无法真正解决我国事业单位法人存在的问题，而且会造成理论上的混乱。

从传统民法理论来看，事业单位法人的公益目的及其提供公共服务

---

① 徐强胜：“我国事业单位法人制度改革的法理思考”，载《河南省政法管理干部学院学报》2006 年第 5 期。

② 1998 年 10 月 25 日国务院颁布的《事业单位登记管理暂行条例》第 2 条规定：“国家为了社会公益目的，由国家机关举办或者其他组织利用国有资产举办的，从事教育、科技、文化、卫生等活动的社会服务组织。”

③ 魏振瀛主编：《民法》（第 4 版），北京大学出版社、高等教育出版社 2010 年版，第 79 页。

的内容与职能定位,固然可以将其纳入公益法人的范畴。但是,传统民法关于公益法人与营利法人的分类是在区分公法人与私法人前提之下对私法人进行的进一步区分,其只考察法人成立或活动目的,①而不考察其资金来源。也就是说,在私法领域中,或者说就私法人而言,只要是以公益为其活动目的的法人都属于公益法人,无论是私主体以私人资金设立的,还是由国家或政府出资设立的,或是民间资本与国家资本合资设立的。实际上,我国事业单位法人的改革要想深入进行必须跳出私法领域,即跳出私法人的视域局限来进行探讨与抉择。而且我们必须认识到,我国事业单位法人在发展过程中出现的范围扩张与内涵变化与现代行政的新发展是相关联的。

在现代国家公共职能的实现过程中,出现了一种新的行政方式,即以私法方式进行的行政,且其适用范围呈不断扩大之趋势。正是这种新的行政方式为私人资本或者私法模式进入传统的高权领域和行使公权力提供了可能。当然,从另一角度来看,则是私法对行政法施加影响的结果,或者说是私法的传统形式日益被行政法吸收的结果,由此也使行政私法成为一般行政法的重要组成部分。② 现代行政的新发展固然允许借助于私人资本和私法模式辅助国家完成某些公共职能,并在立法和理论上将私法企业执行公共事务的活动纳入公共行政的范畴,③但这与我国事业单位法人的功能定位与改革是两个不同的问题。而且越是在这样的发展趋势下,越应该厘清各类事业单位法人的性质,并为它们找到自己在相应法律领域中的位置。

以国家财政支持来界定事业单位法人必须解决民办非企业类事业单位法人的性质界定与改革方向问题。民办非企业类,即捐助类事业单位法人的资金来源于私人捐助,而非国家财政投入。因而,如果将国家财政支持作为重构后的我国事业单位法人的内涵要求,则民办非企业类法人不应当再属于事业单位法人范畴,而其应当属于什么,即性质定位问题,

---

① 魏振瀛主编:《民法》(第4版),北京大学出版社、高等教育出版社2010年版,第81页。

② [德]汉斯·J.沃尔夫、奥托·巴霍夫、罗尔夫·施托贝尔著:《行政法》(第1卷),高家伟译,商务印书馆2007年版,第198页。

③ 同上书,第24页。

需要考虑或者弄清两个问题：公益目的是否是区分公法人与私法人的标准？公法人能否由私主体出资创办？

就公法人与私法人的区分标准而言，虽然理论上有分歧，但公益目的是否影响二者的区分，则不属于特别困难的问题。众所周知，在私法人内部既存在以公共利益为目的的法人，也存在以营利为目的的法人，还可能存在介于二者之间的中间法人。而依公法而设立的行使和分担国家职能的公法人也具有公益目的。由此可见，是否具有公益目的与公法人和私法人的区分没有关系，即无论是公法人还是私法人都可能具有公益目的，只不过在私法人内部涉及进一步细化的问题。因此，就公益目的而言，以捐助财产设立的民办非企业类法人既可能是公法人，也可能是私法人，其公共利益的目的无法为其定性做出任何贡献。

就公法人能否由私主体创办，实际上是公法人主体的资金来源问题。一般而言，在各国传统上，公法主体多是由国家或其他公法主体创立的，即其资金多来源于国家或者政府。但随着现代行政法和公法理论的发展，一方面，公法人主体在范围上呈现出不断扩张的趋势，增加了很多如团体、设施和基金会等公法人形式；另一方面，合作与私有化日渐成为各国行政组织法发展的新形式。而无论是公法人主体范围的扩张，还是合作与私有化的发展都要求和引入私人资本来组织和执行公共任务，进而使“国家和其他行政主体退出某些特定的活动领域”。[①] 由此可见，公法人既可以由国家和政府出资设立，也可以由私人资本出资设立，而私法人虽然多由私人资本出资设立，但也可以由公法人单独或与私人合作出资设立。因此，资金来源并不是界分和判断公法人与私法人的标准，如在德国法中，基金会有公法基金会与私法基金会之分，而公法基金会属于公法人，其出资人最常见的是公法人，但也可以是任何自然人或者法人。[②] 而无论是公法基金会还是私法基金会，都是出资人为实现特定目的而以捐助财产设立的。因而，基金会实际上就是特定目的的财产，或者说是对特

---

① ［德］汉斯·J. 沃尔夫、奥托·巴霍夫、罗尔夫·施托贝尔著：《行政法》（第1卷），高家伟译，商务印书馆2007年版，第367页。

② 同上书，第361页。

定目的财产进行管理的组织。至此,以捐助财产而设立的民办非企业类法人的性质和去向就不成问题了,即一方面应当将其从事业单位法人中移出,确保事业单位法人资金在来源上国家财政投入的特性;另一方面应当将其一并归入到公法人范畴,具体可以借鉴德国法引入公法基金会的概念,并将其界定为公法基金会。这样既保留了我国事业单位法人的传统特点,还可以形成基金会在公法领域与私法领域的并存与界分,从而推动我国公法人制度与理论的发展与完善。

再次,事业单位法人的功能既可以通过非市场化的模式实现,也可以通过市场化的模式实现。事业单位法人以公益为目的,但公益目的的实现是否一定意味着必须采取非市场化的运行模式?这一问题不仅是事业单位法人的实行模式问题,更涉及企业化经营类事业单位法人的改革方向问题。就事业单位法人公益目的的实现方式而言,需要思考和解决的问题则是市场化经营模式是否为企业法人所专享?如果换一种表达,则是事业单位法人采取企业化或者市场化的经营模式是否就意味着应当将其归入企业范畴?对于企业法人而言,在商品经济或市场经济条件下,其必须采取市场化的经营模式,否则就无法实现其营利的目的与宗旨。但是,市场化的经营模式不仅不应该属于企业法人的专享,而且也不应该认为其属于营利法人的专享,甚至不应该属于私法人专享的经营模式。虽然每一种法人都有自己的运行或经营模式,但无论是公益法人还是营利法人,还是私法人和公法人,其识别和判断标准都不是经营模式。因而,每一种法人都可以根据自己的设立目的与宗旨决定采取何种运行或经营模式,但运行或经营模式的选择与决定不是由其公法和私法的设立依据决定的,也不是由其设立目的与宗旨本身决定的,而是由其设立目的与宗旨的实现决定的,即哪种模式更有助于实现其设立目的与宗旨就应该采取哪种运行或经营模式。因此,是采取市场化的经营模式还是采取非市场化的经营模式完全取决于实现该法人设立目的与设立宗旨需要。当然,一般而言,法人的设立目的与宗旨必然在一定程度上影响或限制其运行或经营模式的选择,如以公益为目的的法人,其公益目的必然要求遏制其营利诉求,一般应采取非市场化的允许模式,以避免出现与民争利和消极不作为等情形或结果,影响公益目的的实现,但并不意味着没有采取市场化经营模式的可能。就事业单位法人而言,其公法人的性质与公益目的原则上要求其采取非市场化的运行模式,否则可能影响社会大众公共需求的满足与公益目的的实现,如我国教育、出版、文化等事业单位法人在发展过程中,纷纷采取市场化的运行模式,其所导致的教育产业化、文化产业化虽然使我国的教育、文化事业向规模化迈进,但却并没有真正推动我国教育、文化事业的纵深发展与传承,也没有使民众的教育、文化需求获得更大的满足,却要求民众付出更多的代价才能享受教育与文化服务。但是,却不能因此排除市场化运行模式的例外采用,就此涉及企业化经营类事业单位法人的定位与改革问题。就历史成因来看,企业化经营类事业单位法人的出现与形成既有国家未能充分履行拨款义务而被迫进行市场化经营的,如某些学校、医院、科研机构、出版社、报社、杂志社、博物馆等;[①]又有受市场经济发展推动和诱惑而追求营利目的主动设立的,如某些政府机关或事业单位出资兴办的服务中心、招待所等;还有由于其自身性质决定而必须市场化经营的事业单位法人。由此可见,企业化经营类事业单位法人的成因颇为复杂,合理的制度设计与改革走向必须考虑其形成的具体原因区别对待,而不宜采取"一刀切"的方式进行简单化处理。具体而言,对于其中纯粹为追求营利目的而由机关和事业单位兴办的服务中心、招待所等,本身不具有事业单位法人的公共职能与公益目的,可以排除出事业单位法人范畴而进行关停并转归入营利法人范畴,由私法加以规范和调整;对于因国家财政投入不足而被迫进行市场化运行的教育、出版或文化等机构,应当维持其事业单位法人的属性与地位,并应增加国家财政投入确保公益目的实现;对于以提供公共产品和公共服务为内容的事业单位法人,如供水、供电、公共交通运输、邮政服务等公用事业单位,仍应保持其事业单位法人属性,并由国家财政提供支持与保障,而且允许其采取市场化的经营模式可能较非市场化的运行模式更有助于公益目的的实现。

最后,事业单位法人在功能实现上应具有更大的独立性。虽然事业单位法人与机关法人都属于公法人,并且在职能或功能上有相似之处,但

---

① 姜朋:"从与机关法人的关系视角看事业单位改革",载《北方法学》2011 年第 5 期。

事业单位法人在功能实现上应具有更大的独立性和自主性。有学者甚至认为更大的独立性是事业单位法人与机关法人的最大差别，即认为“事业单位法人制度不同于行政机关法人的最大一点是其更大的独立性，以实现政府不便亲自参与的事业”。[①]

事业单位法人的更大独立性主要体现在其与政府之间的关系中。在单位制度下，事业单位法人作为单位之一，分担和履行着国家和政府的部分公共职能，即国家和政府在教育、科学、文化、体育、卫生、新闻等领域的监督管理和提供公共服务等职能，因而其实际上是由国家或政府设立或派生的组织形式之一，必然隶属于政府，并受政府的监督和管理。这实际上已经体现出事业单位法人与机关法人不同之处，即事业单位法人是外在于政府的组织机构，而机关法人原则上是政府的组成部分之一，并进而决定了政府在监管上的差异。机关法人作为政府的组成之一，在编制设置、干部任免、人员聘任，以及决策、行动和资金预算等方面基本没有独立性，必须完全服从于政府或上级机关的指令和监管。而事业单位法人虽然在编制设置、资金划拨等方面服从于政府并受其监管，但在决策和行动等方面却具有很大的自由，基本可以自己做出决策和行动。因此，相对于机关法人的职能履行属于直接行政，事业单位法人的职能履行属于间接行政，则政府对机关法人的监管就属于直接监管，对事业单位法人则属于间接监管，由此使事业单位法人在职能实现等方面具有更大的自主性与独立性。当然，在我国事业单位法人的发展过程中，由于政府在与事业单位法人之间的关系上存在定位偏差、在认识上对事业单位法人的定性不准，以及职能认识不清等诸多原因，导致实践中政府对事业单位法人监管过度，剥夺和制约事业单位法人独立性和自主性的享有与发挥，使事业单位法人相对于机关法人的更大独立性并没有获得真正彰显，但这也指明了我国事业单位法人未来的改革方向。

此外，如果我国国家机关全面法人化是一个历史错误，正确的方向应当是实行有限法人化，则事业单位法人更大的独立性还体现在其是一个

---

① 徐强胜：“我国事业单位法人制度改革的法理思考”，载《河南省政法管理干部学院学报》2006年第5期。

独立主体方面。也就是说,在与其他主体之间的关系上,事业单位法人也应当具有更大的独立性。具体而言,事业单位法人可以依据自己的意志进行活动,并以自己的独立财产承担责任,从而可以更好、更自由地辅助国家和政府完成教育、科学、文化、卫生、体育、新闻等领域中的公共职能与公共服务,促进这些领域的健康发展和公共需求的满足。

综上所述,事业单位法人所具有的不同于机关法人的功能定位,不仅界分了其与机关法人之间的职能划分,也厘清和奠定了其与政府之间监管关系的基调,更证明了事业单位法人具有存续上的价值,驳斥了废除事业单位法人的言论。

2. 规范事业单位法人的设立

在界分与明了事业单位法人与机关法人的职能差异基础上,我国事业单位法人的制度重构必须从规范其设立开始。这既是因为设立是任何一个法人主体资格获得的准备与前置阶段,也是因为我国事业单位法人在发展过程中出现的诸多问题都是由随意设立造成的。由于公法人与私法人具有不同的设立依据与设立准则,因此,在将事业单位法人定位为公法人的前提下,必须依公法来规范事业单位法人的设立。

首先,设立事业单位法人必须有专门的公法规范或公法文件。公法人与私法人虽然活动的法律领域不同,但既然同为法律主体,就都涉及主体资格或者主体能力的获得问题,即都必须依法获得相应的主体资格才能进行活动。但是,与私法人的主体资格或能力来源于设立人的意思自治不同,公法人的主体资格只能来自公法上的依据与行为。也就是说,"公法人作为具有法律能力的法律主体的资格并非源自于私人意思自治,而是来自专门的法律或者根据特定的模型示范法作出的国家行为"。[①]因此,事业单位法人必须依照现代行政法的基本要求,以专门的法律、法规规范为设立依据,并由相应公法规范规定一系列的成立条件,以此才能保证其设立目的实现和行为的规范性,避免随意设立。

其次,规范事业单位法人的设立程序。任何法人都必须依法设立,这

---

① [德]汉斯·J. 沃尔夫、奥托·巴霍夫、罗尔夫·施托贝尔著:《行政法》(第1卷),高家伟译,商务印书馆2007年版,第432页。

不仅要求法人主体资格的取得需要符合相应法律、法规所规定的实质条件，而且还要求其符合法定的程序要件。事业单位法人作为公法人，运用和行使国家公权力，其设立也必须按照相应规范的要求履行程序要求，始能获得相应的公法人资格。而且程序正义是形式正义的保障。通过一定的法定程序的履行与审查，才能确保事业单位法人主体资格获得上的合目的性。

最后，明确事业单位法人的权限与活动领域。事业单位法人的设立目的是通过其行为或行动来确保与实现的。因此，相应公法规范不仅需要明确规定事业单位法人的权限与活动领域，而且需要规定事业单位法人超越权限行为的法律效力或法律后果。因为“公法人享有自然人不享有的高权性权利义务（公权力），但法定的任务和范围，因此公法人只能在法定的权限或管理领域之内活动和存在”。[①] 当然，对于事业单位法人超越规定的权限与活动领域而行动的行为的效力，即是否绝对无效问题，应该综合考量各种因素加以规定，而不应当严格贯彻越权无效理论，这一点已经获得各国理论与立法的认可是毫无疑问的。

3. 从主体角度对事业单位法人进行制度设计

机关法人与事业单位法人作为公法人，不仅都行使与实现着国家的公权力，而且都通过公权力的运用与行使完成与实现着公共任务与公共职能。但二者的不同，一方面在于国家机关内在于国家，是国家行政层级管理体制的组成部分，而事业单位法人是国家行政层级管理体制之外的存在；另一方面在于国家机关在隶属和管理上受制于上级政府与机关，而体制外的事业单位法人可以在相当程度上脱离政府，从而体现出更大的自主性与独立性。而我国既有的法人制度没有体现出事业单位法人与机关法人的差异，也没有使事业单位法人体现出与享受到这种自主性与独立性。要改变这一点就必须对事业单位法人进行主体立法，而非进行管理立法，确保实现事业法人主体的独立性和自主性。

首先，去除“单位”字样，在名称上实现“去单位化”。我国事业单位

① ［德］汉斯·J. 沃尔夫、奥托·巴霍夫、罗尔夫·施托贝尔著：《行政法》（第1卷），高家伟译，商务印书馆2007年版，第377页。

法人欠缺独立性，其障碍很大程度上与其单位制度的产物相关，或者说，正是单位制度制约了其独立性。因而，从主体角度进行的立法改革应当首先立足于使事业单位法人摆脱与单位体制的关联。而名称作为主体的人格标志与体现，最能直观地体现出主体的自主性与独立性。“事业单位法人”的称谓恰恰体现了这一点。因此，实现事业单位法人的改革与去单位化首先应当从名称入手。但是，创设一个全新的名称一方面可能没有必要，另一方面也可能无法形成与既有法人的关联，因而比较简单的办法就是去掉名称中的“单位”二字，即称为“事业法人”。

其次，使事业法人在隶属和管理上脱离政府，实现管办分离。就我国民事立法最初设计事业单位法人制度的初衷或本意来看，并不在于使其进入国家机关范畴，也不在于使其进入国家的行政管理体制之内，而是恰恰相反，由此也形成了事业单位法人与机关法人在管理体制上的差异之处。但是，由于单位制度和计划经济体制的遗留，原本应当处于政府行政体制之外的事业单位法人却进入到了行政管理体制之内，形成其与政府之间管理与被管理的纯行政关系，从而丢失了其应有的独立性与自主性。因此，对事业法人进行主体立法必须重新审视事业法人与政府之间的关系，形成二者之间良好的关系定位。这种良性的关系基调应该既要确保政府对事业法人必要的监管，又要赋予和保证事业法人应有的独立性与自主性。这就要求使事业法人在隶属与管理上脱离政府，能够以独立主体的身份安排和决定自己的事务，实现主体性上的独立。同时，由于事业法人毕竟掌握与行使着一定的国家公权力，承担着公共职能，因此，政府在宏观上的监管也是必要的，但监管的事项、监管的方式等应当由相应法律规定，以确保监管的正当性与适法性。

最后，保证事业法人在财产与责任上的独立。法人性既定位了事业法人的团体人格，又定位了其内部的管理结构设置，即组织独立、财产独立和责任独立。其中，组织上的独立性作为法人独立地位的重要体现之一，具体可以包括不存在与成员相关的解散事由、成员可以更换、对于决议适用多数票通过原则，以及由机关负责对外代表四个方面。① 而对于一个法人而言，“运用其权利能力取得权利和义务，表现出来的独立性，其中最基础的，就是责任财产的独立”。② 事业法人的独立财产来自国家财政投入，为确保事业法人公共职能的履行与实现，必须保证国家对其财政投入的充足与到位，并且使事业法人对财政拨款具有独立的支配权。因为“即使在法律上该财产尚未与该主体相分离，即该财产完全属于该主体，但主体与该客观的财产也相对立”。③ 而法人作为独立主体应当对法律赋予它的相对独立的财产拥有独立支配权。独立责任既是独立人格的结果，也是独立人格的标志。甚至可以说，“团体之是否具有独立人格最终取决于它是否独立承担责任，或者更准确些说，最终表现为它是否独立承担责任”。但是，独立财产是独立承担责任的物质基础与保障，确保事业法人享有财产上的独立性是更为基本的。

① [德]迪特尔·梅迪库斯著:《德国民法总论》,邵建东译,法律出版社 2000 年版,第 818 页。

② 龙卫球著:《民法总论》(第 2 版),中国法制出版社 2002 年版,第 317 页。

③ [德]罗尔夫·克尼佩尔著:《法律与历史——论〈德国民法典〉的形成与变迁》,朱岩译,法律出版社 2003 年版,第 195 页。

结　语

法律制度作为一套相互作用的体系构成,①是与国家权力相连,并由其保障的法律规范、法律原则以及相应法学理论的结合。由此意味着,抽象的法律制度一方面以相应的法学理论为指导与支撑;另一方面以法律规范或法律规则的运行为基础,而法律规范或法律规则本身也是建立在一定的理论基础之上的。因此,如果说法律规范或法律规则的废弃、修改与创设仅仅影响法律制度本身,则法学理论的改弦易辙与更新,不仅影响法律规则本身的设计与制定,还将对法律制度造成某种冲击与影响。但实际上,无论是法律规则,还是法律制度,抑或是法学理论,都必须受制于社会现实,即必须迎合与适应社会现实的发展变化,以此实现对社会现实的规范与引导。因此,社会现实的发展不仅要求法律规则与法律制度适应这种发展而进行修改与创新,而且要求法学理论进行必要的更新与扬弃,并反过来推动制度的变革与规则的完善。“理论只能是对我们所掌握的事实的

---

① [美]劳伦斯·M.弗里德曼著:《法律制度——从社会科学角度观察》,李琼英、林欣译,中国政法大学出版社2004年版,第6页。

抽象性综合。如果某种理论已经无法容纳它所面对的事实,我们就应该放弃它,并且去寻找一种更加全面和充分的理论。”①

从20世纪50年代开始,中国的民事主体制度及其立法规则设计都在相当程度上建立在苏联的民事主体立法及其理论基础上,成为苏联民事主体立法及其理论的中国翻版或映像。虽然这种苏联翻版或者苏联范式的植入有其特定的历史背景与一系列基础支撑,就当时而言具有一定的合理性与成功之处。但是,背景已经翻新,基础已然发生质变,甚至曾经的模板也已被其法定继承国俄罗斯或弃用或改革,而我国现行的民事主体制度却依然故我地印刻着这些痕迹与烙印,这不能不值得我们审视与深思。

---

① [法]狄骥著:《公法的变迁》,郑戈译,中国法制出版社2010年版,第107页。

参考文献

著作类：

[1][苏]坚金主编:《苏维埃民法》(第1册),中国人民大学民法教研室译,法律出版社1956年版。

[2]玛·雅·克依里洛娃主编:《苏维埃民法》(上册),北京政法学院民法教研室译,法律出版社1957年版。

[3][苏]斯·恩·布拉都西等编著:《苏维埃民法》(上),中国人民大学民法教研室译,中国人民大学出版社1954年版。

[4][苏]卡列娃·费其金等编:《苏维埃国家和法的基础》,中国人民大学编译室译,法律出版社1955年版。

[5][苏]B. B. 拉普捷夫主编:《经济法理论问题》,中国人民大学法律系民法教研室译,中国人民大学出版社1981年版。

[6][苏]B. B. 拉普捷夫主编:《经济法》,中国社会科学院法学研究所民法经济法研究室译,群众出版社1987年版。

[7][苏]B. П. 格里巴诺夫、C. M. 科尔涅耶夫主编:《苏联民法》(上册),中国社会科学院法学研究所民法经济法研究室译,法律出版社 1984 年版。

[8][苏]B. T. 斯米尔诺夫等著:《苏联民法》(上),黄良平、丁文琪译,中国人民大学出版社 1987 年版。

[9][俄]别尔嘉耶夫著:《论人的使命》,张百春译,学林出版社 2000 年版。

[10]恩格斯著:《反杜林论》,人民出版社 1956 年版。

[11][俄]E. A. 苏哈诺夫主编:《俄罗斯民法》(第 2 册),王志华、李国强译,中国政法大学出版社 2011 年版。

[12][俄]苏哈诺夫:《论法人与企业的概念,21 世纪的俄罗斯立法》(莫斯科 2000 年 10 月 17 日科学大会报告),莫斯科,2002 年。

[13][苏]B. П. 格里巴诺夫:《民事权利实与和保护的基本问题》(作者的副博士论文),莫斯科,1970 年。

[14][苏]A. E. 卡拉斯:《家社会主义所有权》,莫斯科,1954 年。

[15][苏]苏达里可夫、贝可夫:《苏维埃国家与法律问题讲座》,中央人民政府法制委员会印制 1951 年版。

[16][美]沃尔特 · G. 莫斯著:《俄国史》,张冰译,海南出版社 2008 年版。

[17][美]R. 麦克法夸尔、费正清编:《剑桥中华人民共和国史》(上卷),谢亮生等译,中国社会科学出版社 1990 年版。

[18][美]罗纳德 · 德沃金著:《认真对待权利》,信春鹰、吴玉章译,中国大百科全书出版社 1998 年版。

[19][美]劳伦斯 · M. 弗里德曼著:《法律制度——从社会科学角度观察》,李琼英、林欣译,中国政法大学出版社 2004 年版。

[20][法]狄骥著:《公法的变迁》,郑戈译,中国法制出版社 2010 年版。

[21][法]雅克 · 盖斯旦、吉勒 · 古博著:《法国民法总论》,陈鹏等译,法律出版社 2004 年版。

[22][德]海因里希 · 罗门著:《自然法的观念史和哲学》,姚中秋译,

上海三联书店 2007 年版。

[23][德]弗朗茨·维亚克尔著:《近代私法史》,陈爱娥、黄建辉译,上海三联书店 2006 年版。

[24][德]卡尔·拉伦茨著:《德国民法通论》(上册),王晓晔等译,法律出版社 2003 年版。

[25][德]迪特尔·梅迪库斯著:《德国民法总论》,邵建东译,法律出版社 2000 年版。

[26][德]康德著:《实践理性批判》,邓晓芒译,人民出版社 2003 年版。

[27][德]K. 茨威格特、H. 克茨著:《比较法总论》,潘汉典等译,法律出版社 2003 年版。

[28][德]黑格尔著:《法哲学原理》,范扬、张企泰译,商务印书馆 1961 年版。

[29][德]萨缪尔·普芬道夫著、[英]詹姆斯·图利编:《论人与公民在自然法上的责任》,[英]迈克尔·西尔弗索恩英译,支振锋译,北京大学出版社 2010 年版。

[30][德]汉斯·J. 沃尔夫、奥托·巴霍夫、罗尔夫·施托贝尔著:《行政法》(第 1 卷),商务印书馆 2007 年版。

[31][德]罗尔夫·克尼佩尔著:《法律与历史——论〈德国民法典〉的形成与变迁》,朱岩译,法律出版社 2003 年版。

[32][德]黑格尔著:《法哲学原理》,范扬、张企泰译,商务印书馆 1961 年版。

[33][英]爱德华·泰勒著:《原始文化》,连树声译,上海文艺出版社 1992 年版。

[34][英]洛克著:《政府论》(下篇),叶启芳、瞿菊农译,商务印书馆 2008 年版。

[35][英]布洛克著:《西方人文主义传统》,董东山译,生活·读书·新知三联书店 1997 年版。

[36][英]休谟著:《人性论》(上篇),关文运译,商务印书馆 1991 年版。

[37][英]彼得·斯坦、约翰·香德著:《西方社会的法律价值》,王献平译,中国法制出版社 2004 年版。

[38][英]昆廷·斯金纳、博·斯特拉斯主编:《国家与公民——历史·理论·展望》,彭利平译,华东师范大学出版社 2005 年版。

[39][奥]凯尔森著:《法与国家的一般理论》,沈宗灵译,中国大百科全书出版社 1996 年版。

[40][日]美浓部达吉著:《公法与私法》,黄冯明译,中国政法大学出版社 2003 年版。

[41]中国人民大学苏联东欧研究所编译:《苏联和各加盟共和国立法纲要汇编》,法律出版社 1982 年版。

[42]孙尚清、章良猷编:《苏修"经济改革"文集》,生活·读书·新知三联书店 1975 年版。

[43]西南政法学院函授部编:《中国新民主主义革命时期法制建设资料选编》(第 3 册),1982 年。

[44]中央政法干部学校民法教研室编著:《中华人民共和国民法基本问题》,法律出版社 1958 年版。

[45]法学教材编辑部、《民法原理》编写组编:《民法原理》,法律出版社 1983 年版。

[46]中国人民大学法律系民法教研室编:《中华人民共和国民法原理》(上册),校内用书 1980 年版。

[47]北京政法学院民法教研室编:《中华人民共和国民法讲义》,校内用书 1983 年版。

[48]佟柔等编:《民法概论》,中国人民大学出版社 1982 年版。

[49]佟柔主编:《中国民法》,法律出版社 1990 年版。

[50]佟柔主编:《中国民法学·民法总则》,中国人民公安大学出版社 1990 年版。

[51]佟柔著,周大伟编:《佟柔中国民法讲稿》,北京大学出版社 2008 年版。

[52]江平、张佩霖主编:《民法教程》,中国政法大学出版社 1986 年版。

［53］江平主编:《民法学》,中国政法大学出版社 1999 年版。

［54］江平主编:《法人制度论》,中国政法大学出版社 1994 年版。

［55］王利明等编著:《民法新论》,中国政法大学出版社 1988 年版。

［56］梁慧星著:《民法》,四川人民出版社 1988 年版。

［57］李由义主编:《民法学》,北京大学出版社 1988 年版。

［58］罗玉珍等撰:《民事主体论》,中国政法大学出版社 1992 年版。

［59］余能斌、马俊驹主编:《现代民法学》,武汉大学出版社 1995 年版。

［60］张俊浩主编:《民法学原理》,中国政法大学出版社 1991 年版。

［61］张俊浩主编:《民法学原理》(修订第 3 版),中国政法大学出版社 2000 年版。

［62］谢怀栻著:《谢怀栻法学文选》,中国法制出版社 2002 年版。

［63］彭万林主编:《民法学》,中国政法大学出版社 1999 年版。

［64］马俊驹、余延满著:《民法原论》(上),法律出版社 1998 年版。

［65］刘凯湘主编:《民法学》,中国法制出版社 2000 年版。

［66］魏振瀛主编:《民法》(第 4 版),北京大学出版社、高等教育出版社 2010 年版。

［67］王春梅著:《民事主体的历史变革与当代建构》,人民出版社 2011 年版。

［68］龙卫球著:《民法总论》(第 2 版),中国法制出版社 2002 年版。

［69］《德国民法典》,陈卫佐译注,法律出版社 2010 年版。

［70］杜宴林著:《法律的人文主义解释》,人民法院出版社 2005 年版。

［71］张文显著:《法哲学范畴研究》,中国政法大学出版社 2001 年版。

［72］沈宗灵著:《现代西方法理学》,北京大学出版社 1992 年版。

［73］金自宁著:《公法/私法二元区分的反思》,北京大学出版社 2007 年版。

［74］杨晓民、周翼虎著:《中国单位制度》,中国经济出版社 1999 年版。

[75]王勇飞编:《法学基础理论参考资料》(上、中、下),北京大学出版社1985年版。

[76]陆南泉、高中毅等著:《苏联经济建设和经济体制改革理论的发展》,中国社会科学出版社1988年版。

[77]陆南泉等著:《苏联兴亡史论》,人民出版社2004年版。

[78]张寿民著:《俄罗斯法律发达史》,法律出版社2000年版。

[79]何勤华、李秀清著:《外国法与中国法——20世纪中国移植外国法的反思》,中国政法大学出版社2003年版。

[80]何勤华、李秀清主编:《民国法学论文精萃——民商法律篇》(第3卷),法律出版社2004年版。

[81]何勤华等编:《新中国民法典草案总览》(上、中、下卷),法律出版社2003年版。

[82]陈甦主编:《当代中国法学研究》,中国社会科学出版社2009年版。

[83]张晋藩主编:《中国法制60年(1949~2009)》,陕西出版集团、陕西人民出版社2009年版。

[84]张建文著:《转型时期的国家所有权问题研究:面向公共所有权的思考》,法律出版社2008年版。

[85]李永军著:《民法总论》,法律出版社2006年版。

[86]刘颖著:《法概念的跨语际实践——苏联法在中国(1949~1958)》,法律出版社2011年版。

[87]《马克思恩格斯全集》(第6卷),人民出版社1961年版。

[88]《马克思恩格斯选集》(第1卷),人民出版社1972年版。

[89]《列宁文选》(两卷集,第2卷),人民出版社1954年版。

[90]《列宁全集》(第36卷),人民出版社1959年版。

[91]《列宁文集》,人民出版社1954年版。

[92]《苏俄民法典》,郑华译,法律出版社1956年版。

[93]中国社会科学院法学研究所民法研究室编:《苏俄民法典》,中国社会科学出版社1980年版。

[94]中国人民大学苏联东欧研究所编译:《苏联和各加盟共和国立

法纲要汇编》,法律出版社 1982 年版。

[95]《俄罗斯联邦民法典》,黄道秀译,北京大学出版社 2007 年版。

[96]上海法学编译社编辑:《中华民国民法(总则)》,会文堂新记书局 1937 年版。

[97]中国现代史资料编辑委员会翻印:《苏维埃中国》,北京市印刷二厂印刷 1957 年版。

[98]《李大钊选集》,人民出版社 1959 年版。

[99][苏]П. И. 斯图奇卡著:《苏联民法教程俄文版》(上卷),莫斯科—列宁格勒 1931 年版。

[100]葛云松著:《过渡时代的民法问题研究》,北京大学出版社 2008 年版。

[101]中国社会科学院法学研究所、经济法研究室编:《经济法理论学术论文集》,社会科学文献出版社 2003 年版。

[102]梁治平编:《法治在中国:制度、话语与实践》,中国政法大学出版社 2002 年版。

[103]孙宪忠著:《论物权法》,法律出版社 2001 年版。

[104]鄢一美著:《俄罗斯当代民法研究》,中国政法大学出版社 2006 年版。

[105]傅荣著:《私法复兴——俄罗斯新民法典研究》,吉林人民出版社 2003 年版。

[106]蔡定剑著:《历史与变革——新中国法制建设历程》,中国政法大学出版社 1998 年版。

[107]张友渔主编:《中国法学四十年》,上海人民出版社 1989 年版。

[108]何勤华、李秀清主编:《民国法学论文集萃》(第 3 卷),法律出版社 2004 年版。

[109]《俄罗斯联邦民法典》,黄道秀、李永军、鄢一美译,中国大百科全书出版社 1999 年版。

[110][苏]维涅吉克托夫著:《苏联民法对社会主义财产的保护》,谢怀栻、李维译,法律出版社 1957 年版。

[111][俄]E. A. 苏哈诺夫主编:《俄罗斯民法》(第 1 册),王志华、李

国强译,中国政法大学出版社 2011 年版。

论文类:

[1]陈汉章:“苏联经济法学派与民法学派五十年的争论及其经验教训”,载《中国法学》1985 年第 2 期。

[2]刘福森:“主体、主体性及其他”,载《哲学研究》1991 年第 2 期。

[3]崔拴林:“私法中的‘人格’范畴含义辨析”,载《法律科学》2008 年第 4 期。

[4]刘跃进:“文化就是社会化”,载《北方论丛》1999 年第 3 期。

[5]唐永春:“苏联法学对中国法学消极影响的深层原因”,载《法学研究》2002 年第 2 期。

[6]方流芳:“中国公司:公法权力与私法权利抗衡之焦点”,载《中国法制改革》,香港广角镜出版社 1994 年版。

[7]方流芳:“从法律视角看中国事业单位改革——事业单位‘法人化’批判”,载《比较法研究》2007 年第 3 期。

[8]朱晓喆:“自然人的隐喻——对我国民法中‘自然人’一词的语言研究”,载《北大法律评论》2001 年第 4 卷第 2 辑。

[9]尹田:“论自然人的法律人格与权利能力”,载《法制与社会发展》2002 年第 1 期。

[10]李永军:“民法上的人及其理性基础”,载《法学研究》2005 年第 5 期。

[11]张作华:“论我国国家法律人格的双重性——兼谈国家所有权实现的私法路径”,载《私法》第 3 辑第 2 卷。

[12]张泽辉:“论国家的民事主体地位”,载《经济体制改革》2002 年增刊。

[13]杨力:“试论国家作为私法主体的理论依据”,载《宁夏党校学报》2003 年第 5 期。

[14]张建文:“作为法主体之国家:理论、实践与批判——以国家作为民事主体为中心”,载《经济法论丛》2010 年第 11 期。

[15]鄢一美:“俄罗斯所有制关系的变革及其法律形成”,载《中国法学》1997 年第 2 期。

[16]鄢一美:“析俄罗斯联邦新民法典对‘企业’范畴的界定”,载《中外法学》1998 年第 4 期。

[17]方流芳:“从法律视角看中国事业单位改革——事业单位‘法人化’批判”,载《比较法研究》2007 年第 3 期。

[18]葛云松:“法人与行政主体理论的再探讨——以公法人概念为重点”,载《中国法学》2007 年第 3 期。

[19]马骏驹:“法人制度的基本理论和立法问题之探讨(上、中、下)”,载《法学评论》2004 年第 5 期。

[20]虞政平:“法人独立责任质疑”,载《中国法学》2001 年第 1 期。

[21]董学立:“法人人格与有限责任”,载《现代法学》2001 年第 5 期。

[22]任尔昕:“我国法人制度的批判——从法人人格与有限责任制度的关系角度考察”,载《法学评论》2004 年第 1 期。

[23]马骏驹、刘卉:“论法律人格内涵的变迁和人格权的发展——从民法中的人出发”,载《法学评论》2002 年第 1 期。

[24]姜朋:“从与机关法人的关系视角看事业单位改革”,载《北方法学》2011 年第 5 期。

[25]王春梅:“俄罗斯法人形态的立法构造及其对中国的启示”,载《俄罗斯中亚东欧研究》2009 年第 2 期。

[26]徐强胜:“我国事业单位法人制度改革的法理思考”,载《河南省政法管理干部学院学报》2006 年第 5 期。

[27]任中秀:“‘事业单位法人’概念存废论”,载《法学杂志》2011 年第 7 期。

[28]冀诚:“试论所有制概念对中国私法制度的影响”,中国政法大学 2004 年博士学位论文。

[29]王琳琳:“自然人主体范畴反思”,吉林大学 2008 年硕士学位论文。

[30]张力:“俄罗斯民法中单一制企业的主体地位及其过渡性”,载

《法律科学》2010 年第 5 期。

[31]王春梅:“俄联邦新民法典的实质:私法自治精神的回归”,载《俄罗斯中亚东欧研究》2006 年第 3 期。

[32]于天娇:“俄罗斯联邦民法典基本精神与特征的解读”,载《吉林省教育学院学报》2008 年第 3 期。

[33]付荣:“俄罗斯民事立法原则的改革与借鉴”,载《中国律师》2003 年第 5 期。

[34]翟羽艳:“传承与创新:俄罗斯开放市场主体制度的生成与借鉴”,载《俄罗斯中亚东欧研究》2007 年第 3 期。

[35]王志华:“俄罗斯公司立法综论——兼与中国公司立法比较”,载《北方法学》2008 年第 6 期。

[36][苏]B. K. 赖赫尔:“对 A. E. 卡拉斯《国家社会主义所有权》一书的评论”,载《苏维埃国家与法》1955 年第 1 期。

[37]徐国栋:“市民社会与市民法——民法的调整对象研究”,载《法学研究》1994 年第 4 期。

[38]杨振山、陈健:“平等身份与近现代民法学——从人法角度理解民法”,载《法律科学》1998 年第 2 期。

[39]杨振山、龙卫球:“罗马法的传统性和法律方法——兼论中国民法新传统”,载《中国法学》1995 年第 1 期。

[40]张建文:“从 1922 年苏俄民法典编纂看列宁法治理念的渊源与局限”,载《兰州学刊》2010 年第 3 期。

[41]张建文:“当代俄罗斯的国家财产制度”,载《河北法学》2006 年第 9 期。

[42]李凤章:“国家所有权的解构与重构”,载《山东社会科学》2005 年第 3 期。

[43]阿稚尼:“从计划经济向市场经济转轨的前苏联和东欧国家的民法典编纂之考察”,薛军译,载《中外法学》2006 年第 6 期。

[44][俄]И. А. 波克罗夫斯基:“论所有权问题”,张建文译,付子堂点评,载《法学杂志》2011 年第 11 期。

[45]杨心宇、李凯:“略论苏联法对我国法学的影响”,载《复旦学报》

(社会科学版)2002 年第 4 期。

[46]李秀清:“试论苏联经济法理论对中国的影响”,载《政治与法律》2002 年第 3 期。

[47]张建文:“私法在俄罗斯国家政策中的优越地位”,载《武汉科技大学学报》(社会科学版)2009 年第 3 期。

[48]于天娇:“私法自治原则的缺失——以前苏联时期民事立法为考察背景”,载《行政与法》2008 年第 3 期。

[49]孙光妍、于逸生:“苏联法影响中国法制发展进程之回顾”,载《法学研究》2003 年第 1 期。

[50]杨心宇:“苏联苏维埃法概念的形成过程述评”,载《比较法研究》2000 年第 4 期。

[51]徐国栋:“苏联与俄罗斯民法中的人格”,苏联法对中国法制的影响学术研讨会、俄罗斯法制与法学国际学术研讨会,2001 年。

[52]柳经纬:“我国民事立法的回顾与展望”,载《厦门大学法体评论》(第 5 辑),厦门大学出版社 2003 年版。

[53]杨心宇、陈怡华:“我国移植苏联法的反思”,载《社会科学》2002 年第 8 期。

[54]肖杉杉:“新中国移植苏联法制的分析与反思”,贵州大学 2007 年硕士学位论文。

[55]孔令秋:“论苏联法对哈尔滨解放区法制建设的影响”,黑龙江大学 2007 年硕士学位论文。

[56][美]阿兰 · 沃森:“法律移植论”,贺卫方译,载《比较法研究》1989 年第 1 期。

[57]何勤华:“关于新中国移植苏联司法制度的反思”,载《中外法学》2002 年第 3 期。

[58]李秀清:“新中国移植苏联民法模式考”,载《中国社会科学》2002 年第 5 期。

[59]李秀清:“新中国婚姻法的成长与苏联模式的影响”,载《法律科学》2002 年第 4 期。

[60]李秀清:“新中国刑事立法移植苏联模式考”,载《法学评论》

2002 年第 6 期。

[61]焦月："俄罗斯民法法典化进程略论——兼谈对我国民法法典化的借鉴"，华东政法大学 2006 年硕士学位论文。

[62]涂文："试论 1964 年苏俄民法典"，载《株洲工学院学报》2004 年第 1 期。

[63]黄道秀："俄罗斯民事立法在向市场过渡时期的发展——E. A. 苏哈诺夫教授访谈录"，载《比较法研究》1994 年第 3 期。

[64]王树义："20 世纪 90 年代俄罗斯联邦法学理论"，载《国外社会科学》2000 年第 5 期。

[65]马长山："俄罗斯的市民社会诉求与'法治国家'定位"，载《求是学刊》2003 年第 1 期。

[66]姚宝伟、陈叶："俄罗斯民事立法 100 年评述——从三部民法典的角度"，载《法制与社会》2008 年第 12 期。

[67][法]阿・布瓦斯泰尔："法国民法典与法哲学"，钟继军译，载徐国栋著：《罗马法与现代民法》（第 2 卷），中国法制出版社 2001 年版。

[68]杨振山："论我国的法人制度"，载陶希晋主编：《民法文集》，山西人民出版社 1985 年版。

外文类：

[1]Michell Foucault, What is Enlightenment The Foucault Reader. Ed. : Paul Rabinow. Ny: Pantheon Books, 1984.

[2] Курганова Л. Б. Правосубъектность Российской Федерации. вовнешнеэкономических отношениях: гражданско-првовын аспекты. M. : Изд-во МГУК, 2002.

[3]G. W. F. Hege. l Elements of the Philosophy of Right(影印本). ed. By Allen W. Wood, Translated by H. B. Nisbet. 中国政法大学出版社 2003 年版。

[4] Жуков Е. М. , Минца И. И. Всемирная история. Том VIII. Издательство социально-экономической литературы. Москва. 1961. -

324с.

[5] Газета"Советская Россия"№133,18ноября 2006.

[6] На гранях логики культуры о гражданском обществе и общественном договоре//Библер и вокруг: http://www.bibler.ru/bim_ng_o_grazhd.html.

[7] Советское государство в первой половине 20-гг.//Формирование и сущность советского строя(1921 –1945 гг.) http://www.ido.rudn.ru/ffec/hist/h8.html.

[8] Рагачевская Л. С, Как составлялся план первой пятилетки: Восток. Марк,2005. №3.

Ратьковский И. С. История Советской России. – СПб.: Лань, 2001.

[9] Jorge M Valadez. Deliberative democracy, political legitimacy, and self democracy in multicultural soci-eties. USA Westview Press,2001.

[10] Т. Е. НОВИЦКАЯ. ГРАЖДАНСИЙ КОДЕКС РСФСР. Издательство"Зерцало"2002.

[11] евН. ТолстойРабствонашеговремени. Порноесобрание сочнеийт. 34,1952.

[12] Eisenstadt S. N., Bureacracy and Political Development//La Palom-bara J. (ed.), *Bureaucracy and Political development.* Princeton, NJ: Princeton University Press,1963.

[13] WeberM. W irtschaftund Gesellschaft. Bd2. S. 165.

[14] Доклад заместителя Председателя Совета Министров СССР Абалкина Л. И. о проекте Закона особственности в СССР//Бюллетень №. 3. совместного заседания Совета Союза и Совета Национальностей 15 февраля 1990 г. Верховный Совет СССР. Третья сессия. М. ,1990.

[15] Выступление депутата Касьянова А. Ф. впрениях по проекту Закона о собственности в СССР//Бюллетень №. 4. совместного заседания Совета Союза и Совета Национальностей 15 февраля 1990 г. Верховный Совет СССР. Третья сессия. М. ,1990.

[16] Гражданское право: В 2 т. Том Ⅰ: Учебник/Отв. ред. проф. Е. А. Суханов. 2 – е изд.. перераб и доп. М.: Издательство БЕК, 2003.

[17] Кодификация российского частного права//Под редакцией Д. А. Медведева (нынешнего Президента РФ). М., Издательство: Статут, 2008.

[18] Гражданское право: актуальные проблемы теории и практикипод. общ. ред. В. А. Белова, М.: Юрайт – Издат, 2008.

[19] Ведомости СНД и ВС СССР. 1990. №. 11.

[20] Кодификация российского частного права//Под редакцией Д. А. Медведева (нынешнего Президента РФ). М., Издательство: Статут, 2008.

[21] М. В. Власова. Право собственности в России: возникновение, юридическое содержание, пути развития. М.: МЗ – Пресс, 2002.

[22] Покровский И. А. Основные проблемы гражданского права. Изд. 4 – е, Испр. М.: Статут, 2003.

后　记

20余年前，一个小丫头带着欣喜与希望蹦跳着跑向她刚刚考取的初中，参加分班仪式。她被分在了一年级五班。事后她才知道，前四个班学习英语，后四个班学习俄语。于是，在她还不知道英语与俄语是什么，乃至二者之间的区别时，就注定了她与俄语以及俄罗斯法之间的缘分！

都说俄语考生在高考中有很大优势，但她却没有占到多少便宜。虽然有些愧对她的俄语老师，不过在她都不记得高考志愿填报了哪些学校与专业时，上天又冥冥之中让她走进了负有俄语学习与研究盛名的黑龙江大学，只不过她学习了法律，并从此注定了她与法学之间的缘分！

她天资并不聪慧，也没有什么兴趣爱好，只是喜欢看书学习，勤能补拙这句俗语用在她身上应该很贴切。于是，大学四年毕业时她收到了黑龙江大学法律系民商法专业的研究生录取通知，并在攻读研究生期间，发表了人生中第一篇文章，由此注定了她与俄罗斯法研究之间的缘分！

研究生毕业之后留在母校任教，从事教学的同时免不了要做科研。至今，发表了数十篇学术论文，主持和参与研究项目数十项，其中，俄罗斯法方面居多。博士学位论文选题虽然不涉及俄罗斯法,但却为博士后报告的选题框定了方向,并最终有了本书的完成与出版!

至此,在她已经度过的40余年光阴及未来岁月中,俄罗斯法研究注定成为一条主线与一道亮丽的风景线,成为她无法割舍的缘分!

那个小丫头就是我。

行文至此,我与俄罗斯法研究之间的缘分似乎可以暂且告一段落,而另一种情感与缘分早已汹涌澎湃!每每至此,总是有太多感慨需要抒发,太多人需要感谢,也有太多愧疚与自责需要内省与检讨。

本书作为以博士后研究报告为基础略作修改而成的论著,在即将出版之际,最先要感谢的就是我的博士后合作导师——李秀清教授!记得在完成博士后报告写致谢时是3年前,但至今日出版时,又已是2年光阴逝去。岁月光阴固然如梭似箭,但既没有抹去也没有模糊清晰记忆。在决定投入李老师门下而拜望时,望着翠绿掩映的华东政法大学校门,它的质朴与盛名令我心生敬畏。李秀清教授的成就与名望令我仰慕与仰望,但从民商法转入法制史专业让我顾虑重重。是李秀清教授以柔美的声音、温和的态度、典雅的装扮和细致的引导击败了我的胆怯,而她对历史的诠释更是消除了我对法制史专业的误解与疑虑,坚定了踏入华东政法大学法制史博士后流动站的决心与信心。其间,数次的会面和蔼而贴心,偶尔的深谈坦诚而温暖,每每的请教耐心而细致。而且,在博士后报告选题的方向选择与敲定、研究报告结构的设计与安排、章、节、目等标题的斟酌与措辞,以及注释和参考文献的规范与严谨等细枝末节事项上,李秀清教授的提示与交代更凝结着她的心血与付出……此次,她又在身体有恙、苦不堪言、万般难耐之时给我的新书作序,万般语言无法表达我的感动和感谢,仅以最平凡的语言向她道一声:“李老师,您辛苦了!谢谢您!”

感谢马长山教授!当年是他将我引至李秀清教授门下,使我有了更高的平台与视野。实际上,我们之间的缘分早在10多年前就开始了!在研究生临近毕业时,作为师兄的他帮我分析就业去路,奠定与开启了我教师的职业生涯;成为同事之后,又为我的居住问题费心;成为他的学生后,博士学位论文的选题与写作又成为他的费心之处,好在没有辜负他的付出，优秀博士学位论文被我收入囊中；在博士学位论文成书之际，又是他帮我解决了出版经费问题。甚至在他离开黑龙江大学之后，仍然一直帮我解决各种困难与问题……可以说，马长山教授给予了我如父如兄般的提携、关爱与帮助，在每一次的困难与选择之时，首先想到的就是他！实际上，他不仅对我，对他的每个学生，他都给予了兄长般的照顾与帮助，感谢马长山教授！

华东政法大学的3年时光令我感谢和铭记的不仅仅是李秀清老师，更有何勤华老师、王立民老师、丁凌华老师、董茂云老师、杨心宇老师，以及参与我博士后出站答辩的各位评审老师，还有那些虽曾谋面却无法识记的各位老师。在此，尤其要特别感谢何勤华老师！在华东政法大学的3年，与何老师相见寥寥，更无直接与深入交流，但何老师的著述与文章却看过很多。何老师的文韬武略与领导能力有目共睹，他的为人也多为人乐道。本书能够有幸纳入国家重点学科华东政法大学法律史学科项目和上海市社会科学创新研究基地“法律文明演进研究”项目，并获资助出版，完全得益于何勤华老师的努力与慷慨！感谢华东政法大学人事处的各位老师！他们在博士后的进出站过程中做了很多幕后而琐碎的工作，而且每次的咨询与接待都那么礼貌而暖心，在此也向他们道一声：“谢谢！你们辛苦了！”

感谢从事俄罗斯法研究的同道们，尤其感谢常玢和王志华两位兄长、张建文老弟，以及丁玉翠、翟羽艳、杨昌宇、庞冬梅等同事朋友。在本书的构思、写作以及资料查找和翻译过程中，各位给予了无私的支持与帮助，谢谢！

感谢期刊界和出版界的朋友们！感谢各位在论文发表方面给予的鼎力相助，尤其感谢在本书出版过程中做了很多工作与奉献的沈小英社长、刘晓萌编辑，以及那些无法一一道来的文字、审校等幕后工作者，谢谢！

感谢我的家人！是他们的支持、理解与包容支撑我又一次完成了20多万字的累积，是他们的美满与幸福使我有了奋斗的方向与动力，是他们的陪伴与付出成就了今日的我。谢谢他们在我生命中的出现与陪伴，也为我对他们的疏忽、暴躁与亏欠表示愧疚与自责。

岁月催人老,案牍累人心！已过不惑,又为人女、人妻、人母,却要透支体力而笔耕不辍,在掩卷之际,也容许我对自己道一声:“辛苦了!”

……

诸多的感谢无以言表,深藏心中!

王春梅

2016年“十·一”国庆假期作于冰城

图书在版编目(CIP)数据

苏联法对中国民事主体制度之影响/王春梅著.—
北京:法律出版社,2016.10
(法律文明史研究院文库)
ISBN 978-7-5197-0087-4

Ⅰ.①苏… Ⅱ.①王… Ⅲ.①苏联—法律—影响—民法—司法制度—研究—中国 Ⅳ.①D951.2②D923.04

中国版本图书馆 CIP 数据核字(2016)第 251131 号

苏联法对中国民事主体制度之影响 | 王春梅 著

编辑统筹 财经出版分社
策划编辑 沈小英
责任编辑 沈小英 刘晓萌
装帧设计 汪奇峰

出版 法律出版社
总发行 中国法律图书有限公司
经销 新华书店
印刷 北京京华虎彩印刷有限公司
责任印制 吕亚莉

开本 720 毫米×960 毫米 1/16
印张 15.5
字数 216千
版本 2017 年 1 月第 1 版
印次 2017 年 1 月第 1 次印刷

法律出版社/北京市丰台区莲花池西里 7 号(100073)
电子邮件/info@ lawpress. com. cn
网址/www. lawpress. com. cn
销售热线/010-63939792/9779
咨询电话/010-63939796

中国法律图书有限公司/北京市丰台区莲花池西里 7 号(100073)
全国各地中法图分、子公司电话:
第一法律书店/010-63939781/9782
重庆公司/023-65382816/2908
北京分公司/010-62534456
西安分公司/029-85388843
上海公司/021-62071010/1636
深圳公司/0755-83072995

书号:ISBN 978-7-5197-0087-4
定价:48.00 元
(如有缺页或倒装,中国法律图书有限公司负责退换)